편집부 통신

올해 추석은 10월 3일 개천절부터 9일 한글날까지 이어지는 7일간의 황금연휴입니다. 오랜만에 길게 숨 고르기를 할 수 있는 시간이라 더욱 반갑게 느껴집니다. 추석은 사실 여러 이름을 가지고 있다는 사실을 알고 계시나요? 가을 한가운데를 뜻하는 '중추절'부터 크다는 뜻의 '한'과 가운데를 뜻하는 '가위'가 합쳐진 '한가위'까지 모두 '가을 한가운데에 있는 큰 날'을 의미하는 말입니다. 설, 한식, 단오와 함께 우리나라 4대 명절로 꼽히는 추석은 예로부터 가족의 안녕과 풍요를 기원하며, 특히 보름달을 올려다보는 날이기도 했습니다.

이처럼 달은 우리 민족의 생활 속에서 큰 의미를 지니며 오랜 세월 곁을 지켜온 동반자였습니다. 그런데 언제나 우리 곁에 떠 있을 것만 같은 달이 사실은 매년 지구에서 약 3.8cm씩 멀어진다고 합니다. 지구가 자전하는 동안 달의 인력으로 바닷물이 움직이며 조석 마찰이 생기고, 이로 인해 지구의 자전은 조금씩 느려집니다. 그 과정에서 잃은 지구의 운동량이 달로 전달되면서 서서히 멀어져 가는 것이지요. 아주 오랜 세월이 지나면 지금처럼 가득 찬 한가위 보름달을 더는 볼 수 없게 될지도 모르겠습니다. 지금의 달빛이 언젠가는 아득한 기억 속에만 남을 거라 생각하니, 올해 추석에 떠오를 보름달이 그 어느 때보다 귀하고 아름다운 선물처럼 느껴집니다. 잠시 일상의 바쁨을 내려놓고 사랑하는 사람들과 함께 달을 바라보며 마음을 나누는 시간은 올가을 더욱 풍요롭게 해줄 것입니다.

내지디자인	장성복, 임창규, 김휘주, 고현준, 이다희	편집/기획	김준일, 이세경, 남민우, 우지영, 류채윤	인쇄	삼광프린팅	편저	시사상식연구소
발행인	박영일	표지디자인	김지수	마케팅홍보	오혁종	책임편집	이해욱	발행일	2025년 10월 5일	발행처	(주)시대고시기획
동영상강의	조한	홈페이지	www.sdedu.co.kr	창간호	2006년 12월 28일	주소	서울시 마포구 큰우물로 75[도화동 538번지 성지B/D] 9F
대표전화	1600-3600	등록번호	제10-1521호

※ 이 책은 저작권법에 의해 보호를 받는 저작물이므로 동영상 제작 및 무단전재와 복제를 금합니다.
※ 잘못된 책은 구입하신 서점에서 바꾸어 드립니다.

챗GPT 쓰는 것도 능력?
AI로 보는 취업시장

최근 챗GPT 등 생성형 AI가 실제 업무현장에서 요긴하게 사용되면서 생성형 AI 활용능력을 하나의 '스펙'으로 여기는 분위기가 형성되고 있다. 직장에서뿐 아니라 직장을 구하기 위한 취업전선에서도 생성형 AI는 쓸 만한 무기로 여겨진다고 한다. 이번 호에는 생성형 AI 이슈로 보는 취업시장의 이모저모에 대해 살펴보도록 하겠다.

"AI 활용능력도 스펙"

+ 취업 플랫폼 인크루트가 인사담당자 153명을 대상으로 실시한 설문조사에 따르면 인사담당자 중 56.2%는 채용 과정에서 지원자의 생성형 AI 활용능력을 스펙이라고 생각했다.

+ 실제로 업무에서 생성형 AI를 활용하는 현황을 살펴보면 생성형 AI를 공식적으로 업무에 사용하고 있는 기업은 22.2%로 나타났다. 한편 공식적이진 않지만 개인적으로 사용하는 곳은 74.5%, 공식적인 사용을 금지하는 곳은 3.3%로 조사됐다.

자료/인크루트

지원자의 AI 활용능력은 스펙인가?
56.2% ▶ 매우 그렇다 10.5%, 그렇다 45.8%

실제 업무에서 AI를 활용하고 있는가?
22.2% ▶ 공식적으로 사용
74.5% ▶ 개인적으로 사용
3.3% ▶ 공식적으로 사용금지

HOT - 취업트렌드

AI 활용 자기소개서, 29.4%가 '긍정적'

+ 한편 인사담당자들은 채용과정에서 지원자가 자기소개서에 생성형 AI를 활용하는 것에 대해 37.3%는 '잘 모르겠다'고 답했다. '부정적'은 33.3%, '긍정적'은 29.4%로 나타났다.
+ 긍정적이라고 답한 이유 1위는 '지원자의 기술 활용능력을 간접적으로 나타내서(68.9%)'가 차지했다. 부정적이라고 생각한 이유로는 '지원자의 진실한 모습을 볼 수 없어서(78.4%)'를 가장 많이 꼽았다.

자료/인크루트

AI를 활용해 작성한 자기소개서에 대한 생각

- 37.3% ▶ 잘 모름
- 33.3% ▶ 부정적
- 29.4% ▶ 긍정적

구직자의 40%는 AI 활용해 취업준비

+ 인사담당자의 30%가량이 AI를 활용한 자소서 작성에 긍정적인 반응을 보였는데, 실제 취업현장은 어떨까? 지난 3월 취업플랫폼 사람인이 구직자 973명을 대상으로 조사한 결과 39.6%가 취업준비에 AI를 활용하는 것으로 나타났다. 또한 AI로 취업준비를 하는 응답자 중 92.2%는 AI 활용이 실제 취업 준비에 도움이 된다고 답하기도 했다.
+ AI를 활용하는 이유는 '시간과 비용 등을 절약할 수 있어서'가 64.7%로 가장 많았다. 이어서 '효과적이고 정확해서(45.7%)', '기존에 체험해봤을 때 괜찮아서(26.8%)', 'AI 인적성·면접 전형 등을 대비하기 위해서(19.7%)', '주변에서 많이 하고 있어서(13.2%)' 순으로 나타났다.

자료/사람인

취업준비 시 AI 활용 여부

- 39.6% ▶ 활용한다
- 60.4% ▶ 활용하지 않는다

AI를 취업준비해 활용하는 이유 (복수응답)

- 64.7% 시간과 비용 등을 절약할 수 있어서
- 45.7% 효과적이고 정확해서
- 26.8% 기존에 체험해봤을 때 괜찮아서
- 19.7% AI 인적성·면접 전형 등을 대비하기 위해서
- 13.2% 주변에서 많이 하고 있어서

10 October

공모전·대외활동·자격증 접수/모집 일정

SUN	MON	TUE	WED	THU	FRI	SAT
			1 공 세종시 빅데이터 분석 아이디어 공모전 마감 / 공 보훈산업 대학생 아이디어 공모전 마감	2 공 디지털운리 창작 콘텐츠 공모전 마감 / 공 미래융합 인재발굴 소프트웨어 챌린지 마감	3	4 공 전국 대학생 국제학 포럼 참의설계 경진대회 마감
5 공 대국민 무형유산 영상 공모전 마감	6 공 pixiv 한국 학생 일러스트 공모전 마감	7	8	9	10 공 우리은행 미디어 콘테스트 / 공 생활 속 전자파 바로알기 공모전 마감	11 자 한국항공우주연구원 필기 실시
12 공 정보보호 정책제안 공모전 마감 / 공 한-쿠바 양국협력 정책 아이디어 공모전 마감	13 공 한경 경제논문 공모전 마감 / 공 사활용 초록신경제 실현 아이디어 공모전 마감	14 공 판타지 아이디어 공모전 마감 / 공 법무부 통일법제 논문 공모전 마감	15 공 대한안약사회 성분문 제 방 광고 공모전 마감 / 공 지방자치분권·균형발 전 실현 정책제안 공 모전 마감	16 공 자연순환교육 영상제작 공모전 마감	17 공 저작권 기증 프로젝트 마감 / 공 자유기업원 논문 공모전 마감	18 자 신한은행 필기 실시 / 자 건강보험심사평가원 필기 실시
19 대 KYPA 리유스 해외몰사단 마감 / 자 한국가스공사 필기 실시	20	21 공 통합놀이터 디자인 공모전 마감	22	23 공 해양안전 콘텐츠 공모전 마감	24 공 엔지니어링산업 헬스 기획 스토리 공모 마감	25 자 신용본석사 필기 실시
26 자 한국가스안전공사 필기 실시 / 공 외교부 KOREAZ 콘텐츠 공모전 마감	27	28	29	30 공 SDGs 디자인 국제 공모전 마감	31 대 아이어워즈 대학생 평가단 마감 / 대 자유기업원 대학생 해외연수 마감	11/1 자 임상심리사 2급 실기 실시 / 자 직업상담사 2급 실기 실시

대외활동 Focus — 31일 마감
kipfa i-AWARDS

아이어워즈 대학생 평가단
아이어워즈 코리아는 국내 최대규모의 인터넷서비스 시상식으로 평가기간에 참여한 대학생들은 최신 인터넷서비스 트렌드를 파악하고 기획·분석 역량을 기를 수 있다.

채용 Focus — 18일 실시

한국산업은행
한국산업은행이 2026년 5급 신입행원 채용을 시작했다. 인원은 100명 내외이며 서류심사를 거쳐 필기전형, 2차례걸친 면접전형이 이어질 예정이다. 본 야 간 종복지원은 불가하다.

11
November

SUN	MON	TUE	WED	THU	FRI	SAT
						1
2 자 독학사 필기 실시	3 공 토스 HTML5게임 공모전 마감 공 서울특별시 환경교육 콘텐츠 공모전 마감	4	5	6	7 공 중편 동화 공모 마감 공 승기원 장애바로알기 콘텐츠 공모전 마감	8 자 한국어교육능력검정 시험 실기 실시
9 공 SF스토리 공모전 마감 자 브레인트레이너 필기, 실기 실시	10	11	12	13 공 의정부 전국 문학 공모전 마감	14 공 일상의 흐름을 바꾸는 욕실 디자인 공모전 마감	15 자 일반경비지도사 필기, 실기 실시 자 한국실용글쓰기 필기 실시
16 공 한국노총 난생처음 노동문화제 마감	17 공 2025 KOSAC 영상 콘텐츠 챌린지 마감	18 공 부산 동구 숏폼 콘테스트 마감	19	20	21	22 자 위생사 필기 실시 자 회계관리 1급 필기 실시
23	24	25 공 삼척시 탄소중립 생활 실천 모범 공동주택 마감	26	27	28 공 마약예방활동 우수사례 공모전 마감	29
30 대 자살유발정보 모니터링단 지켜줌인(人) 마감 공 사회신 챌린지 공모전 마감						

대 대외활동 **채** 채용 **공** 공모전 **자** 자격증

공모전 Focus 3일 마감
토스 HTML5게임 공모전
토스가 넵튠과 함께 개최하는 HTML5 기반의 게임 공모전이다. 수상자에게는 상금을 비롯해 넵튠으로부터 수익화 및 넵튠과의 IP 퍼블리싱 협의 기회가 주어진다.

자격시험 Focus 22일 실시
위생사
위생사는 공중이용시설 및 위생용품의 위생관리, 식품 관련 위생관리 등을 담당한다. 교육과정 이수 등 일정한 응시자격이 있으며, 보건복지부장관으로부터 면허를 받는다.

※ 일정은 향후 조율될 수 있습니다. 참고 용으로 사용한 뒤 상세일정은 관련 누리집을 직접 확인해주세요.

2025 이슈&시사상식

VOL.210

CONTENTS

HOT ISSUE

1위 신뢰구축 · 미완의 합의 … 한미정상회담 … 10

2위 노란봉투법 · 상법개정안 통과 … 노사 양립 가능할까 … 16

3위 한국인 불법체류자 취급 … 조지아 근로자 구금 … 20

4~30위 최신주요뉴스 … 24

간추린 뉴스 … 66

포토뉴스 | 역대 최악의 가뭄 … 강릉 재난사태 선포 … 74

팩트체크 | 수온 상승의 여파 … 죠스가 나타났다? … 76

뉴스픽! | 득보다 실 … 웨스팅하우스 합의 … 78

이슈평론 | 해외는 억대 배상금인데 … 폭발물 협박 솜방망이 처벌 … 82

세계는 지금 | 챗GPT가 죽였다 … AI 윤리책임론 … 84

찬반토론 | 창고형 약국 / 설탕세 … 86

핫이슈 퀴즈 … 90

필수 시사상식

시사용어브리핑	94
금융상식 실전문제	100
시사상식 기출문제	106
조선비즈 / 머니투데이 / 부산광역시공무직통합채용 / 화성시공공기관통합채용	
내일은 TV 퀴즈왕	112

취업! 실전문제

최종합격 기출면접	한국철도공사 / 근로복지공단	116
기업별 최신기출문제	삼성그룹 / 효성그룹	120
한국사능력검정시험		130
면접위원을 사로잡는 답변의 기술	NCS 면접키워드 : 자기개발능력 이슈 4!	140
합격으로 가는 백전백승 직무분석	상품흐름의 숨은 지휘자 … SCM	144
센스 있는 신입사원이 되는 비법	끝까지 끝 아니다 … 보고서 검토 및 수정	148
최신자격정보	반려동물행동지도사	150

상식 더하기

생활정보 톡톡!	나는 얼마나 예민할까? … HSP 테스트 주목!	154
초보자를 위한 말랑한 경제	사지 않고 빌린다! … 구독경제	156
유쾌한 세계사 상식	미국 내 또 하나의 나라 … 텍사스	158
세상을 바꾼 세기의 발명	도시의 수직혁명 … 엘리베이터	160
지금, 바로 이 기술	가짜 기지국 세워 맘대로 소액결제? … 펨토셀 해킹	162
잊혀진 영웅들	민족을 위해서라면 무엇이든 … 이관술 지사	164
발칙한 상상, 재밌는 상식	거위냐 칠면조냐 … 추수감사절의 주인공	166
일상을 바꾸는 홈 스타일링	목표가 실현되는 공간 … 작업실	168
문화가 산책		170
3분 고전	군자불기(君子不器)	172
독자참여마당		174

HOT
ISSUE

최신주요뉴스	10
간추린 뉴스	66
포토뉴스	74
팩트체크	76
뉴스픽!	78
이슈평론	82
세계는 지금	84
찬반토론	86
핫이슈 퀴즈	90

이슈&시사상식
최신주요뉴스

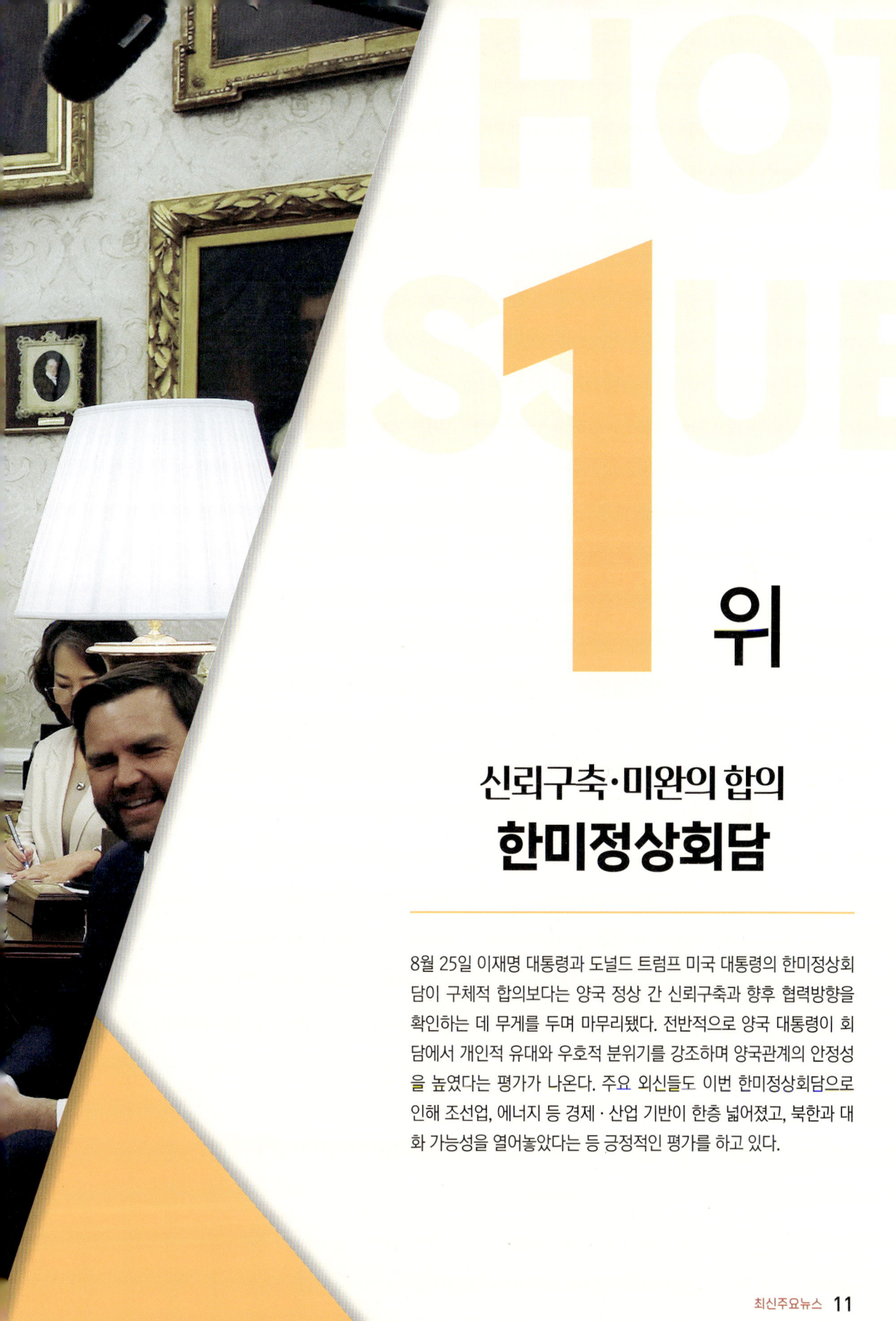

HOT ISSUE 1위

신뢰구축·미완의 합의
한미정상회담

8월 25일 이재명 대통령과 도널드 트럼프 미국 대통령의 한미정상회담이 구체적 합의보다는 양국 정상 간 신뢰구축과 향후 협력방향을 확인하는 데 무게를 두며 마무리됐다. 전반적으로 양국 대통령이 회담에서 개인적 유대와 우호적 분위기를 강조하며 양국관계의 안정성을 높였다는 평가가 나온다. 주요 외신들도 이번 한미정상회담으로 인해 조선업, 에너지 등 경제·산업 기반이 한층 넓어졌고, 북한과 대화 가능성을 열어놓았다는 등 긍정적인 평가를 하고 있다.

이재명 대통령이 한일정상회담에 이어 한미정상회담까지 3박 6일의 숨 가쁜 순방일정을 마쳤다. 이번 순방은 한미일동맹을 중심축에 두고 '국익중심 실용외교'를 펼치겠다는 외교구상 아래 진행됐다. 이 대통령은 이시바 시게루 일본 총리와의 한일정상회담과 도널드 트럼프 미국 대통령과의 한미정상회담을 했고, 현지 동포들 및 정치계·경제계·학계 주요인사들과의 만남일정도 소화했다. 순방의 마지막 일정으로는 '마스가(MASGA) 프로젝트' 협력의지를 부각시킨다는 의미로 필라델피아에 있는 한화필리조선소 시찰이 이뤄졌다.

이재명식 대미 '실용외교' 궤도 안착

한미 경제·통상 안정화, 새로운 협력분야 개척, 한미동맹의 현대화 논의와 함께 지난 7월 말 이뤄진 무역·투자 합의내용을 구체화하는 것에 초점이 맞춰진 이번 순방은 탄핵사태로 인수위원회 없이 출발한 이재명정부가 반년 이상 멈춘 외교의 공백을 메꾸고 한미·한일 정상외교 채널을 다시 가동할 수 있을 것인가에 대한 시험대이기도 했다. 또한 한미일동맹을 강조했던 윤석열정부의 외교정책이 국익에 도움이 되지 않았다는 평가가 제기되면서 순방에 대한 관심이 다른 때보다 집중됐다. 아울러 트럼프 행정부의 일방적인 상호관세 경고와 방위비 분담금을 둘러싼 어려움에 봉착해 있었고, 한일관계 또한 과거사에 대한 인식의 틈을 좀처럼 좁히지 못한 상태여서 우려도 컸다. 하지만 회담 후에는 첫 순방외교를 무난히 마무리했다는 평가가 나왔다.

한미정상회담은 현지시각 8월 25일 12시 42분부터 오후 1시 36분까지 백악관 오벌 오피스에서 54분여 간 언론에 공개된 상태로 시작됐다. 이후 캐비닛룸에서 비공개 확대회담을 가진 뒤 그대로 업무오찬으로 이어지면서 오후 3시 1분까지 총 2시간 20분가량 회담이 진행됐다. 이후 3시 14분부터 배석자들이 차례대로 퇴장했고, 이 대통령은 3시 18분에 백악관을 나섰다.

강유정 대통령실 대변인은 회담 후 브리핑에서 "양국 정상이 공감대를 확인하고 이의 없이 끝났다는 것은 분명하다"며 "감히 성공적인 정상회담이었다고 할 수 있다"고 평가했다. 화기애애한 분위기 속에서 친밀감을 쌓고 아시아태평양경제협력체(APEC) 정상회의 참석과 남북관계 관련 대화 등이 이뤄졌다고 설명했다. 다만 민감한 주제는 진지하게 다뤄지지 않은 것으로 알려졌다.

평화조성을 위한 조력자 역할 자처

이날 정상회담은 이 대통령이 강조해온 '국익중심 실용외교'가 구호를 넘어 실질적인 성과로 이어질

이재명 대통령 방일·방미 주요일정(현지시간 기준)

구분	8월 23~24일 일본방문	8월 24~26일 미국방문
주요 일정	이시바 총리와 정상회담 및 만찬 등	트럼프 대통령과 정상회담, 업무오찬 등
현안	한일 양국 간 협력, 한일·한미일 공조강화방안, 역내 평화·안정, 지역·글로벌 이슈 등	한미동맹 발전 및 한미 연합방위태세 강화, 한반도평화구축과 비핵화공조방안, 관세협상 바탕으로 반도체·배터리·조선업 등 포함 경제협력방안, 4대그룹 총수 포함 국내 주력 산업경제사절단 동행해 한미협력 강화 등

8월 23일	출국 재일동포오찬간담회 이시바 총리와 정상회담 및 만찬
8월 24일	일본의회 주요인사 접견 미국 워싱턴DC로 출국
8월 24일	미국 워싱턴DC 도착 재미동포만찬간담회
8월 25일	트럼프 대통령과 정상회담 및 경제계·학계 인사와의 면담
8월 26일	필라델피아로 이동 한화필리조선소 등 시찰 귀국용 전용기 탑승
8월 28일	한국 도착

자료 / 대통령실

계기를 마련했다는 평가를 받는다. 국익중심 실용외교는 굳건한 한미동맹과 한미일 공조를 바탕에 두되 '가치'보다는 국익을 최우선으로 고려하며, 중국·러시아 등 주변국과의 관계도 안정적으로 관리하겠다는 개념으로 이해된다.

트럼프 대통령으로부터 올해 경주 APEC 참석과 관련해 긍정적인 답변을 얻어냈다는 소식도 알려졌다. 트럼프 대통령은 APEC을 계기로 김정은 북한 국무위원장이나 시진핑 중국 국가주석과의 만남과 관련해서도 적극적으로 나서 달라고 요청했다고 한다.

특히 이 대통령은 트럼프 대통령에게 적극적으로 김정은 위원장과의 만남을 권유해 "추진하겠다"는 답변을 끌어내기도 했다. 이 대통령이 한반도 및 동아시아 안보상황에 변화를 줄 가능성이 있는 방향으로 트럼프 대통령의 움직임을 끌어간 셈이다. 이 과정에서 트럼프 대통령을 '피스메이커', 자신을 '페이스메이커'에 비유한 것은 과거 문재인 전 대통령의 '한반도 운전자론'과 비교해 더 현실주의적이고 실용주의적인 태도를 드러낸 지점이기도 하다.

트럼프 대통령, 돌발발언으로 어르고 달래고

한편 앞서 조현 외교부 장관과 강훈식 대통령 비서실장 등이 급거 미국행 비행기에 오르면서 회담준비에 '이상기류'가 생긴 것 아니냐는 관측이 불거졌다. 여기에 정상회담을 불과 몇 시간 앞둔 시점에 트럼프 대통령이 자신의 SNS에 "한국에서 숙청 혹은 혁명이 일어나고 있는 것으로 보인다"며 "이런 상황에서는 사업을 할 수 없다"는 취지의 글을 올려 양국 간 통상·안보 현안을 둘러싼 이견조율이 순조롭지 않은 것 아니냐는 관측도 제기됐다.

하지만 전문가들은 트럼프 대통령의 돌발발언이 협상용 이상으로 큰 의미가 있지 않을 가능성이 크다고 봤다. 이 대통령 또한 회담 후 방문한 전략국제문제연구소(CSIS)에서 트럼프 대통령의 SNS 글을 일종의 협상기술로 이해했다는 취지의 발언을 했다. 이 대통령은 "(트럼프 대통령이) 하나의 협상기술로 상대가 감내하기 어려운 조건을 던지긴 하지만, 최

한미정상회담 양국 정상 주요발언

이재명 대통령 모두발언

- (미국의) 조선·제조업 분야 르네상스에 대한민국도 함께하게 되길 기대
- 전 세계의 평화문제에 트럼프 대통령처럼 관심을 가지고 실제 성과를 낸 건 처음, 한반도에도 평화를 만들어달라.
- 김정은 북한 국무위원장도 만나고…, 세계사적인 평화의 메이커로서 역할 기대
- 한미동맹을 군사분야뿐 아니라 경제·과학기술 분야까지 확장해 미래형으로 발전시키기를 기대

질의응답 도널드 트럼프 미국 대통령 답변

Q. 주한미군 줄이는 것을 어떻게 생각하나
A. 지금 말하고 싶지는 않다. 이제는 거대한 군사기지 부지의 임대차계약을 없애고 소유권을 가질 수 있는지 살펴볼 것

Q. 제조산업 외 다른 분야로서 교역에 집중하고 싶은 분야, 공식적인 결과는?
A. 한국은 에너지가 필요한데 (미국은) 알래스카에 풍부한 자원을 갖고 있어, 한국과 같이 협업하고 싶다.

Q. 올해 아니면 내년에 그(김정은 위원장)를 만날 것인가?
A. 많은 사람을 만나고 있다. 그래서 말하기는 어렵지만 올해 그를 만나고 싶다.

Q. 한국에서 일어나는 숙청 또는 혁명 관련해서는?
A. 교회와 오산미군기지 압수수색이 있었다고 들었는데 사실이라면 유감이지만, 오해가 있었다고 확신한다.

Q. 한국에서 개최되는 APEC 정상회의 참여 의향은?
A. 갈 수 있다고 본다. 무역회의 참석차 곧 방한할 듯

Q. '마스가(MASGA) 프로젝트'는?
A. 시간이 걸리겠지만, 조선사업을 다시 시작할 것이다. 미국 조선업을 매우 위대하게 만들 것이다.

종적으로 불합리한 결론에 이르게 하지는 않는다"라며 "이미 이전 여러 협상에서 그런 모습을 보여줬으며, 한국과 미국 간 한미동맹은 매우 중요해서 거기에 큰 상처를 내는 일은 벌어지지 않을 거라고 확신했다"고 말했다.

실제로 숙청·혁명 관련 질의에 대한 이 대통령의 설명 후 트럼프 대통령은 "오해라고 확신한다"고 답하며 일종의 촌극으로 넘겼다. 결국 트럼프 대통령은 애초에 '한국 내에서 숙청·혁명이 벌어진다는 것'을 믿지 않았고, 다만 협상 전 우위를 선점하기 위한 트럼프식 협상기술을 구사한 것이라는 데 힘이 실렸다. 물론 강 비서실장이 수지 와일스 미국 대통령 비서실장과 핫라인(Hot-line)을 가동해 사전진화에 성공한 점도 높이 평가됐다.

한미동맹의 현대화, 무역·투자 구체화

이번에 한미 양국은 조선분야 1,500억달러를 포함해 에너지, 핵심광물, 배터리, 반도체, 의약품, AI, 양자 컴퓨팅 등 ==전략산업 강화를 지원하는 데 금융 패키지를 활용하고, MOU를 통해 동 패키지 조성과 운영을 규정하기로 합의==했다. 이를 뒷받침하기 위해 이재용 삼성전자 회장, 최태원 SK그룹 회장, 구광모 LG그룹 회장, 김동관 한화그룹 부회장 등 재계 총수들이 경제사절단으로 동행했다.

특히 제조업 기반이 무너진 미국을 공략하기 위해 조선뿐 아니라 원전·반도체·자동차 산업 등으로 협상의 돌파구를 찾겠다는 전략하에서 이뤄진 '한미 비즈니스 라운드테이블'에서는 조선, 원자력, 항공, LNG, 핵심광물 분야의 양국 산업협력 증진을 위한 각종 계약과 MOU 체결이 이뤄졌다. 조선산업의 경우 정상회담 이후 한화그룹이 추가투자를 통한 필리 조선소 건조역량 확대를 발표하기도 해 관심을 모았다. 삼성전자도 미국 현지 반도체 생산거점 확대를 위해 2030년까지 테일러에 170억달러(약 23조 6,000억원)를 투자하기로 한 바 있다. SK그룹의 경우에는 핵심 계열사인 SK하이닉스가 인디애나주 웨스트 라파예트에 38억 7,000만달러(약 5조원)를 투자해 차세대 고대역폭메모리(HBM) 생산을 위한 반도체 후공정 공장 건설을 이미 준비 중이다. LG그룹 역시 배터리사업을 맡고 있는 LG에너지솔루션이 미시간주 홀랜드와 오하이오주, 테네시주에 북미 생산기지를 운영하고 있다.

외신의 평가도 긍정적이다. 워싱턴포스트는 트럼프 대통령이 회담 직전 SNS를 언급하며 '이번 회담이 트럼프 대통령 특유의 극적 연출에도 불구하고 성공적으로 관리'됐다고 평가했고, BBC는 공개적으로 논쟁이 벌어질 수도 있는 예측불가의 공개회담을 '이재명 대통령은 긍정적으로 마무리했고, 양국 정상은 서로와 양국관계를 높이 평가했다'고 분석했다.

보수적인 폭스마저도 "트럼프 대통령이 지난 DMZ 회동을 회상하며 '김정은 위원장을 다시 만날 것'이라고 밝혔다"며 대북정책과 관련해 긍정적인 면을 시사했고, 특히 정상회

한미정상회담 주요쟁점별 대응결과

구분	통상분야	안보분야	실용외교성과
정상회담 이전 관측	• 3,500억달러 규모 투자패키지(직접 투자규모 확대) • 축산물의 개방 여부 관련, 쌀과 소고기 등 추가 개방	• 주한미군의 전략적 유연성 확대 • 한미방위비 분담금 증액 압박 등 안보청구서	• 김정은 북한 국무위원장 및 시진핑 중국 국가주석 만남 가능성으로 트럼프 대통령 경주 APEC 참석 유도
한미 정상회담 양측 정상 입장 및 언급내용	• 논의 없음 • 트럼프 대통령, "한국 측이 무역합의 문제 제기했지만 (원래대로) 지난달 타결하기로 동의했던 대로 합의할 것" 발언	• 트럼프 대통령, 주한미군 감축구상에 관련언급은 생략 • 이재명 대통령, 국방비 증액 공식화(증액규모 미공개), 주한미군부지 소유권 우려 불식	• 회담 직전 트럼프 대통령의 한국 내 상황에 대한 돌출발언에 대한 적극적 설명으로 "오해" 확인 • 트럼프 대통령의 APEC 참석 긍정적인 답변 • 현실주의적·실용주의적 태도로 실질적 성과의 계기 마련

담이 "성공적이었다"는 트럼프 대통령의 발언을 강조했다.

문제는 미국의 3,500억달러 현금투자 요구

한미 관세협상이 타결됐지만 3,500억달러 규모 대미 투자펀드의 운용방식이 불분명하고, 자동차 관세의 인하 시점이나 반도체·의약품 최혜국대우 이행 여부 등도 장담할 수 없는 상황이라는 점이 우려를 낳았다. 실제로 한미정상회담 후 20일도 지나지 않아 한미 간 관세협상이 교착상태에 빠졌다는 보도가 나왔다. 투자방식과 수익배분 비율에 대해 양국이 첨예하게 대립하고 있기 때문으로 알려졌다.

백악관 집무실 '결단의 책상' 앞에서 설명 중인 이재명 대통령

9월 12일 여권에 따르면 하워드 러트닉 미국 상무부 장관이 "미국 내 특수목적법인(SPC)을 만들고, 여기에 3,500억달러를 현금으로 넣으라"고 요구하고 있다. 여기에 더해 수익배분방식도 ▲투자 원금이 회수되기 전까진 10%를 미국이, 90%를 한국이 각각 가져가되 ▲원금 회수 이후부턴 미국이 90%, 한국이 10%를 각각 가져가는 것을 고집하고 있다고 한다. 미국과 일본의 협상결과와 비교하면 원금 회수 이전까진 한국이 나은 조건이지만 원금 회수 이후 '1대 9'란 악조건은 한국과 일본이 같다. 이에 우리 정부는 3,500억달러는 '8월 말 한국의 외화보유액인 4,163억달러의 84%에 달한다는 점을 들어 현실적으로 달러 현금조달은 불가능한 규모'라고 설명하고 보증이나 대출 형식의 간접투자를 제안했으며, 투자펀드 마련의 조건으로 '무제한' 한미 **통화스와프***(Currency Swap)를 요청한 상태다.

통화스와프

두 국가의 중앙은행이 필요에 따라 서로의 통화를 교환하고, 약정된 환율에 따라 일정기간 후 원금을 재교환하는 금융기법이다. 외환위기 시 해당 국가의 통화를 상대국에 맡기고 외화를 가져와 외화유동성을 확보하거나 교역증진 및 환율안정화를 꾀할 수 있다. 2020년 코로나19 팬데믹 때 미국 연준과 통화스와프를 통해 달러유동성을 확보, 금융시장 안정을 도모한 바 있다.

이를 두고 국민의힘은 '협상결과'를 문서화하지 않아 이 같은 문제가 발생했다며 이 대통령의 탄핵을 추진하겠다고 발표했다. 이에 9월 16일 외교부 대정부질문에 나선 조 장관은 "**(정상회담) 당시에 (미국 요구를) 그대로 문서화했다면 우리 경제에 상당히 큰 주름살이 될 수 있는 걱정스러운 내용이 들어 있었다**"고 반박했다. 이보다 앞선 9월 11일 취임 100일 기자회견에 나선 이 대통령도 "미국의 일방적인 관세증액에 대해 우리가 최대한 방어를 하러 간 것"이라며 "방어하면 됐지, 우리에게 이익이 되지 않는 사인을 왜 하느냐"고 말했다. 그러면서 "한국의 국익"과 "합리성과 공정성을 벗어난 어떠한 협상도 하지 않는다"고 강조했다.

넘어야 할 산은 또 있다. 안보분야에서 미국 국방부가 새 국가방위전략(NDS)을 제시하고 연례 한미 안보협의회의(SCM)가 개최되면 미국이 새로운 압력을 행사할 여지도 있다. 또 미국이 '인도·태평양 지역에서의 억지력 강화'를 내세워 주한미군의 전략적 유연성 확대를 요구하고, 한미 방위비 분담금의 증액을 압박할 가능성도 있다.

2위

노란봉투법·상법개정안 통과
노사 양립 가능할까

이재명 대통령은 9월 2일 국무회의에서 노란봉투법(노동조합 및 노동관계조정법 개정안)과 이른바 '더 센 상법'으로 불리는 2차 상법개정안을 의결했다. 이 대통령은 이날 용산 대통령실에서 주재한 국무회의에서 이들 법안을 포함해 모두 5건의 법률 공포안을 심의해 통과시켰다. 노란봉투법과 2차 상법개정안은 법안에 반대하는 국민의힘의 필리버스터를 거쳐 여당 주도로 각각 8월 24일과 25일 본회의를 통과했다. 상법개정안과 노란봉투법은 공포 후 각각 1년, 6개월 뒤 시행된다.

1. 노동조합 및 노동관계조정법 일부개정법률안(대안)

재적: 298인   재석: 186인   찬성: 183인   반대: 3인   기권: 0인

찬성: 98.39%   반대: 1.61%   기권: 0.00%

노동자에 대한 손해배상 제한한 노란봉투법

노란봉투법은 8월 24일 국회 본회의에서 의결되고 정부 이송절차를 거쳐 9월 2일 국무회의에서 의결됐다. 노란봉투법에는 '사용자'의 범위를 넓혀 하청 노동자에 대한 원청의 책임을 강화하고, 노조나 노동자에 대한 손해배상 범위를 제한하는 내용 등이 담겼다.

8월 20일 재계와 노동계 등에 따르면 노란봉투법은 사용자 범위를 '협력업체 근로자의 근로조건에 대해 실질적·구체적으로 지배·결정할 수 있는 자'로 재정의했다. 이 때문에 원청과 직접적인 계약을 맺지 않은 하청업체도 원청에 교섭을 요구하거나 파업할 수 있는 길을 터줬다는 해석이 나온다.

여기에다 노란봉투법은 불법파업 등 쟁의행위로 손해가 발생했을 때 손해배상 책임을 파업 참가자의 기여도에 따라 개별적으로 산정하도록 했다. 사실상 기업이 불법행위를 한 노조 개인에 대한 손배소를 할 수 없도록 한 셈이다. 이러한 규정을 근거로 하청 노조가 원청에 임금, 복지 등 처우개선을 요구하는 사례가 전 산업으로 확산하고 있다.

입법을 주도한 더불어민주당은 앞서 노란봉투법 통과를 환영하고 나섰다. 김병기 민주당 원내대표는 페이스북에서 "헌법이 보장한 노동3권을 한 단계 높인 역사적 순간"이라며 "이 법은 노사 어디 한쪽에만 일방적으로 유리하지 않다. 산업현장에 평화를 정착시켜 줄 법"이라고 강조했다. 박지혜 민주당 대변인도 "이번 개정은 경제협력개발기구(OECD) 최하위 수준의 노동기본권 보장 수준을 개선하고 국제노동기구(ILO)의 권고라는 국제적 요구에 부응하는 것"이라며 "노동권 선진국으로의 이행"이라고 강조했다.

재계는 "노란봉투법 불확실성 최소화해야"

한편 국내 주요기업 인사·노무 담당 임원(CHO)들은 시행을 앞둔 노란봉투법과 관련해 원하청 산업생태계 붕괴를 우려하며 정부가 법 시행에 따른 불확실성을 최소화해달라고 촉구했다. 한국경영자총협회(경총)는 9월 3일 오전 서울 중구 한국프레스센터에서 '주요기업 CHO 간담회'를 열었다. 이번 간담회에는 김영훈 고용노동부 장관이 직접 참여해 노란봉투법의 취지와 정책방향을 설명했다.

김영훈 고용노동부 장관

CHO들은 올해 임금 및 단체 협상을 앞둔 상태에서 노란봉투법 통과로 산업현장이 큰 혼란에 빠졌다며 정부가 원청 사용자에 대한 정의를 명확히 하는 등 대책을 마련해달라고 요구했다. CHO들은 "(노란봉투법상) 실질적 지배력의 유무, 다수 하청노조와의 교섭 여부, 교섭안건 등 모든 것이 불분명하다"며 "특히 사용자성 확대에 따른 노사관계 불안이 가장 크다"고 밝혔다.

특히 사용자성의 인정범위와 자회사나 계열사 노조와의 교섭 여부가 가장 불분명하다며 법적분쟁 증가를 우려했다. CHO들은 사업체 분할·합병이나 사업장 이전, 해외투자 등 경영상 결정까지 교섭요구가 이어질 경우 기업 경쟁력에 부정적인 영향을 줄 수밖에 없다고 지적하며 노사관계 안정을 위해 노동부가 적극적으로 나서야 한다고 주문했다. 이에 김 장관은 노사관계 패러다임 전환을 위한 경영계의 협조를 요청했다고 경총은 전했다.

더 세진 2차 상법개정안 통과, 재계는 '유감'

한편 노란봉투법과 함께 8월 25일에는 소위 '더 센 상법'으로 불리는 2차 상법개정안이 여당 주도로 의결됐다. 앞서 여야는 기업 이사의 충실의무를 회사에서 '주주'로 확대하고, 감사위원 선임 시 최대주주와 특수관계인의 의결권을 '합산 3%'로 제한하는 내용의 상법개정안을 지난 7월 3일 본회의에서 통과시켰다. 여기에 2차 상법개정안은 자산 2조원 이상 상장사에 대해 집중투표제* 도입을 의무화하고, 감사위원 분리선출을 기존 1명에서 2명 이상으로 확대하는 내용을 핵심으로 담았다.

> **집중투표제**
> 소수 주주의 권익을 보호하기 위한 주식회사의 이사·감사 선임방식이다. 일반적으로 주주총회에서는 이사·감사 선출 시 1주당 1표의 의결권을 행사하나, 집중투표제에서는 특정 후보자에게 가진 표를 몰아줄 수 있다. 이로써 다수 주주가 의결권을 독점하는 것을 방지하고 소수 주주가 자신이 원하는 후보를 이사회로 진출시킬 수 있다.

이날 김 민주당 원내대표는 "과도한 부동산 의존에서 벗어나 기업과 주주가 함께 성장하는 건강한 시장 생태계가 조성되길 기대한다"며 "배임죄 등 형벌·민사책임 합리화 조치도 신속히 검토하겠다"고 약속했다. 김현정 민주당 원내대변인은 "자본시장 선진화와 '코스피 5000' 달성을 위해 남은 과제들도 최선을 다해 해결해나갈 것"이라고 밝혔다.

1차에 이어 집중투표제 도입 확대 등을 골자로 하는 2차 상법개정안이 국회를 통과하자 경제계는 유감을 표하면서 부작용 최소화를 위한 입법을 요구했다. 한국경제인협회, 대한상공회의소, 한국경영자총협회 등 경제 8단체는 8월 25일 공동입장문을 내고 "지난 7월 1차 상법개정 이후 불과 한 달 만에 감사위원 분리선출 확대와 집중투표제 의무화를 주요내용으로 하는 추가 상법개정안이 국회를 통과한 것에 대해 유감스럽게 생각한다"고 밝혔다. 이어 "이번 상법개정으로 경영권 분쟁 및 소송 리스크가 증가할 가능성이 크다"며 "국회는 입법 부작용을 최소화하는 균형 있는 입법에 힘써 주길 바란다"고 촉구했다.

아울러 "우선 투기자본의 경영권 위협으로부터 자유로운 기업활동을 보장할 수 있도록 글로벌 스탠더드 수준의 경영권 방어장치 마련이 시급하다"고 지적했다. 그러면서 "기업이 미래를 위해 과감한 결정을 내릴 수 있도록 '경영판단원칙'을 명문화하고, 배임죄도 합리적으로 개선해야 한다"며 "아울러 기업이 혁신과 성장에 매진할 수 있도록 경제형벌과 기업 규모별 차등규제·인센티브를 대대적으로 정비해 나갔으면 한다"고 제안했다.

이렇듯 경제계에서는 두 차례에 걸친 상법개정으로 기업 경영권이 크게 위협받을 것으로 우려하고 있다. 최근 최준선 성균관대 법학전문대학원 명예교수가 2차 개정안 적용대상 기업의 주주총회 이사 선임 과정을 시뮬레이션한 결과 이사 수를 7명으로 가정했을 때 최대 주주 및 특수관계인이 확보할 수 있는 이사 수는 2~3명에 불과했다. 반면 2대 주주 이하 주주들이 선임할 수 있는 이사 수는 4~5명으로, 이 경우 최대 주주 측의 의사에 반한 의사결정이 가능해진다.

HOT ISSUE

3위

한국인 불법체류자 취급
조지아 근로자 구금

미국 이민당국에 의해 구금됐다 풀려난 한국인 근로자들이 9월 12일 전세기로 귀국했다. 건설현장에서 체포·구금된 지 8일 만으로 자국민이 대규모로 체포·구금된 초유의 사태를 해결하기 위해 이례적으로 외교부 장관과 차관이 동시에 투입해 협상한 결과다. 하지만 사태의 진짜 해결은 대규모 투자가 미국 전역에서 진행되고 있는 만큼 현지공장 건설과 운영에 필수적인 전문 기술자, 엔지니어들의 합법적 입국경로를 넓히는 데 있다는 주장이 강하게 제기되고 있다.

미국 이민세관단속국(ICE)과 국토안보수사국(HSI) 등이 9월 4일(현지시간) 조지아주 서배너에 위치한 현대차그룹-LG에너지솔루션의 합작 배터리공장(HL-GA 배터리회사) 건설현장에서 대대적인 불법체류자 단속을 벌였다. 미국 주류·담배·총포 담당국(ATF) 애틀랜타 지부는 "HSI, ICE, 마약단속국(DEA), 조지아주 순찰대 등과 함께 조지아주 브라이언 카운티에 있는 현대차 배터리공장 건설현장에서 대규모 이민단속작전을 벌였다"며 "불법체류자 약 450명을 체포했으며, 이는 지역사회 안전에 대한 우리의 확고한 의지를 보여준다"고 자찬했다.

'미국 되찾기 작전' … 법원 영장을 통한 절차

'불법체류' 혐의로 체포된 인원 중에는 한국에서 현지로 출장을 간 직원 30명 이상(협력업체 직원 포함)과 현지에서 채용된 근로자 등 317명이 포함된 것으로 파악됐다. 한국에서 출장 간 사람들은 대부분 회의 참석이나 계약 등을 위한 단기 상용비자(B1)나 무비자인 전자여행허가(ESTA)를 소지한 채 현지에서 일하고 있었던 것으로 알려졌다. 이들 역시 '체류 목적에 부합하지 않는 활동'을 했다는 이유로 단속의 대상이 된 것으로 보인다. 체포된 사람 중 상당수는 추가조사를 위해 조지아주 폭스턴에 위치한 ICE 시설로 연행됐다가 교정시설에 구금됐다.

범죄자처럼 수갑과 쇠사슬로 신체구속을 당한 파견 근로자들

이와 관련해 HSI 소속 특별수사관은 "불법고용 관행 및 중대한 연방범죄 혐의와 관련해 진행 중인 형사수사의 일환으로 법원의 수색영장을 집행했다"며 "이 중 일부는 미국 국경을 불법으로 넘었고, 일부는 비자 면제 프로그램을 통해 입국했으나 취업은 금지된 상태였으며, 다른 일부는 비자가 있었지만 체류기간을 초과한 경우였다"고 설명했다. 그러면서 이번 이민단속을 '미국 되찾기 작전*(Operation Take Back America)'의 일환이라고 밝혔다.

> **미국 되찾기 작전**
> '불법이민을 근절하고, 그와 관련한 카르텔과 초국가적 범죄단체를 완전히 제거함으로써 미국 지역사회를 폭력범죄자로부터 보호한다'는 목적 아래 법무부의 자원을 총동원하는 미국 전국단위 계획이다. 하지만 작전명인 '미국 되찾기(Reclaim America)'는 '미국을 백인 민족국가로 되찾아야 한다'는 인종주의적 주장을 펼치며 이를 위해 폭력시위를 주도하는 극우성향 혐오단체들이 주로 사용하고 있는 구호이기도 하다.

고질적인 취업비자 부족 문제 대두

이번 한국 근로자 체포·구금은 최근 몇 년간 한국 기업의 대미투자가 급증하고, 무역합의를 통해 우리나라가 억대 규모 투자약속까지 한 상황이어서 더욱 충격과 분노를 자아냈다. 또 미국은 한국인 대부분이 B1비자나 ESTA 프로그램으로 입국한 전문인력으로서 근로활동이 불가한 신분으로 일한 점이 이번 체포·구금의 이유라고 설명했다. 하지만 이는 전문직 취업 비자(H-1B)나 주재원 비자(E2)가 발급이 제한적이고 까다로운 탓에 기업들이 우회적으로 인력을 파견해온 방식이라는 점에서 이번 구금을 납득할 수 없다는 게 업계의 입장이다. 미국민 노동력 창출에 이바지하지 않았다는 도널드 트럼프 미국 대통령 강성 지지층의 주장에 대해서도 업계는 미국 내 숙련인력 부족으로 초기 설비세팅과 현지 노동자 교육 등을 위해 본국인력이 필수적이라고 지적한다.

직 취업비자를 포함한 각종 비자심사 전반을 강화함에 따라 미국 비자 발급절차는 한층 까다로워졌다. 결국 미국 현지공장 건설을 진행시키기 위한 어쩔 수 없는 선택이었다고 업계는 항변했다.

트럼프 경제정책 vs 이민정책 우발적 충돌

이번 한국인 체포·구금 사태를 바라보는 미국 내 시선도 곱지만은 않다. 트럼프행정부가 밀어붙이던 '불법이민자 추방' 정책과 '외국자본 투자유치를 기반으로 한 제조업 되살리기' 정책이 현장에서 예기치 못한 충돌을 빚었다는 지적이다. 반이민정책을 고수하던 트럼프 대통령이 "가능한 한국 측이 원하는 바대로 이뤄질 수 있도록 신속히 협의하고 조치하라"고 지시한 것도 이런 주장에 힘을 실었다.

국회 외교통일위원회 소속 한정애 더불어민주당 의원이 9월 12일 외교부 등으로부터 제출받은 자료에 따르면 미국에서 체포된 한국인 317명 중 170명이 ESTA로 입국한 것이 확인됐다. 이에 우리 기업이 대미투자를 확대하는 현실을 미국 비자제도가 따라오지 못하고 있다는 비판도 잇따랐다. 미국이 싱가포르(연 5,400명)와 칠레(연 1,400명)에는 H-1B비자 내 별도 쿼터(할당량)를 확보해주고 있고, 호주에도 독자적인 E-3 전용비자를 통해 연간 1만 500명까지 안정적인 미국진출을 허용하고 있다.

하지만 우리나라만을 위한 별도의 쿼터는 없는 실정이다. 이 때문에 2012년 한미 자유무역협정(FTA) 발효 당시부터 미국에 한국인 전문직 인력을 위한 별도 취업비자 쿼터를 요구해왔고, 로비활동에만 550만달러(약 76억원)를 투입했다. 이에 미국 의회도 매년 1만 5,000명 규모의 전용비자(E-4)를 발급하는 내용의 '한국 동반자법(PWKA ; Partner with Korea Act)'을 추진했지만 법안 논의만 수년째 제자리걸음을 하고 있다. 여기에 트럼프행정부 출범 이후 불법이민 차단과 '미국 우선주의'를 내세워 전문

한미 양국 정부와 미국진출기업 반응

미국정부	미국 진출 배터리업계	한국정부
미국인 훈련 후 투입 등 미국인 고용 주장	대체인력 확보 난항, 공장건설 최소 2~3개월 지연 예상	B1비자에 대해 한미 양국이 해석 차이
현장 투입 인력 교육에 최소 6개월, 최대 5~6년 소요		한미 간 비자문제 해결을 위해 워킹그룹 가동, 취업비자 쿼터 확대 등 구체적인 방안 논의 예정
트럼프 대통령, 새로운 비자를 만드는 방안 포함 미국 비자 발급 및 체류자격 시스템 개선 등 마련(지시)	공장건설 단계에는 전문인력 필요, 미국에서 구할 수 없는 기술 및 장비 등이 사업 추진에 영향	장기적 해법으로 미국 법 개정을 통한 비자 신설 등 제시
		비자 제도 개선 요구

한편 국내 주요그룹 대미 투자규모만 수십조원에 이르는 만큼 업계의 충격파도 크다. 일단 구금사태로 현지 파견인력이 빠져나가면서 공정지연이 불가피해졌고, 이로 인해 전동화 사업계획에도 차질이 예상된다. 또한 현대·LG 외에도 다수의 기업이 ESTA나 B1비자를 활용한 미국 출장을 전면 중단했다. 이번 사태가 국내 기업들의 미국 현장 인력운영, 비자전략, 투자심리 전반을 크게 흔들고 있는 모양새다.

HOT ISSUE

이재명정부 조직개편안 확정 …
검찰청, 78년 만에 문 닫는다

검찰청이 78년 만에 폐지되고 공소청과 중대범죄수사청(중수청)을 신설해 기존 검찰의 기소와 수사기능을 분리 담당하게 됐다. 공소청은 법무부, 중수청은 행정안전부 산하에 각각 두기로 했다. 경제정책 수립·조정과 세입, 세출, 예산편성 등 기능이 과도하게 집중돼 있다는 비판을 받아온 기획재정부도 분리된다. 과기정통부장관이 부총리를 겸임하는 대신 기존 사회부총리는 넓은 정책 범위 및 낮은 실효성 등을 고려해 폐지하기로 했다.

정부조직개편안 발표하는 윤호중 행정안전부 장관

윤호중 행정안전부 장관과 한정애 더불어민주당 정책위의장은 9월 7일 정부서울청사에서 민주당과 정부, 대통령실이 고위 당정협의회에서 확정한 이재명정부의 정부조직개편안을 이같이 발표했다.

검찰청, 공소청과 중대범죄수사청으로 분리

개편안에 따르면 정부는 검찰청 폐지와 공소청, 중수청을 신설하는 내용을 정부조직법 개정안에 반영해 추진한다. 개정안이 통과해 최종 공포되면 1년 후 시행하는 것으로 했다. 이를 위해 총리실 산하에 '범정부 검찰제도개혁 추진단'을 설치하고, 당·정·대의 협의를 거쳐 세부방안을 도출하기로 했다.

한 정책위의장은 이날 당정협의회 후 브리핑을 통해 "검찰개혁의 완성은 대통령의 핵심공약"이라며 "그간 검찰의 견제받지 않은 권한의 남용과 공정성 훼손에 대해 지속적인 우려가 있었다"고 지적했다. 한편 신설되는 중수청은 행안부 산하에 설치되는 것으로 결정되면서 수사·기소 분리와 권력분산이라는 개혁취지에도 중수청의 법적 역할과 소속 부처 문제를 둘러싼 권한집중·통제부재 등을 우려하는 목소리가 나오기도 했다.

건진법사 돈다발 관봉권 분실, 논란 일파만파

한편 건진법사 의혹을 수사하던 서울남부지검이 건진법사 전성배 씨 자택에서 확보한 돈다발 관봉권*의 띠지를 분실한 것으로 드러나 논란이 커졌다. 앞서 남부지검은 2024년 12월 전씨 자택을 압수수색해 1억 6,500만원어치 현금다발을 확보했다. 이 중 5,000만원어치 신권은 한국은행이 밀봉한 관봉권이었다. 그러나 검찰은 현금의 출처를 추적하지 않은 채 김건희 여사 관련 의혹을 수사 중인 민중기 특별검사(특검)팀에 사건을 넘겼다. 돈다발 지폐의 검수 날짜, 담당자, 부서 등의 정보가 적힌 띠지와 스티커를 분실한 채였다. 남부지검은 직원이 현금을 세는 과정에서 띠지 등을 잃어버렸다는 입장이다.

관봉권

화폐의 액수와 상태에 이상이 없음을 보증하기 위해 지폐뭉치를 띠지로 묶어 비닐로 포장한 것이다. '관봉(官封)'이라는 명칭은 과거 관청에서 서류를 봉인하던 관행에서 유래한다. 관봉권은 한국조폐공사가 새로 발행해 한국은행에 공급하는 '제조권'과 시중은행에서 회수돼 한국은행의 검수를 거친 재사용권인 '사용권'으로 나뉜다. 관봉권은 띠지와 비닐포장, 인증 스티커로 구성된다.

이에 9월 5일 국회 '검찰개혁 입법청문회'에서는 검찰을 상대로 관봉권 띠지 유실경위에 대한 민주당 의원들의 질의가 이어졌다. 증인으로 나온 검찰 수사관들은 띠지 유실경위 등에 대해 "기억 안 난다", "몰랐다"는 답변으로 일관했다. 이날 진행된 청문회에는 박건욱 전 서울남부지검 부장검사, 이희동 전 서울남부지검 1차장검사, 당시 압수계 소속이었던 김정민·남경민 서울남부지검 수사관 등이 관봉권 띠지 유실사건 관련 증인으로 출석했다.

검찰개혁 입법 청문회에서 선서하는 검사·수사관들

김 수사관은 띠지 분실경위, 당시 현금을 직접 셌는지 등에 대한 의원들의 질문에 대해 "기억이 나지 않는다"고 답했다. 그는 "(지난해) 12월 정도에 약 1,000건의 압수물이 들어왔고 그중 단 1건의 압수물을 기억하는 것은 불가능에 가깝다"며 "당시 사건의 경중도 몰랐고 관봉권이라는 것 자체도 몰랐다"고 주장했다. '원형보전' 지시를 받지 않았느냐는 후속 질문에는 기억이 안 난다면서도 "띠지 등 부수적인 것들에 대해서는 특별한 지시가 있어야만 보관하는 것으로 저희 청에서는 사용됐다"고 설명했다.

그러나 청문회에서 김 수사관이 예상질문과 답변을 사전에 준비한 것이 드러나고, 미리 작성한 문서에 질문자들을 향한 듯한 비속어가 쓰여 있는 것이 확인되면서 질타가 이어졌다. 결국 검사들은 '원형보전'을 지시했다며 <mark>수사관들에게 책임을 떠넘기고, 수사관들은 기억이 나지 않는다며 책임을 회피함</mark>으로써 법망을 피해가려 했다는 비판이 쏟아졌다.

HOT ISSUE

이시바 취임 11개월 만에 사임 당내 요구 결국 수용

지난 7월 참의원(상원) 선거 패배 이후 집권당 내 퇴진압박에 직면했던 이시바 시게루 일본 총리가 전격적으로 퇴임의사를 공식 표명했다. 취임 11개월 만이다.

"기대 부응 못 해 … 선거패배는 내 책임"

이시바 총리는 9월 7일 도쿄의 총리관저에서 긴급 기자회견을 열고 "자민당 총재직에서 사임하겠다"며 "새로운 (자민당) 총재를 뽑는 절차를 개시해주기를 바란다"고 말했다. 일본에서 집권 자민당 총재 교체는 총리 교체를 의미한다. 그는 차기 자민당 총재 선거에는 출마하지 않는다고 명확히 언급했다.

퇴진 기자회견을 하는 이시바 일본 총리

이시바 총리는 미국과 관세협상이 일단락된 지금이 퇴진할 적절한 시기라고 생각했다며 "후진에게 길을 양보하는 결단을 내렸다"고 밝혔다. 이어 일미 관세협상과 관련해 "이번 합의로 우리나라(일본) 경제 안전보장 확보와 경제성장 가속을 추진할 주춧돌이 만들어졌지만, 이것으로 결말은 아니다"라고 부연했다. 또한 "작년 9월 자민당 총재선거에서 뽑아준 많은 분의 기대에 부응하지 못해 정말로 부끄럽다"면서 7월 참의원 선거패배 책임은 자신에게 있다고 강조했다. 다만 그는 자민당 비자금 스캔들*과 관련해 "국민불신을 아직 불식하지 못했다"며 아쉬움을 드러내기도 했다.

> **자민당 비자금 스캔들**
>
> 2025년 1월 도쿄도 의회 자민당 의원 모임의 모금행사에서 수입을 정치자금 보고서에 기재하지 않은 혐의로 회계담당 직원 등이 기소된 사건이다. 이보다 앞선 2024년에도 자민당 일부 파벌이 정치자금 모금행사(파티)를 주최하면서 '파티권'을 할당량 이상 판 소속 의원들에게 초과분 돈을 다시 넘겨주는 방식 등으로 최소 20년 동안 비자금을 조성해온 사실이 검찰 수사로 드러난 바 있다. 이는 내각 지지율 추락으로 이어지면서 결국 기시다 총리가 연임도전을 포기했고, 이시바 내각이 탄생했다.

니혼게이자이신문(닛케이)은 이시바 총리에 대해 아베내각에서 비주류파였던 인재를 각료로 기용하고 중도보수를 지향했다고 평가했다. 그러나 이시바내각에서 자민당을 지지했던 일부 보수층이 우익 야당인 참정당이나 일본보수당 쪽으로 돌아섰고, 연립여당인 공명당이 중의원(하원)과 참의원(상원) 선거에서 모두 패해 소수 여당으로 전락하면서 위기에 처했다고 분석했다.

아울러 당내 기반이 약했던 이시바 총리가 자민당 총재가 된 이후 당내 여러 목소리에 귀를 기울여야 했던 것도 원인으로 꼽았다. 지난해 10월 중의원선거 패배 이후 이시바 총리가 법안과 예산안 통과를 위해 일부 야당이 요구하는 정책을 수용할 수밖에 없었다면서 "야당과 조율에 쫓겨 독자정책을 추진할 여유가 없었다"고 짚었다. 아사히신문은 7월 참의원 선거 패배 이후 50일간 지속된 자민당의 당내 항쟁에 이시바 총리가 굴복했다고 평가했다.

차기는 고이즈미·다카이치 유력?

이시바 총리 퇴진으로 집권 자민당 잠룡들은 1년 만에 다시 당권을 놓고 치열한 경쟁을 벌이게 됐다. 차기 자민당 총재 유력후보로는 '40대 기수'인 고이즈미 신지로 농림수산상과 '여자 아베'로 언급되는 다카이치 사나에 전 경제안보담당상이 꼽힌다.

고이즈미 준이치로 전 총리의 차남인 고이즈미 농림수산상은 준수한 외모, 탁월한 언변 등이 장점으로 꼽힌다. 올해 5월 농림수산상에 취임한 이후에는 이른바 '반값 비축미'를 방출하며 쌀값 하락을 이끌어 좋은 평가를 받았다. 다카이치 전 경제안보담당상은 여성·비세습 의원으로 '강한 일본'을 언급하는 등 아베내각의 정치노선을 전반적으로 계승한 것으로 평가받는다.

고이즈미 신지로(왼쪽)과 다카이치 사나에

일본 주요 언론들은 이시바 총리가 사임의사를 발표한 다음 날인 8일 일제히 "자민당 총재선거가 두 사람을 중심으로 전개될 것"이란 전망을 내놓았다. 이들은 각종 여론조사에서도 꾸준히 20%대 지지율로 '2강체제'를 구축하며 다른 후보군을 멀찌감치 따돌리고 있다.

한편 이시바 총리는 이재명 대통령과 결실 있는 회담을 했다며 아시아 여러 나라와 연대해야 한다고 강조하기도 했다. 아울러 "일미동맹을 더욱 심화하고 우호국과 연대도 강화했다"며 차기 총리도 이러한 외교방침을 계승해주기를 바란다고 당부했다. 재임 중에도 일본의 과거사 책임을 인정하는 취지의 발언을 하고 제2차 세계대전 A급 전범이 합사된 야스쿠니신사를 참배하지 않는 등 한일관계에 비교적 온건한 모습을 보였다.

하지만 전망은 밝지 않다. 특히 다카이치 전 경제안보담당상은 강경 보수노선을 추종해 당선 시 한일관계에 악영향을 미칠 수 있다는 우려가 나온다. 고이즈미 농림수산상은 한일관계에 뚜렷한 태도를 밝힌 적은 없지만, 야스쿠니신사를 줄곧 참배했다.

'윤핵관(윤석열 핵심 관계자)'으로 불리던 권성동 국민의힘 의원의 안내로 인수위원회 사무실에서 당선인 신분이었던 윤 전 대통령을 1시간가량 접견했다고 특검에 진술했다.

경기도 가평군 소재 통일교 본부

외교부, 아프리카 ODA 2배 증액

이날은 권 의원이 한학자 총재가 거주하는 통일교 천정궁을 방문해 한 총재로부터 윤 전 대통령의 대선 승리를 축하한다는 인사를 받은 당일이다. 이 자리에서 윤씨는 제5유엔사무국 설치·아프리카 프로젝트 등 교단 현안 비용을 **공적개발원조***(ODA ; Official Development Assistance)로 충당해달라고 요청했고, 윤 전 대통령은 '함께 논의해 재임 중 이룰 수 있도록 하자'는 취지로 답변했다고 한다.

HOT ISSUE

김건희 특검 '통일교 청탁' 조준 … 권성동이 메신저였나

윤석열 전 대통령 당선 직후 숙원사업을 지원해달라는 통일교 청탁이 정부문서에 반영된 것으로 나타났다. 김건희 여사 관련 각종 의혹을 수사하는 민중기 특별검사(특검)팀은 양측 '유착'이 그만큼 구체화했다는 정황증거로 보고 있다. 통일교 전 세계본부장 윤모 씨 공소장에 따르면 윤씨는 2022년 3월 22일

공적개발원조

개발도상국의 경제개발과 복지증진을 위해 중앙 및 지방 정부 등 공공기관이 개발도상국이나 국제기구에 제공하는 자금, 물자, 기술 등을 말한다. 크게 공여국과 개발도상국이 직접 주고받는 양자협력과 국제기구를 통해 이뤄지는 다자협력으로 나뉜다. 양자협력은 다시 상환의무가 없는 무상원조와 유리한 조건으로 자금을 대여하는 유상원조로 구분된다.

공교롭게도 그달 30일 외교부 외교안보분과가 작성한 국정과제 이행계획서에는 아프리카 ODA를 2배로 증액하는 내용의 외교비전 발표계획이 담겼다.

같은 해 11월 김 여사가 케냐 영부인 환담 중 '아프리카 새마을운동'을 거론했고, 2024년 6월 윤 전 대통령이 한-아프리카 정상회의에서 아프리카 ODA 규모를 2030년까지 100억달러(약 14조원)로 확대하겠다고 선언하는 등 관련 메시지도 꾸준히 나왔다.

통일교 주요현안이었던 캄보디아 개발사업에 대한 정부지원도 눈에 띄게 늘었다. 2022년 12월 '한국-캄보디아 우정의 다리' 사업 관련 대외경제협력기금(EDCF) 차관 지원이 승인됐고, 이듬해부터는 해당 사업 ODA 예산이 기하급수적으로 늘었다. 특검팀은 청탁내용이 정부정책에 반영될 정도로 '유착'이 깊어진 건 대선 때 통일교가 윤 전 대통령을 전폭적으로 밀어줬기 때문이라고 봤다.

한학자 통일교 총재

2021년 말 윤씨는 교단 원로인 윤정로 세계일보 부회장을 통해 권 의원과 친분을 맺은 뒤 신도들을 동원해 윤 전 대통령 당선을 돕겠다고 제안한 것으로 조사됐다. 이 같은 청탁과정을 한 총재가 윤씨와 함께 주도했다는 게 특검팀 판단이다. 아울러 ==특검팀은 윤씨가 2022년 2월 열린 통일교 행사에 윤 당시 대선후보가 참여하고, '윤 후보가 당선되면 통일교 정책을 국가정책으로 추진해달라'고 요청하면서 권 의원에게 불법 정치자금 1억원을 상납==한 것으로도 파악했다.

메신저 의혹 얽힌 권성동 의원, 구속영장 발부

특검팀은 권 의원에 대한 체포동의요구서에 '범죄의 중대성'을 설명하는 과정에서 '통일교 청탁 의혹'을 '국정농단'으로 규정하고 그 발단이 권 의원의 불법 정치자금 수수라고 명시했다. 특검팀은 "==피의자(권 의원)는 종교적 이권 및 영향력을 확대하고자 정치권력과 결탁을 시도하던 통일교를 이용해 오히려 자신의 정치적 입지를 강화==하려는 마음을 먹고, 그 과정에서 국회의원으로서 마땅히 준수해야 할 청렴의무를 위배한 채 정치자금 명목으로 1억원을 교부받았다"고 지적했다.

9월 9일 국회 본회의에 참석한 권성동 국민의힘 의원

이어 "그 대가로 통일교의 청탁에 대해 국회의원의 지위를 적극 남용해 정부의 조직 및 예산으로 적극 지원했고, 불법 정치자금 수수로 맺어진 유착관계를 끊어내기는커녕 통일교에 대한 수사개시 정보를 먼저 입수하자 이를 통일교에 누설하기에 이르렀다"고 부연했다. 특검팀은 8월 28일 권 의원에 대한 구속영장을 청구했고, 법원이 특검팀에 송부한 체포동의요구서는 법무부를 거쳐 대통령 재가를 받아 9월 9일 국회 본회의에 보고, 11일 가결됐다. 결국 권 의원은 16일 자정께 불법 정치자금 수수 혐의로 구속됐다.

HOT ISSUE

7위

금감원, 대출 우대조건 공시 강화 예대금리차는 역대 최대수준

금융감독원(금감원)이 주택담보대출&전세자금대출 비교공시 서비스에서 우대금리 조건·한도 항목을 추가한다. 금리가 인하하는 추세에도 시중은행들이 대출금리를 높이는 수단으로 우대금리를 사용한다는 지적이 이어진 탓이다. 예대금리차는 **공시*** 이래 최고수준에 이르렀지만, 은행들은 예대마진이 단순한 금리차이가 아니라 리스크 관리비용이 포함된 금액이라는 입장이다.

공시
이해관계자에게 기업의 사업현황, 재무상태 등을 알리는 것이다. 투자자는 공시정보를 파악해 주식거래, 신규투자 등을 검토한다. 공시종류에는 정기공시와 수시공시가 있고, 증권시장에 떠도는 소문을 확인해주는 조회공시도 있다. 보통 기업공시 방법은 사업보고서·반기보고서 제출로 대신한다.

주담대·전세대출 비교공시에 우대금리 항목 신설

금감원이 주택담보대출(주담대)과 전세자금대출 우대금리 정보공시를 강화한다. 일부 은행들이 기준금리가 인하돼도 우대금리를 축소해 대출금리를 높게 유지하는 '꼼수'를 쓴다는 지적에 따라 소비자 안내를 강화하려는 취지다. 금감원은 **금융상품 비교공시에서 주담대와 전세자금대출 상품에 우대금리 조건 정보를 제공하도록** 한 '금융소비자보호에 관한 감독규정 시행세칙' 개정을 8월 25일 예고했다.

금감원은 금융소비자보호법에 따라 예적금, 대출 등 금융상품 정보를 모아볼 수 있는 비교공시서비스인 '금융상품 한눈에'를 운영하고 있다. 이 중 예적금과 개인사업자 대출은 우대금리조건과 한도 등이 비교공시의 대상이지만, 주담대·전세자금대출은 최고·최저 이자율 등의 정보만 나와 있어서 우대금리는 소비자가 직접 판매사 홈페이지나 상품설명서를 통해 확인해야 했다. 이러한 불편을 개선하기 위해 주담대와 전세자금대출의 우대금리조건과 한도 등에 대한 설명도 비교공시항목으로 신설하는 방안을 추진한다.

이는 최근 은행들이 금리인하기에도 우대금리를 이용해 대출금리를 높게 받는 '이자장사'를 해왔다는 지적과도 무관하지 않다. 이러한 지적에 금감원은 올해 초 우대금리 적용현황 등을 포함한 은행 대출금리 산출근거를 직접 점검하기도 했다. 금감원 관계자는 이번 공시강화가 소비자들에게 금리와 관련해 최대한 많은 정보를 제공하기 위한 취지라고 설명했다. 다만 신용대출은 개인별로 적용되는 우대금리조건 등이 다양해 이번 적용대상에서는 제외됐다. 금감원은 앞으로 신용대출 등에도 우대금리 정보제공 기능을 강화하기 위한 방안을 검토할 계획이다.

커지는 예대금리차 … "금융위험 관리비용 포함"

정부와 여론의 '이자장사' 지적에도 주요 시중은행들의 최대 이익기반인 예대금리차(= 대출금리 - 예금금리)는 오히려 더 커지고 있다. 상당수 은행의 예대금리차가 2022년 하반기 공시 시작 이래 최대거나 이에 근접한 상태다. 정부의 강력한 가계대출 억제

방침에 따라 대출금리는 쉽게 내리지 못하지만, 예금금리는 3년 2개월 만에 가장 낮은 수준까지 떨어졌기 때문이다.

8월 31일 은행연합회 소비자 포털에 공시된 '예대금리차 비교' 통계에 따르면 지난 7월 5대 은행(KB국민, 신한, 하나, 우리, NH농협)에서 실제로 취급된 가계대출의 예대금리차는 1.41~1.54%포인트(p)로 집계됐다. 이 예대금리차는 서민금융(햇살론뱅크, 햇살론15, 안전망 대출 등)상품을 빼고 계산한 결과다. 저소득·저신용 서민대상의 정책금융상품의 금리가 높아 이를 많이 취급할수록 예대금리차가 커지는 등의 왜곡을 막기 위해서다.

정책과 규제의 영향으로 대출금리는 시장금리 흐름에 따라 자연스럽게 내려가기 힘든 상태지만, 예금금리는 이미 3년여 만에 가장 낮은 수준까지 떨어졌다. 일반적으로는 금리하락기에 대출금리가 예금금리보다 빨리 내려 예대금리차가 줄어들지만, 이번 금리 사이클에서는 오히려 예대금리차가 커질 수밖에 없다. 한 시중은행 관계자는 "국내외 기준금리 추가인하 기대 등으로 시장금리가 전반적으로 계속 낮아지는 추세인 데다가 대출규제로 대출재원 마련이 급하지 않기 때문에 은행 입장에서 굳이 높은 금리로 예금을 조달할 필요가 없다"고 설명했다.

HOT ISSUE

8위

의대증원 원상복귀에 '특혜' 논란

정부가 사직 전공의들의 복귀 문을 열어주는 하반기 전공의 모집방안을 확정하면서 1년 6개월가량 이어진 의정갈등 사태가 끝을 맞이하게 됐다.

의대증원 철회 속 복귀 … 특혜 논란 확산

8월 7일 정부가 원 소속병원 정원 보장을 비롯한 구체적인 전공의 모집방안을 확정했다. 작년 2월 6일 정부의 의대정원 2,000명 증원발표가 전공의 사직과 의대생 휴학으로 이어지면서 국내 의료현장은 유례없는 장기간 공백을 겪었다. 그런데 올해 8월 초 학교로 복귀한 의대생에 이어 전공의들도 수련병원으로 돌아가면 본격적인 의료 정상화 수순에 들어가게 된다. 의료공백도 점차 해소될 전망이다.

그러나 의대증원 전면 철회와 전공의 및 의대생의 특혜성 조치 속 현업복귀가 현실화되면서 또 하나의 '의사불패' 선례를 만들었다는 지적도 나온다. 김진현 서울대 간호대 교수는 "정부가 계속 안 좋은 학습효과를 만들고 있어 앞으로도 이런 사태가 계속될 수 있다"며 "전공의, 의대생에게 특혜를 주는 것 자체가 의사집단에 선민·특권 의식을 심어주는 것"

이라고 비판했다. 김 교수는 향후 이런 사태가 재발하는 것을 막으려면 정부가 원칙대로 대응하는 것이 중요하다면서 "의사면허를 이권보호를 위한 방패막이로 사용하면서 환자의 생명을 협박하면 정부가 면허를 취소할 수 있는 법을 만들어야 한다"고 말했다.

계절학기·더블링 강의, 의대교육 차질 우려

전국 의대들은 여름방학을 활용해 복귀 의대생들이 1학기 미이수 학점을 이수할 수 있도록 계절학기를 운영 중이다. 다만 한 학기 수업을 여름방학과 주말, 야간 대면·온라인 병행방식으로 압축해 진행하면서 교육의 질이 떨어질 수 있다는 우려가 제기되고 있다. 교육부는 내년 1학기 24·25·26학번이 예과 1학년 과정에 겹치는 이른바 트리플링*을 막고, 본과생들의 정상적 진급 등을 통해 의료인 배출에 최대한 차질이 없도록 2학기 복귀를 허용했다. 하지만 24·25학번이 함께 수업하는 '더블링'은 피할 수 없게 됐기 때문이다.

트리플링(Tripling)

의과대학 신입생인 26학번과 집단휴학에 동참한 24·25학번 재학생이 동시에 수업을 듣게 되는 상황을 말한다. 3개 학번이 2026학년도 예과 1학년 과정을 함께 배우는 것이다. 더블링(Doubling)은 2개 학번이 같은 학년 수업을 듣게 되는 경우를 가리킨다. 이러한 현상이 발생하면 학사운영과 교육여건 전반에 상당한 부담으로 작용할 수 있다.

교육부실 우려와 더불어 복귀생에 과도한 특혜를 주는 것 아니냐는 논란 역시 지속될 것으로 보인다. 의대증원에 반발해 1년 넘게 수업을 거부한 의대생들이 사실상 아무런 페널티도 받지 않고 복귀하는 것 아니냐는 지적이다. 실제로 ==교육부가 이달 초 각 의대와 마련한 '의대생 복귀 및 교육 운영지침'을 보면 곳곳에 다수의 학칙변경을 통한 복귀지원방안이 제시==됐다.

대표적으로 유급된 학기는 원칙적으로 미이수 학기로 처리되는데, 운영지침에는 본과진급이나 졸업요건 등에 이수학기가 규정된 경우 그 요건을 완화하는 방안이 담겼다. 올해 1학기 때 유급을 받았더라도 학칙 개정을 통해 '이수한 학기'로 간주할 수 있다는 것이다. 아울러 1학기 유급생들의 2학기 조기복귀를 위해 '학년 유급제'를 '학기 유급제'로 바꾸는 것은 물론 추후 학년 성적을 산출할 때 1학기 성적을 한시적으로 미산입하는 방안까지 제시됐다. 특히 1학기 학습 결손분을 만회할 수 있도록 학기별 최대 이수 가능 학점을 상향하도록 한 것은 다른 단과대생과의 형평성 논란을 키울 것으로 보인다.

이런 논란에 대해 교육부와 각 의대는 의대교육 정상화를 위한 불가피한 조치라는 입장이다. 의대 교육과정의 특성상 다수의 학칙 변경 없이는 의대생들의 정상적인 진급이 어렵다는 것이다. 교육계 관계자는 "대통령이 직접 의대생 복귀 지원방안을 주문한 상황에서 교육당국으로선 별다른 선택지가 없었을 것"이라며 "결국 이번에도 정부가 의대생에게 '백기투항'한 것이라는 비판을 피하기 어려울 것 같다"고 말했다.

HOT ISSUE **9위**

부패·폭압 정치권에
네팔 시민 맞대응 격화

네팔에서 소셜미디어(SNS) 접속을 차단한 정부 조치와 부패에 격분한 시위가 갈수록 격화하면서 결국 샤르마 올리 총리가 사임했다. 일부 시위대가 대통령과 총리 자택에 불을 지르거나 국회의사당에 난입하는 등 점차 과격해지자 사태해결을 위해 행정수반이 물러난 모양새다.

정부, 내각사퇴 및 SNS 차단조치 철회로 진화 시도

로이터 통신은 9월 9일(현지시간) 올리 총리가 사임했다고 관계자 발언을 인용해 보도했다. 네팔 영문 일간지 히말라얀 타임스도 올리 총리가 람 찬드라 포우델 대통령에게 보낸 서한에서 "만연한 비정상적 상황을 고려하고 문제를 해결하기 위한 노력을 촉진하기 위해 헌법에 따라 총리직에서 사임한다"고 밝혔다고 전했다. 전날 있었던 대규모 시위에서 경찰 발포로 19명의 시민이 사망한 것에 대한 정치적 해결을 위한 조처로 풀이된다.

반부패 항의시위를 폭력적으로 진압하는 네팔 군경

포우델 대통령은 이날 오후 올리 총리의 사임서를 즉각 수리하고 새 총리 선출 절차에 착수했다. 이로써 지난해 7월 4번째 총리임기를 시작한 올리 총리는 1년 2개월 만에 자리에서 물러나게 됐다. 의원내각제인 네팔에서는 총리가 행정수반으로 실권을 갖고, 대통령은 의전상 국가 원수직을 수행한다.

사임의사를 밝히기 전에 올리 총리는 전날 시위 중 19명이 사망한 대규모 인명피해에 대해 "깊은 슬픔을 느낀다"며 진상조사를 지시했다. 그는 전날 심야 성명에서 "정부는 SNS 사용을 중단하길 원하지 않으며 사용할 수 있는 환경을 보장할 것"이라고 밝히고, "(이번 시위와 관련한) 원인을 규명하고 향후 재발방지 대책을 마련하기 위해 보름 안에 조사위원회를 구성하겠다"고 말했다. 라메시 레카크 내무부 장관 등 장관 4명도 이번 시위와 관련한 책임을 지고 사임한 것으로 전해졌다.

부패정치에 'SNS 금지령'까지 … 시민 분노 폭발

이번 시위는 네팔정부가 지난 9월 5일부터 유튜브, 페이스북, 인스타그램, 엑스(X, 옛 트위터) 등 당국에 등록하지 않은 26개 SNS의 접속을 차단한 데 반발해 일어났다. 네팔정부의 SNS 차단조치는 온라인 공간에서 이용자들의 발언을 제한해 인터넷 자유를 위축시키는 현상의 일부라고 AP 통신은 보도했다. 특히 부패척결과 경제성장에 소극적인 정부에 실망한 젊은 층이 대거 시위에 가담했고, 주최 측은 이번 시위를 'Z세대 시위'라고 전했다.

올리 총리가 이끈 통합마르크스레닌주의 네팔공산당(CPN-UML)과 네팔회의당(NC)의 좌파 연립정부는 부패 척결과 경제문제 개선을 약속했으나 제대로 이행하지 못했다는 비판을 받아왔다. 정치·경제 전반에 걸친 구조적 부패와 지도자들의 책임회피 반복도 문제가 됐다. 2010년 퇴임한 마다브 쿠마르 네팔 전 총리가 15년이 지난 올해 6월에서야 과거 토지거래 부패혐의로 전직 장관과 공무원 92명과 함께 기소된 사건이 대표적이다. 여기에 틱톡 등에 사치품과 호화로운 휴가생활을 과시하는 현직 고위층 자녀들 모습과 생활고에 시달리는 이들을 대조하는 영상이 빠르게 공유되면서 분노를 샀다.

총리가 바뀔 만큼 정치적 혼란이 이어지고 있다. 이 때문에 올해 초부터 '공화제 도입 이후 정치가 더 부패해졌다'며 '다시 왕정으로 돌아갈 것'을 요구하는 대규모 시위가 이어지고 있다.

피의 만찬

2001년 6월 나라얀히티 왕궁의 만찬장에서 무차별 총격으로 왕실 일가족이 몰살한 대참극이다. 유혈극의 장본인은 당시 디펜드라 왕세자로서 만취한 상태에서 결혼문제로 왕비의 꾸중을 듣고는 격분해 가족을 향해 자동소총을 난사했다. 국왕 부처 등 8명은 현장에서 즉사했고, 자살기도를 한 왕세자는 뇌사에 빠졌다가 사흘 뒤 병원에서 사망했다. 참극 이후 왕권은 사망한 국왕의 동생이 물려받았는데, 즉위 후 선출직 총리 해임, 헌법개정으로 전제정치 부활, 비상계엄 선포 등으로 전권을 장악하고 축재와 공포정치를 일삼아 내전의 원인이 됐다.

시위대 수만명은 전날(9월 8일) 카트만두에서 "소셜미디어가 아닌 부패를 척결하라"는 구호를 외쳤고, 소셜미디어 차단 해제 이외에도 '총리 사임', '부적격 공직자 복귀 금지', '독립적인 감시기관 설립' 등을 요구했다. 이 과정에서 일부는 경찰 바리케이드를 뚫고 의회 난입을 시도하거나 구급차에 불을 지르기도 했다. SNS에는 카트만두 시내와 인근 지역에서 시위대가 주요 정치 지도자들의 자택을 공격하는 영상이 공유됐다.

이에 경찰은 최루탄을 비롯해 물대포와 고무탄을 쏘며 진압을 시도했으며, 네팔 남동부 비라트나가르와 네팔 서부 포카라 등지에서도 비슷한 시위가 잇따라 모두 19명이 숨지고 500명 넘게 다쳤다. 결국 네팔 정부는 대규모 시위가 유혈충돌로 번지자 문제가 된 SNS 접속 차단조치를 9일 해제했다.

네팔은 2001년 벌어진 소위 **피의 만찬***을 계기로 239년 동안 지속된 왕정을 폐지하고 2008년 연방공화국이 됐다. 이후 이번 사태까지 포함해 14차례나

HOT ISSUE 10위

랜섬웨어, 금융사까지 번졌다
금감원, 해당 금융기관 검사

온라인서점, 보증보험사에 이어 금융사에서도 **랜섬웨어*** 공격이 발생하는 등 국내 주요 기업·기관의 랜섬웨어 악성코드 감염사례가 최근 급증하고 있다. 해킹공격으로 인한 금융기관의 개인정보 유출가능성이 커지자 한국인터넷진흥원(KISA)은 보안사고

예방을 당부했고, 금융감독원(금감원)은 피해 금융기관 검사에 착수했다.

랜섬웨어

랜섬웨어는 몸값을 뜻하는 'ransom'과 제품 또는 소프트웨어를 지칭하는 'ware'의 합성어로 데이터를 인질삼아 돈을 요구하는 악성프로그램이다. 피싱이메일, 미확인 프로그램, USB 등이 감염경로가 되며 컴퓨터나 서버에 침투해 정상적인 사용을 불가능하게 만들어 금전 등을 요구하는 방식이다. 해커가 요구한 돈을 지불해도 복구가 확실하지 않은 경우가 많으며, 오히려 금전지불 이후에 다른 피해가 발생할 수도 있다.

잇따른 해킹공격에 금융권 보안취약 우려 고조

9월 1일 KISA는 올해 상반기 침해사고 신고건수가 1,034건으로 2022년 473건에 비해 약 2.2배로 증가했다고 밝혔다. KISA는 앞서 8월 14일 보안공지를 통해 "최근 국내외적으로 랜섬웨어 위협이 지속되고 있으며, 특히 사내 그룹웨어와 네트워크 연결 저장장치 등의 피해가 늘어 사전점검과 대비가 필요하다"고 강조했다.

KISA가 밝힌 랜섬웨어 감염사례를 보면 A사는 서버 제조사가 기본설정한 계정 ID와 비밀번호를 변경하지 않고 그대로 쓰면서 접근제어 정책도 갖추지 않았다. B사는 직원이 공문, 이력서, 견적서 등으로 위장한 악성메일의 첨부파일을 열었다가, C사에서는 P2P프로그램을 통해 최신영화 등으로 위장된 랜섬웨어 파일을 내려받았다가 해킹에 노출됐다.

KISA는 기업자산 중 외부와 연결된 데이터베이스나 공유기 등의 현황을 파악해 불필요한 시스템의 연결을 즉각 차단할 것을 주문했다. 특히 테스트 서버, 유휴 서버 등 실제로 쓰지 않는 연결지점이 방치된 경우나 주요 시스템 점검작업자가 개인PC 등에 임의로 원격제어 프로그램을 설치해서 사용하는 경우에도 주의가 필요하다고 했다.

KISA는 ▲ 외부접속 허용이 필요한 경우 접속 IP 및 단말기제한 설정 ▲ 비정상적인 접속에 대한 주기적인 로그기록 확인 ▲ 시스템 유지·보수 업체와 상시연결 허용 지양 ▲ 사용하지 않는 기본관리자 계정 비활성화 등을 랜섬웨어 공격을 막을 수 있는 사전조치로 언급했다. 아울러 기업 데이터가 보관된 클라우드 자체의 랜섬웨어 감염을 대비해 클라우드에 보관된 자료에 대해서도 정기적인 백업조치를 할 것을 권고했다.

금감원, SGI·웰컴 검사 … 개인정보 유출 긴장

금융사 대상 해킹공격이 잇따르면서 금융당국이 피해기관들을 대상으로 현장검사에 나섰다. 8월 21일 금융권에 따르면 금감원은 최근 해외 해커조직으로부터 랜섬웨어 공격을 당한 웰컴금융그룹 계열사 대부업체 웰릭스에프앤아이대부 현장검사에 착수했다. 금감원은 해킹피해가 확인된 웰릭스에프앤아이대부를 검사하고 나머지 계열사들의 피해 여부 등도 계속 모니터링할 계획이다. 7월 랜섬웨어 해킹공격으로 전산장애가 발생했던 SGI서울보증에도 본격적인 현장검사를 착수했다. 금융당국은 SGI서울보증이 전자금융감독 규정에 따라 정보보호 체계를 적절히 운영했는지 등을 집중적으로 살펴볼 예정이다.

다만 최근 공격을 받은 웰릭스에프앤아이대부 등 대부업체는 전자금융거래법 적용대상이 아니라 구체

적인 보안체계 규제가 없어 당국의 감독 및 검사범위가 모호하다는 지적도 나온다. 금감원 관계자는 "이번 현장검사를 통해 대부업체 등 중소·서민 금융기관의 보안과 관련해 개선할 사항이 있는지 등을 함께 파악할 예정"이라고 말했다. 보안업계 관계자는 "금융분야는 데이터가 곧 돈이 되므로 다른 산업에 비해 훨씬 더 높은 수준의 보안체계가 마련돼야 한다"면서 "한 달 사이에 금융회사를 대상으로 한 해킹이 2차례나 발생했다는 것은 이러한 체계가 취약하다는 점이 드러난 것"이므로 "금융권 보안체계 전반 점검이 필요하다"고 말했다.

HOT ISSUE 11위

의원퇴출·원전해체 NO! 대만 국민투표 모두 제자리

2025년 7월과 8월, 대만에서 중요한 투표가 연달아 실시됐다. 7월에는 친중성향으로 분류되는 야당 의원 24명을 전원 파면하는 **국민소환투표***가, 8월에는 2차 파면 국민소환투표와 지난 6월에 폐쇄한 마안산 2호기 원전의 재가동을 물은 국민투표가 있었다.

대만 국민소환투표

2025년 대만에서 집권여당인 민주진보당과 시민단체의 주도로 실시된 대만 역사상 최대규모의 동시·집단 주민소환이다. 대만 공직인원선거·소환법은 주민소환을 '제1단계 제안 → 제2단계 연서 → 제3단계 투표' 순으로 규정하는데, 주민소환을 '제안'하기 위해서는 제명요구안 발의와 선거구 유권자 10%의 서명이 필요하다. 파면 가결요건은 ▲ 찬성표가 반대표보다 많고 ▲ 찬성표가 해당 선거구 선거인 총수의 1/4보다 많아야 한다. 요건 중 하나라도 충족하지 못하면 파면은 부결되며, 남은 임기 동안 다시는 재소환할 수 없다.

여소야대 구도 유지 … 정부 책임론 부상

대만 중앙통신사 등 현지 언론에 따르면 8월 23일 장치천 부입법원장(국회부의장)을 포함한 국민당 소속 입법위원(국회의원) 7명을 대상으로 실시된 소위 파면투표가 모두 부결됐다. 가결요건인 '전체 유권자의 25% 찬성'에 미치지 못하면서 통과되지 못한 것이다. 이로써 지난 7월 26일에 있었던 국민당 입법위원 24명에 대한 1차 파면투표 부결에 이어 이번 2차 파면투표까지 부결되면서 친중성향인 제1야당 국민당 의원 31명 전원이 생환했다. 파면투표의 결과 역시 1차 때와 마찬가지로 반대가 평균 64~69%로 찬성(30~35%)보다 많아 야당에 힘을 실어주는 모양새가 됐다.

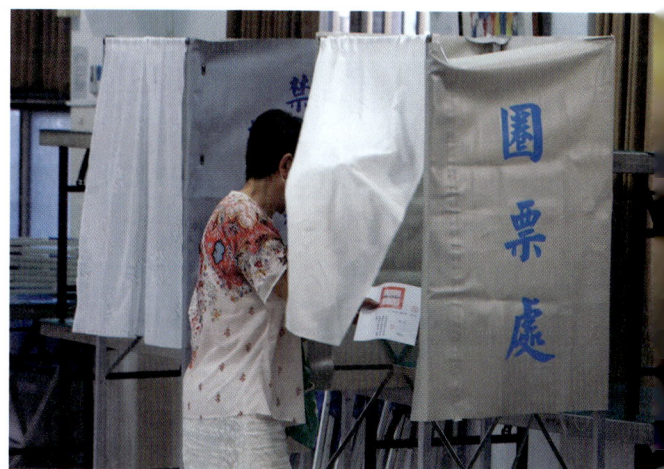

대만 야당 의원 파면 및 원전 재가동 국민투표

앞서 친미·반중 성향의 집권당인 민주진보당(DPP, 민진당)은 시민단체와 손잡고 국민당 의원의 친중성향을 이유로 주민소환을 추진했다. 여소야대 구도를 뒤엎기 위해서다. 그러나 1차와 2차에 걸친 국민당 의원 전원에 대한 파면투표가 최종적으로 부결되면서 야권연합은 입법원 내 과반의석을 유지할 수 있게 됐고, 여소야대 국면을 타파할 승부수가 먹히지 않으면서 리더십이 흔들린 라이정부는 향후 국정운영에 심각한 타격을 피할 수 없게 됐다.

원전 재가동 법정요건 미달로 부결 … 탈원전 비상

2차 국민소환투표와 함께 국민투표도 실시됐지만 최종 부결됐다. 국민투표에서는 대만의 마지막 남은 원전이자 지난 5월 17일 상업 운전면허가 만료된 남부 핑둥현 헝춘의 제3원전인 마안산 발전소의 재가동에 대한 찬반을 물었다. 투표지에는 '제3원전이 안전에 문제가 없다고 확인될 경우 계속 가동하는 데 동의하십니까?'라고 적혔다. 그러나 이날 오후 8시 기준 찬성표(약 430만표)가 반대표(약 150만표)보다 훨씬 많았지만, 법정기준인 유권자의 4분의 1(약 500만표)에는 미치지 못하면서 안건통과가 이뤄지지 못했다.

원자력 발전소 재가동 지지시위

독일, 이탈리아에 이어 전 세계에서 세 번째로 원전을 전면 폐지한 대만에서 친중성향의 야당 국민당은 반도체산업과 국가안보를 위해 원전 재가동이 불가피하다고 주장해왔다. 반대로 친미·독립 성향인 집권 민진당은 원전 재가동에 반대하며 탈원전을 고수했다. 그런데 최근 인공지능(AI), 반도체 등 관련 산업을 위한 대만 내 전력공급 필요성과 중국과의 지정학적 관계에 의한 안보위협으로 인해 원전이 필요하다는 목소리가 지속적으로 힘을 얻고 있었다. 대만 전체 전력사용량의 12%를 차지하는 TSMC와 같은 기업들이 치솟는 전기요금에 직면해 있으며, 대만 국내 전기요금이 해외공장 요금을 초과하고 있는 것도 한 요인으로 분석된다.

==문제는 부결은 됐지만 투표자의 74%가 재가동에 찬성표를 던졌다는 점이다. '탈원전'에 대한 정부와 국민의 인식에 큰 간극만 확인==한 셈이다. 이로써 날로 커지는 중국의 군사적 압박에 미국까지 관세 20%를 부과하는 등 외부 악조건을 극복해야 하는 상황에서 사상 최대규모로 추진된 파면투표 불발로 내부 동력을 잃은 데다가 정책적으로 추진했던 탈원전마저 흔들리면서 그 후폭풍은 고스란히 라이정부가 떠안게 됐다.

결국 라이정부는 경제부장을 시작으로 개각에 나섰다. 2차 파면투표 시행 전날인 22일 사임한 궈즈후이 경제부장(장관) 후임으로 TSMC의 전 이사회 멤버인 쿵밍신 행정원 비서장(사무총장 격)을 낙점했다. 경제통으로 평가되는 신임 경제부장은 TSMC를 포함한 반도체 산업을 공고히 하고, 도널드 트럼프 미 행정부의 관세 등 외부 압박에 대응하는 책무를 맡게 됐다.

HOT ISSUE **12위**

이재명정부 첫 광복절 특사 …
조국 부부 사면

자녀 입시비리 등 혐의로 실형을 선고받고 수형생활을 해온 조국 전 조국혁신당 대표가 이재명정부의 첫 **특별사면***(특사)으로 풀려났다. 잔형 집행이 면제되는 사면과 함께 복권도 이뤄져 정치활동 제약도 없어졌다.

특별사면
대통령의 고유권한으로 특정 범죄인에 대해 남은 형의 집행을 면제하거나 유죄선고의 효력을 상실시키는 것을 말한다. '특사'라고도 한다. 국무회의 의결을 거쳐 대통령이 명령해 이뤄진다. 특별사면의 방법으로는 가석방 혹은 복역 중인 피고인에게 남은 형기를 면제하는 '잔형집행면제'와 집행유예를 선고받아 유예기간이 지나지 않은 피고인에게 내려지는 '형선고실효'가 있다.

전 정권에서 형 확정된 인사들 사면

정부는 광복절을 앞두고 조 전 대표를 포함한 83만 6,687명에 대해 15일을 기해 특별사면을 단행한다고 8월 11일 밝혔다. 이번 사면에는 윤석열정권에서 검찰의 표적수사로 논란이 됐던 여권 인사들이 대거 이름을 올렸다. 조 전 대표와 정경심 전 동양대 교수 부부를 비롯해 최강욱·윤미향 전 더불어민주당 의원, 조희연 전 교육감, 윤건영 민주당 의원, 백원우 전 민정비서관 등이 모두 사면대상이 됐다.

조 전 대표는 지난해 12월 자녀 입시비리와 청와대 감찰무마 등 혐의에 유죄가 인정돼 징역 2년 실형이 확정된 뒤 수형생활을 했다. 내년 12월 만기출소 예정으로 형기가 1년 이상 남은 상황이었다. 그는 당초 형 집행 종료 후 5년간인 2031년 12월까지 피선거권이 박탈됐지만, 이번 복권으로 피선거권까지 회복됐다. 사면된 조 전 대표는 8월 18일 내년 지방선거 또는 국회의원 보궐선거 출마의사를 밝히기도 했다. 그러면서 "국민께서 저를 비판하신 부분을 포함해 국민께 제 의견을 얘기하고 정치적 선택을 받아야 한다"며 "법적으로는 마무리된 것이고, 정치적 선택을 다시 받고 싶다"고 덧붙였다.

조국 전 조국혁신당 대표

정경심 전 교수는 아들의 입시 관련서류를 위조하고 이를 고등학교 담임교사에게 제출한 혐의로 기소돼 지난해 12월 대법원에서 징역 1년에 집행유예 2년이 확정됐다. 최강욱 전 의원은 조 전 대표 아들에게 허위 인턴 확인서를 써준 혐의로, 윤미향 전 의원은 한국정신대문제대책협의회 후원금을 횡령한 혐의로 의원직 상실에 해당하는 형을 받았다.

윤건영 의원은 허위 인턴등록, 백원우 전 비서관은 유재수 전 부산시 경제부시장 관련 감찰무마, 조희연 교육감은 해직 교사 부당특채 혐의로 각각 유죄를 선고받았다. 다만 직접 사면·복권을 요청하고 나선 '대북송금' 사건의 이화영 전 경기도 평화부지사는 대상에서 제외됐다. 이재명 대통령 역시 같은 사건으로 기소됐다가 재판이 중지된 상태인 만큼 정치적 논란 가능성을 고려했다는 해석도 나왔다.

대통령실 "국민통합 요구에 부응"

대통령실은 8월 11일 조 전 대표 등에 대해 특사가 단행된 것과 관련해 "이번 조치가 대화와 화해를 통한 정치복원의 계기가 되기를 바란다"는 공식입장을 밝혔다. 강유정 대통령실 대변인은 "이 대통령은 국민통합이라는 시대의 요구에 부응하고 민생경제에 온기를 불어넣기 위한 법무부의 이번 사면안에 공감했다"고 전했다. 강 대변인은 '조 전 대표의 사면을 두고 국민의힘은 정권교체 포상용 사면이라고 비판한다'는 질문에 "종교계와 정치권 등 각계각층에서 조 전 대표에 대한 사면요청이 있었다"며 "사회적 요구가 팽팽한 가운데 고심한 결과"라고 답했다.

임시 국무회의를 개회하는 이재명 대통령

민주당은 이번 사면이 '정치검찰'로 인한 피해를 회복하는 조치라는 측면을 강조했다. 또 조 전 대표 사면이 여론에 미칠 파장에 촉각을 곤두세우면서도 정치적 영향이 그다지 부정적이지 않다는 입장을 공개적으로 밝히기도 했다. 전현희 민주당 최고위원은 지난 8월 12일 SBS 라디오에서 "전반적으로 사면에 대해 여론은 크게 나쁘지 않다"며 "사면이 결정적으로 지지율이 떨어지는 배경이라 보지는 않는다"고 말했다. 앞서 8월 11일에는 이 대통령의 국정수행 지지도가 56.5%로 취임 후 최저치를 기록했다는 리얼미터의 여론조사 결과가 나오기도 했다. 하지만 사면 이후 실시된 여론조사에서는 반등하면서 실제로 사면이 지지도에 영향을 미치지는 않는 것으로 분석됐다.

HOT ISSUE 13위

감전사고, 열차사고 등 잇따른 산재에 수사 착수

최근 산업재해가 연이어 발생하는 가운데 해당 사고들이 안전관리를 방치한 인재(人災)형 사고임이 조사를 통해 드러나고 있다. 포스코이앤씨가 시공하는 고속도로에서 발생한 감전사고, 경부선 선로에서 무궁화호가 작업자를 친 사고 등 사망사고가 벌어지면서 경찰과 노동청 등 당국이 수사에 나섰다.

광명 포스코이앤씨 고속도로 건설 공사현장

공사 중인 고속도로에서 감전사고 … '인재' 정황

포스코이앤씨가 시공을 맡은 고속도로 공사현장에서 작업자가 중상을 입는 사고가 발생했다. 8월 4일 경기 광명경찰서에 따르면 이날 오후 1시 34분께 광명~서울고속도로 연장공사 현장에서 미얀마 국적 30대 남성 근로자 A씨가 감전으로 추정되는 사고를 당했다. 경찰은 119 신고내용 등을 토대로 A씨가 감전으로 인해 쓰러진 것으로 보고 있다. 노동당국도 즉시 작업중지를 조치하고 사고원인 및 산업안전보건법과 중대재해처벌법 위반 여부에 대한 조사에 착수했다.

수사가 본격화되며 이번 사건이 예견된 인재라는 정황이 속속 드러났다. 8월 19일 수사당국에 따르면 경기남부경찰청 광역수사단 수사전담팀은 이번 감전사고의 원인이 된 양수기에 전기를 공급하는 분전함 내 누전차단기의 정격감도전류*가 500mA에 달한다는 사실을 확인했다. 산업안전보건기준에 관한 규칙에 따르면 정격감도전류가 30mA 이하여야 하는데, 이런 기준을 한참이나 초과한 것이다. 이렇듯 ==위험천만한 상황 속에 우리말이 서툰 미얀마인이 절연 장갑이나 장화 등 기본적인 안전장비도 갖추지 못한 채 홀로 작업에 투입됐다가 사고를 당했다는== 게 현재까지의 경찰 수사결과다.

정격감도전류

누전차단기의 성능을 표시하는 장치. 정격감도로 표시된 전류는 누전차단기가 누전으로 감지하는 최소한의 전류가 된다. 정해진 정격감도전류보다 낮은 전류는 무시하지만, 정격감도전류보다 높은 전류가 감지되면 누전차단기가 작동된다. 일반적으로 30mA가 많이 사용되지만 용도에 따라서 15mA, 50mA, 100mA 등 다양한 기준이 있다.

한편 경찰과 노동부는 이번 압수수색에 총 70여 명을 투입해 8월 12일 11시간여에 걸쳐 인천 송도의 포스코이앤씨 본사, 서울 강남의 LT삼보 본사, 양사의 현장사무소, 감리사인 경호엔지니어링에 대한 압수수색을 진행했다. ==잇단 산업재해로 인해 모든 현장의 작업을 중단하고 긴급 안전점검을 한 뒤 작업을 재개했다가 사고==가 난 만큼 안전점검과 관련한 자료도 압수해 분석할 계획이다.

선로 작업자 사망사고 현장조사

열차에 작업자 치여 … 사망자 모두 하청업체 소속

산업재해는 또 있었다. 8월 19일 오전 10시 52분께 청도군 인근 경부선 철로에서 무궁화호 열차가 선로 근처에서 작업을 위해 이동 중이던 근로자 7명을 뒤에서 쳤다. 이 사고로 열차에 치인 작업자 7명 가운데 2명이 사망하고, 나머지가 중경상을 입었다. 숨지거나 부상당한 7명 가운데 6명은 하청업체 근로자였으며, 이 중 2명은 당초 해당 업체가 작성한 작업계획서 명단에 포함되지 않은 인원으로 드러났다.

전문가들은 열차가 통과하는 시간에 근로자들이 선로 주변을 걷고 있었던 점 등을 들어 ==이번 사고가 현장 안전관리 소홀이나 대피신호체계 오작동 등에서 비롯됐을 것==으로 추정한다. 또 사고가 난 구간이 '곡선구간'이어서 열차 기관사가 사고지점 직전까지도 작업자들을 발견하지 못했을 가능성도 있을 것으로 본다. 또한 사고열차는 소음이 적은 전기열차였다. 소방 관계자는 "사고가 난 열차가 전기로 움직이는 탓에 소음이 크지 않아 근로자들이 열차접근을 인식하지 못했을 수도 있다"고 말했다.

경북경찰청과 대구지방고용노동청은 9월 1일 합동으로 코레일 본사와 대구본부, 서울에 있는 하청업체 본사 등 3곳에서 압수수색을 진행했다. 압수수색에는 경찰 수사관과 노동청 근로감독관 등 70여 명이 동시에 투입돼 열차사고 관련 서류와 PC, 관계자들의 휴대전화를 확보했다. 수사당국은 이번에 확보한 압수물을 통해 사고경위, 철도 진입허가 여부, 작업 사전계획, 운행 중인 열차에 의한 충돌방지를 위한 안전조치 여부 등을 집중수사할 방침이다.

의 상호관세율은 25%였다. 이번 행정명령에는 조정된 관세율을 8월 7일 0시 1분부터 적용한다고 명시됐다.

HOT ISSUE 14위

상호관세 '15%' 행정명령 서명 양국 모두 관세타격 실감

상호관세를 발표하는 도널드 트럼프 미국 대통령

도널드 트럼프 미국 대통령이 상호관세 **행정명령***에 서명하며 8월 7일부터 발효됐다. 한국은 관세율 15%를 적용받는데, 다른 국가들에 비하면 낮은 축에 속한다. 하지만 미국이 특정제품을 겨냥한 관세를 별도로 부과하며 한국과 미국 경제상황에 큰 충격을 주고 있다.

행정명령

미국의 행정명령은 미국 대통령이 자국 행정부에게 조문으로써 명령하는 것을 지칭한다. 대통령 임기가 종료돼도 행정명령은 계속 유효하기 때문에 신임 대통령이 전임자의 행정명령을 폐지하고 새로운 행정명령을 추진하는 경우도 종종 있다. 국내에서는 행정규칙이라고도 하는데, 행정기관이 정했지만 법규는 아닌 규칙으로서 명령, 훈령 등이 있다.

한국 상호관세율 25% → 15%, 일본·유럽과 같아

트럼프 대통령은 7월 31일 오후(현지시간) 지금까지 한국 등 주요 교역국과 진행한 무역협상 결과를 반영해 기존에 발표한 국가별 상호관세율을 조정한 행정명령에 서명했다. 이 행정명령 부속서에 명시된 국가별 상호관세율을 보면 한국은 15%로 돼 있다. 트럼프 대통령이 지난 4월 2일에 처음 발표한 한국

AFP통신에 따르면 백악관 고위당국자는 국경세관 당국이 새 관세체제를 시행할 시간을 보장하기 위해 관세적용을 미뤘다고 설명했다. <mark>백악관은 관세율을 조정한 이유에 대해 몇 국가는 미국과 의미 있는 무역 및 안보합의를 하는 데 동의했거나 동의하기 직전</mark>이라고 밝혔다. 한국에 앞서 미국과 무역협상을 타결한 일본과 유럽연합의 관세율도 각각 15%로 낮아졌다.

한국은 산업, 미국은 소비자 … 관세충격 여파 지속

트럼프 2기 출범 이후 미국이 무차별적으로 관세장벽을 높이는 가운데 반덤핑, 상계관세, 세이프가드 등 기존의 수입규제를 통한 공세도 강화하고 있어 대비가 필요하다는 지적이 나온다. 8월 18일 대한무역투자진흥공사(코트라)에 따르면 트럼프 2기 행정부 들어 미국이 올해 3월부터 철강·알루미늄 제품에 25%의 품목관세를 부과하기 시작한 데 이어 <mark>6월부터 이 관세율을 50%로 올리는 등 무역장벽을 높이면서 세계적으로 철강제품에 대한 보호무역주의가 확산하고 있다</mark>고 분석했다.

또 미국은 상반기 기준 한국산 제품에 대해 총 54건의 수입규제를 시행하고 있는 것으로 조사됐다. 코트라는 "미국은 작년 말부터 반덤핑 및 상계관세 제도 강화를 추진하고 국가안보를 명분으로 무역확장법 232조 활용, 불공정 무역행위에 대응해 무역법 301조 가동 등 무역장벽을 높이고 있다"며 "조사 중인 품목 및 예상 규제품목을 대상으로 지속적인 모니터링이 필요하다"고 조언했다.

경기도 평택항에 쌓여 있는 철강제품

미국의 소비자들도 관세로 인해 부담이 커지기는 마찬가지다. 월마트 같은 미국의 유통업체들은 소비심리 위축을 우려해서 관세발효 이후에 얼마나 가격을 인상했는지 구체적으로 공개하지 않고 있다. 하지만 8월 7일 발표된 예일대 예산연구소의 분석보고서에 따르면 미국 소비자들은 트럼프 행정부의 관세정책으로 인해 1933년 이후 가장 높은 18.6%의 평균 유효관세율을 경험하게 됐다.

이런 관세영향으로 미국 소비자들은 가구당 연간 평균 2,400달러(약 334만원)의 비용부담을 안게 될 것으로 연구소는 전망했다. 특히 의류와 섬유제품이 가장 큰 영향을 받는 품목으로 꼽혔는데, 단기적으로 신발가격은 39%, 의류가격은 37% 상승할 것으로 예상됐다. 식품가격은 3.2%, 신선식품 가격은 7.0% 오를 것으로 추산됐다. 자동차 가격은 단기적으로 12.4%, 장기적으로 9.4% 올라 신차구매에 드는 비용이 작년보다 4,500~6,000달러(약 626만~835만원) 늘어날 것으로 분석됐다.

HOT ISSUE 15위

"전쟁이 아니라 학살이다" 가자지구 사망자 83%는 민간인

8월 21일(현지시간) 영국 일간 가디언이 이스라엘군의 공격으로 가자지구에서 숨진 팔레스타인인들 중 전투원은 17%에 불과하며 나머지 83%는 민간인이라고 보도했다. 이번 보도는 이스라엘·팔레스타인 매체 '+972 매거진'과 이 매체의 히브리어 자매매체 '시카 메코밋'과 가디언의 공동취재로 이뤄졌다.

이스라엘군 공습 피해자의 장례식장

과거 전쟁·학살 비교해도 전례 없는 비중

보도에 따르면 기밀로 분류된 이스라엘군 정보당국 데이터베이스에는 하마스와 팔레스타인 이슬라믹 지하드 전투조직 소속 인물 4만 7,653명 가운데 약 8,900명이 올해 5월 기준으로 '사망' 혹은 '사망 추정'으로 등록됐다. 같은 시점 기준으로 가자지구 보건부에 따르면 이스라엘군 공격으로 사망한 팔레스타인인은 민간인과 전투원을 합해 약 5만 3,000명이었다.

가디언은 사망자 중 민간인 비율이 83%에 이르는 것은 **웁살라 분쟁데이터 프로그램***(UCDP ; Uppsala Conflict Data Program)이 1989년부터 구축한 전쟁·분쟁 민간인 피해 데이터베이스에 나오는 다른 전쟁·분쟁들에 비해 이례적으로 높다고 지적했다. 사망자 중 민간인 비율은 1992~1995년 보스니아 전쟁에서 57%, 시리아 내전에서 29~34%, 2022~2024년 우크라이나 전쟁에서 10~21%, 아프가니스탄 전쟁에서 8~12% 수준이었다.

웁살라 분쟁데이터 프로그램

스웨덴 웁살라대학교 평화·분쟁 연구학과에 기반을 둔 조직적 폭력에 대한 데이터수집 프로그램이다. 전 세계의 정책 입안자들과 유럽연합 및 유엔의 실무자들은 이 프로그램을 증거 기반기록의 글로벌 표준으로 인정하고 있다. 1980년대에 진행 중인 폭력적 갈등(무력분쟁)에 대한 정보를 기록하기 시작했고, 이후 '비국가 분쟁'·'일방적 폭력'에 대한 데이터까지 수집영역을 확대했다.

다른 전쟁 중 특정도시나 특정연도의 전투 혹은 특정 학살사건으로 범위를 한정해도 가자지구의 전쟁 사망자 중 민간인 비율은 결코 낮지 않다. 르완다 내전 중 일어난 1994년 르완다 학살 때 99.8%, 우크라이나 전쟁 중 2022년 마리우폴 공방전 때 95%, 보스니아 전쟁 중 스레브레니차 마을 집단학살 때 92%, 시리아 내전 중 2012~2016년 알레포 전투가 59~64%였다.

"가자에 자유를" vs "하마스 궤멸"

이런 상황에서 이스라엘 수도에서는 전쟁 이후 최대 규모의 반전시위와 파업이 벌어졌다. 이스라엘 내각이 생존인질 절반만 풀어주는 대신 60일간 휴전하자는 하마스의 제안을 거절하고 가자지구 북부의 인구 밀집지역 가자시티를 장악하는 군사작전에 곧 돌입하겠다고 하자 8월 17일(현지시간) 이에 반대하는 대규모 시위가 열렸다. 또 팔레스타인 무장정파 하마스에 억류된 인질의 가족 등 피해자들을 대표하는 '10월협의회' 및 인질·실종자 가족포럼 등 단체는 이날 오전 6시 29분을 기해 전국적인 총파업에 돌입했다.

이들은 주말 뒤 첫 평일인 이날 텔아비브와 예루살렘을 잇는 1번국도 등 주요 고속도로를 점거하고 차로 위에 타이어를 쌓은 뒤 불을 피우며 시위를 벌였다. 일부는 주요 각료들의 집 앞에 모여 인질석방을 촉구하는 구호를 외쳤다. 베냐민 네타냐후 이스라엘 총리 관저로 향하던 이들이 경찰에 막혀 발걸음을 돌리기도 했다.

텔아비브 거리를 가득 메운 반전시위 인파

9월 3일에도 가자지구에 억류된 인질 가족들 주도로 '혼란의 날(Day of Disruption)'로 명명된 시위가 시작돼 사흘간 이어졌다. 참가자들은 예루살렘의 국립도서관 옥상에 올라가 네타냐후 총리의 얼굴 위로 "당신들이 버렸고 당신들이 죽였다"라는 문구가 박힌 현수막을 내걸었다.

팔레스타인 가자지구에 기근이 선포되는 등 인도주의 위기가 심화하자 유대교 랍비들도 이스라엘정부의 전쟁행위를 비판하고 나섰다. 미국 유대인의 절반을 차지하는 개혁파와 보수파 유대교 단체들은 유대교의 가치와 도덕적 우선순위를 근거로 가자지구에 대한 추가원조를 이스라엘에 요구했고, 율법을 가장 철저하게 지키는 정통파 유대교 랍비들도 이스라엘정부 비판에 가세했다. 이들은 지금껏 정치적으로 이스라엘정부에 대한 지지를 최우선시하고 인도주의 위기에도 대부분 침묵해왔다. 그러나 가자지구 상황이 악화하는 가운데 이스라엘정부가 ==팔레스타인 주민들에 대한 원조까지 거절하자 가장 열성적인 지지자들조차 정부의 극우행보에 공개적으로 반대 입장을 낸 것==이다.

세계적으로 가자전쟁에 대한 비난이 거세지고 있지만 정작 이스라엘은 8월 말 가자시티 장악을 위한 작전을 개시했고, 심지어 9월 9일에는 가자전쟁의 휴전중재를 맡아온 카타르의 수도를 공습했다. 휴전협상을 위해 머물고 있던 하마스의 수뇌부 제거가 목적이었다. 국제사회는 '노골적 주권 모독'이며 확전 시도라고 규탄했다. 유엔 안전보장이사회도 긴급 회의를 개최하고 중동의 폭력사태가 더욱 격화할 위험을 경고했다.

해경 등 합동감식 현장

잠수작업 중 일산화탄소 중독 사고 발생

지난 7월 20일 오전 경남 창원시 진해구 부산신항에서 선박 하부 세척작업을 하던 잠수부 3명이 동시에 의식을 잃는 사고가 발생했다. 이 사고로 잠수부 2명이 숨지고, 1명은 사고 사흘 만에 의식을 회복했지만 여전히 위중한 상태다. 선박은 사고 당일 오전 8시 12분 부산신항에 입항했으며, 잠수부들은 오전 10시께 작업을 위해 수심 약 8m 바닷속으로 들어갔다. 시간이 지나도 잠수부들이 나오지 않자 작업 감시인이 이들을 물 밖으로 구조했다. 발견 당시 3명 모두 심정지 상태였다.

HOT ISSUE 16위

진해 잠수부 3명 사상 잠수부 안전규정은 '허술'

'진해 잠수부 3명 사상사고'와 관련해 해경과 고용노동부 수사가 이어지는 가운데 사고 유족이 철저한 원·하청 조사와 재발방지대책 마련을 촉구하고 나섰다.

작업은 **표면공급식***으로 진행됐으며, 사망자들에 대한 1차 검안결과 사인은 일산화탄소 중독이었다. 생존자 A씨는 작업시작 6분째에 다른 작업을 위해 잠시 수면 위로 올라왔다가 2분 뒤 실신하면서 바다에 빠졌다. 수면 위로 올라왔을 때는 이미 일산화탄소를 과흡입해 의식을 잃으면서 바다에 가라앉은 것으로 파악된다. A씨보다 먼저 입수한 사망자 B, C씨도 비슷한 시간대에 물속에서 의식을 잃은 것으로 추정된다. 다만 A씨는 호흡기를 입에 물고 공기를 공급받는 후카(Hookah) 장비가 아닌 전면 잠수 마스크를 착용해 폐에 물이 많이 차지 않아 다행히 의식을 되찾았다.

표면공급식

잠수부가 산소통을 직접 메고 물에 들어가는 대신 선박 위에 설치된 공기 공급장비에서 잠수용 호스관을 통해 산소를 공급받는 방식이다. 공기 공급장비에 의존하므로 호스가 꼬이거나 공기 공급장비에 불순물 등이 섞이지 않아야 한다. 표면공급식 잠수작업을 하는 경우 잠수작업자가 2명 이상이면 감시인 1명당 잠수작업자가 2명을 초과하지 않도록 감시인을 배치해야 한다.

문제는 사고가 작업을 시작한 지 약 10분 만에 났음에도 잠수부들을 감시해야 할 감시인은 1시간 넘게 이 사실을 몰랐다는 점이다. 규정상 잠수부 3명에는 감시인 2명이 배치돼야 했지만, 현장에는 1명만 있었다. 비상 기체통과 통화장치도 지급되지 않았던 것으로 드러났다. 또 잠수부들이 표면공급식으로 공기를 공급받을 땐 물 위에 호흡으로 인한 기포가 올라와 안전 여부를 확인할 수 있지만, 현장 감시인은 이를 알아채지 못했다. 유가족들은 부실한 안전관리와 조치로 사고가 커졌다고 주장한다. 한 유가족은 "사고가 작업 초반에 발생한 만큼 감시인이 제대로 배치되고 통신장비 등이 지급됐다면 생사가 달라질 수도 있었지 않았겠느냐"며 "베테랑인 잠수부들이 물속에 들어가자마자 사고가 난 경위를 철저히 확인해야 한다"고 말했다.

잠수작업 사고 잇따라 발생 … 안전관리 부실

이번 사고를 비롯해 전국적으로 잠수작업으로 인한 인명사고가 잇따르면서 안전대책을 강화해야 한다는 목소리가 커지고 있다. 7월 31일 중앙해양안전심판원 해양사고 통계에 따르면 지난해 잠수작업 중 질식·부딪힘 사고는 총 13건 발생했으며 9명이 숨지거나 실종됐다. 2022년 6건 발생(4명 사망·실종), 2023년 1건 발생(1명 사망·실종)과 비교하면 급격히 증가했다.

바닷속에서 공기 공급장비에 의존해 수중작업을 해야 하는 잠수 일은 사고위험이 크다. 업계에서는 일을 시작할 때 유서를 미리 써놓으면 오래 산다는 말이 있을 정도다. 이 때문에 안전관리 내용도 세부적으로 규정돼 있지만 현장에서는 장비가 갖춰지지 않은 경우가 많아 위험을 무릅쓰고 작업하는 때가 많다. 감시인의 실효성 문제도 있다. 관련 규정상 잠수부 2명당 감시인 1명이 있어야 하지만 비용문제로 감시인을 줄이는 경우가 많고, 이마저도 비전문가인 감시인을 고용해 사고위험을 높인다는 것이다. 약 25년째 잠수업체를 운영하는 50대 사업주는 소규모 업체일수록 일감을 따내기 위해 비용에 안전이 밀릴 때가 많다고 털어놨다.

선박 하부 세척작업

전문가들은 안전관리 감독을 강화하기 위한 담당 기관의 관심과 사업주들의 노력이 동반돼야 한다고 강조한다. 차주홍 한국산업잠수기술인협회장은 "고용노동부나 한국산업안전보건공단 등에서 안전장비를 주기적으로 검사하고 사업주들에게 안전의식을 강화하도록 해야 하지만, 인력부족 등을 이유로 제대로 하지 않는다"고 말했다. 이어 "잠수부들을 정기적으로 교육하고 원청과 사업주들이 비용 측면에서 안전을 소홀히 하지 않게 감시하는 역할을 정부에서 강화해야 한다"고 제언했다.

HOT ISSUE

17위

국민의힘 신임 당대표로 '반탄' 장동혁 선출

국민의힘을 이끌 새 대표로 강성 반탄파(윤석열 전 대통령 탄핵 반대파)로 분류된 장동혁 의원이 선출됐다. 장 신임대표는 8월 26일 국회 도서관에서 속개된 제6차 전당대회 당대표 결선투표에서 22만 302표(50.27%)를 얻어 당선됐다. 장 대표는 결선투표에서 맞붙은 김문수 전 고용노동부 장관(21만 7,935표, 49.73%)보다 2,367표를 더 얻었다. 재선인 장 대표가 6·3 대선에서 당의 대선후보였던 김 후보를 꺾으며 이변을 연출한 것이다.

장 신임 대표 "단일대오로 내부총질에는 결단"

대선패배 후 반탄과 찬탄(윤 전 대통령 탄핵 찬성)으로 나뉘어 분열상을 노출했던 국민의힘을 이끌어갈 키가 강경노선을 표방한 반탄대표의 손에 쥐어졌다. 장 대표는 ==거대 여당의 입법 드라이브와 특검 수사라는 외풍에 맞서 당을 끌어가기 위해 그간 리더십 부재 속에 빚어진 혼돈을 수습하고 단일대오를 구축해야 하는 과제==를 안고 있다.

장 대표 또한 이재명정부와 더불어민주당에 맞서기 위해서 당내 단일대오를 갖추는 일이 필수적이라고 보고 있다. 친한(친한동훈)계를 비롯한 찬탄파가 그간 윤 전 대통령 탄핵 등을 두고 주류와 다른 목소리를 내며 당내 분열을 일으켰고, 그 결과 이재명정부로 향해야 할 화력이 분산됐다는 것이다. 장 대표는 선출 직후 기자회견에서 "지금부터 단일대오에서 이탈하고 내부총질을 하는 분들, 당론을 지속해 어기는 분에 대해 결단하겠다"고 밝혔다.

또 장 대표는 비상계엄 배경에 민주당의 '줄탄핵'과 '줄특검'이 있다며 민주당의 주장대로 계엄이 내란일 경우 정청래 민주당 대표는 '내란 교사범'이라는 공세를 폈다. 이는 윤 전 대통령 지지층, 강성 보수 유튜버들의 주장과 일맥상통한다. 이에 비춰 장 대표가 '윤어게인' 등으로 대표되는 강경보수세력의 손을 잡고 대여 투쟁에 나설 것이라는 관측이 나왔다. 장 대표는 회견에서 "윤 대통령 접견 약속을 지키겠다", "자유 우파시민과 연대해 싸우겠다"고 밝히기도 했다. 이 때문에 장 대표 체제에서 국민의힘이 벌일 대여투쟁의 전장이 국회에서 보수단체가 시위하는 광화문으로 옮겨갈 수 있다는 관측까지도 뒤따른다. 한편으로는 ==장 대표 주도로 찬탄파를 겨냥한 인적청산과 장외세력 연대가 본격화할 경우 내홍이 격화할 수 있다는 우려==도 나왔다.

수락연설을 하는 장동혁 국민의힘 신임 대표

주요 당직자 구성 시작, '전한길 중용되나'

장 대표의 선출로 주요당직을 맡을 '장동혁의 사람들'에도 관심이 모였다. 장 대표의 선거를 도운 캠프 인사들과 80년대생 초선의원이 중용될 것이란 관측이 많은 가운데 가장 큰 관심을 끈 건 **아스팔트 우파***이자 '윤어게인'의 상징인 전한길 씨 등을 지명직 최고위원을 비롯한 주요당직에 기용할지 여부였다. 전씨 등은 이번 전대에서 반탄파의 지지를 규합하는 데 결정적 역할을 한 것으로 평가된다.

> **아스팔트 우파**
>
> 최근 정치권에서 사용되는 표현으로 시위나 집회 등 거리에서 직접 행동하는 과격 성향의 우파를 의미한다. 이들은 최근 단순한 거리시위에 머무르지 않고 보수정당 등 정치세력과 결탁해 당내 영향력을 확대하려는 모습을 보인다. 박근혜 전 대통령의 탄핵 즈음부터 나타나기 시작해 윤석열 전 대통령 집권 이후와 탄핵 전후에 이르기까지 영향력을 높이고 있다.

일단 장 대표는 9월 1일 핵심요직인 사무총장과 정책위의장에 당내에서 '합리적'이라고 평가받는 중도 성향 인사인 정희용·김도읍 의원을 각각 중용했다. 이에 통합행보에 본격적으로 나섰다는 분석이 나왔다. 의원들과의 소통을 강화하고 당내 목소리를 아우르기 위한 인사를 단행했다는 해석이다. 당내에서도 강경성향의 당심을 결집해 당권을 쥔 장 대표가 이번 인선을 통해 내년 지방선거를 앞두고 중도층 민심에 다가가려는 게 아니냐는 시선이 없지 않다. 국민의힘 소장파 의원들은 장 대표가 중도 외연확장을 위해 전씨 등 보수성향 유튜버들과의 관계를 단절해야 한다고 촉구했다.

HOT ISSUE 18위

사제총기 살해범 구속 기소 고스트건 위험성 고조

아들을 사제총기로 살해하고 며느리와 손주까지 살해하려 한 혐의를 받는 60대 남성이 8월 14일 구속 상태로 재판에 넘겨졌다.

경제적 지원 끊기자 복수범행 계획

피의자 A씨는 7월 20일 오후 9시 31분께 인천시 연수구 송도동 모 아파트 꼭대기 층인 33층 집에서 사제총기로 산탄 2발을 발사해 자신의 생일파티를 열어준 아들을 살해한 혐의를 받고 있다. 그는 당시 집안에 있던 며느리, 손주 2명, 며느리의 지인(외국인 가정교사) 등 4명을 사제총기로 살해하려 한 혐의도 받는다.

인천 총격사건 피의자 집

A씨의 서울 도봉구 집에서는 시너가 담긴 페트병, 세제통, 우유통 등 인화성 물질 15개와 점화장치가 발견됐으며, 범행 이튿날인 21일 정오에 불이 붙도록 타이머 설정이 돼 있었던 것으로 조사됐다. A씨는 ==유튜브에서 본 영상 등을 토대로 지난해 8월부터 범행을 계획하고 사제총기 파이프와 손잡이 등을 구매했으며, 총기격발이나 폭발물 제조 등의 실험을 한 것==으로 파악됐다.

그는 총기의 살상력을 높이기 위해 2020년 구매한 실탄을 개조하고 운전연습과 사전답사를 위해 차량을 빌리는 등 치밀하게 범행을 계획한 것으로 드러났다. A씨는 일정한 직업 없이 전 아내와 아들로부터 장기간 경제적 지원을 받았으나, 2023년 말부터 지원이 끊기자 유흥비나 생활비 사용에 어려움을 겪었다. 이에 전처가 아들과 함께 자신을 속이고 고립시킨다는 망상에 빠져 전처가 아끼는 아들과 그 가족을 살해해 복수하려 한 것으로 검찰은 판단했다.

3D프린터로 만드는 고스트건, 현실 위협으로

이 사건으로 우리나라도 총기 안전지대가 아니라는 불안감이 확산하고 있다. 총격을 일으킨 A씨가 유튜브를 보고 총기 제작법을 익혔다고 진술한 가운데 진짜 총기에 가까운 고스트건*의 위협이 현실화할 수 있다는 우려도 나온다.

> **고스트건(Ghost Gun)**
>
> 고스트건은 개인이 인터넷에서 부품을 사들이는 등의 방식으로 제작한 총기다. 개인이 몰래 만들기 때문에 국가 차원의 관리나 추적이 사실상 불가능하다. 실탄을 사용하는 구조로 제작될 경우 치명적인 상해를 입힐 수 있으며, 적절한 금속부품 조합과 안정적인 출력물이 사용된다면 실제 권총과 큰 차이가 없는 수준의 위력을 발휘할 수 있다.

작년 미국 최대 건강보험사 유나이티드헬스그룹의 브라이언 톰슨 최고경영자 총격 살해사건, 2019년 로스앤젤레스 인근 소거스고교 총격사건 등에 고스트건이 활용됐다. 국내에서는 2021년 해외 쇼핑몰에서 구매한 총기부품을 직접 조립해 판매한 일당이 경찰에 덜미를 잡히기도 했다. 자동차 부품이나 캠핑용품으로 속여 들여온 부품으로 만들어진 총기들의 위력은 실제 총기 못지않았다고 한다.

국가정보원은 지난해 해외 온라인 쇼핑몰을 통한 총기류와 사제총기 제작용 물품 반입실태를 점검한 결과 관세법·총포화약법상 수입이 금지된 총기와 함께 사제총기 제작에 쓰일 수 있는 다양한 물품도 쉽게 구매할 수 있는 상황이라고 밝혔다. 현재도 온라인에서는 간단한 검색으로 총기부품을 구입할 수 있는 것으로 파악된다. 가령 쇼핑몰들에서는 사제총기의 탄환으로 쓰일 수 있는 쇠구슬을 누구나 제재 없이 구매할 수 있다. 유튜브 등에는 다양한 사제총기 제조법과 작동원리 등을 소개한 영상이 올라와 있기도 하다. 이를 토대로 총기부품을 3D프린터로 만들어 고스트건을 제작할 수 있다는 우려도 나온다.

경찰은 방송심의위원회에 총기 제작영상 차단 및 삭제 요청을 하는 한편 매년 5·10월 불법 무기류 집중단속을 벌이지만 쉽지 않은 실정이다. 경찰에 따르면 최근 5년간 불법무기 집중단속으로 적발한 사제 총기는 한 건도 없다. 이윤호 동국대 경찰행정학부 교수는 "고스트건은 완전히 사각지대에 놓였다고 해도 무방하다"며 "총기류 제조에 쓰일 약간의 위험성이라도 있다면 구매내역을 추적하도록 기록에 남기는 등의 방안을 찾아야 한다"고 제언했다.

HOT ISSUE 19위

매출 중 원가가 99% 석유화학업계 구조조정 가시화

중국 및 중동에서 석유화학제품을 증산하며 관련 제품의 가격이 하락하는 추세에서 국내 석유화학업체의 매출 대비 원가율이 99%에 육박했다. 적자에서 벗어나지 못하고 있는 석화업계는 구조조정에 뜻을 모으고 실행을 추진하고 있으며, 정부도 기업의 적극적인 자구노력을 전제로 다양한 지원을 뒷받침할 예정이다.

울산 남구 석유화학단지

팔수록 손해 … 원재료·전기요금 동반상승 영향

석유화학업계 상반기 매출원가율이 99%에 육박해 수익성이 사실상 소멸수준으로 나타났다. 8월 24일 기업데이터연구소 CEO스코어가 최근 구조재편 협약을 맺은 석화업체들의 반기보고서를 개별기준으로 분석한 결과 이들의 상반기 매출원가율 평균은 98.6%였다. 이는 전년 평균인 94.7%에 비해 3.9% 포인트(p) 높아진 결과다. 매출원가율은 기업 매출액 중 원가가 차지하는 비율로 높을수록 기업으로서는 이익을 내기 힘들다.

실제로 조사대상 업체 모두 상반기에 적자를 기록했고, 총 적자규모는 1조 8,000억원이 넘었다. 이는 석화업계 수익성지표로 여겨지는 에틸렌 스프레드*가 좀처럼 하락세를 벗어나지 못하는 탓이 크다. 업계에서는 통상 에틸렌 스프레드의 손익분기점을 톤(t)당 300달러로 보고 있으나, 올해 2분기 에틸렌 스프레드는 톤당 220달러 수준에 머물렀다.

에틸렌 스프레드

에틸렌과 나프타의 가격차이를 말한다. 에틸렌은 플라스틱, 비닐 등의 재료가 되는데 석유화학기업은 원유에서 나온 나프타를 에틸렌으로 정제해 판매한다. 즉, 나프타가 원재료, 에틸렌이 제품이 된다. 범용 석유화학 제품 중 에틸렌이 차지하는 비중이 높아 석유화학업계에서 에틸렌 스프레드를 중요시한다.

외부상황 외에도 국내에서는 전기요금 상승이 비용 증가로 이어졌다. 전기요금은 원가의 약 60%를 차지한다. 고압A 기준 산업용 전기료는 2022년 1분기 105.5원/kWh에서 지난해 4분기 174.0원/kWh로 64.9% 올랐다. 이에 따라 업계와 지자체가 위기산단에 대한 한시적 전기요금 인하를 요청했으나, 이번 정부의 구조재편안에는 이를 비롯한 보편적 지원안이 제외됐다.

업계는 구조개편 협의 … 정부지원은 후속적으로

김정관 산업통상자원부 장관은 8월 20일 오후 서울 중구 대한상공회의소에서 열린 '석유화학산업 재도약을 위한 산업계 사업재편 자율협약식'에 참석해 "현재의 석유화학업계는 신속한 구조개편 없이는 살아남을 수 없는 절체절명의 상황"이라고 강조했다. 이날 협약식에는 10개 석유화학업체 임원들이 참석했다. 김 장관은 앞서 열린 산업경쟁력강화 관계 장관회의에서 '석유화학산업 재도약 추진방향'을 통해 밝힌 '선(先) 자구노력, 후(後) 정부지원' 방침을 재차 강조했다. 협약식에서 석유화학업계는 산업계 자율컨설팅 결과를 반영해 270만~370만t 규모의 NCC(나프타분해시설) 감축, 고부가·친환경 제품으로의 전환, 지역경제 및 국민경제에 미치는 영향 최소화 등을 위해 노력하겠다고 밝혔다.

석유화학업계 사업재편 자율협약식

아울러 이번 자율협약을 토대로 설비감축·고부가 전환을 통한 경쟁력 강화, 재무구조 개선 등을 포함하는 사업재편계획을 연말까지 마련하기로 했다. 정부는 업계의 사업재편계획을 검토해 금융, 세제, 연구개발(R&D), 규제완화 등 지원패키지를 마련할 방침이다.

한편 8월 27일 LG화학의 석유화학공장인 대산공장과 여수공장에서 임금피크제 대상인 직원을 상대로 희망퇴직 의사를 확인하는 절차가 최근 시작됐다. 자율적 구조재편에 합의한 석화업계의 구조조정이 가시화된 셈이다. 이번 조사는 생산·사무직을 가리지 않고 58세 이상 전체직원을 대상으로 진행했다고 알려졌다. 통상적으로 희망퇴직 시 제공되는 위로금은 주어지지 않을 가능성이 큰 것으로 전해졌다.

이번 조치는 임금피크제를 적용받는 직원이 대상이지만, 향후 설비매각이나 업체 간 통합가능성 등을 고려하면 범위가 확대될 수 있다는 관측도 나온다. 협약 이후 LG화학의 구조조정 움직임이 처음으로 확인된 것을 계기로 구조재편을 위한 업계 간 물밑 논의도 한층 빨라질 것이라는 전망이 나온다.

HOT ISSUE **20위**

이더리움, 첫 4,900달러 돌파 올해 상승세 이어져

8월 24일 이더리움이 사상 최고가를 기록하며 개당 가격 5,000달러 고지를 눈앞에 두고 있다. 미국 연방준비제도(Fed, 연준)의 제롬 파월 의장이 기준금리 인하를 시사한 것이 주요 가상화폐 가격상승의 첫 번째 이유로 꼽히지만, 비트코인과는 다른 이더리움의 장점들이 상대적으로 큰 상승폭을 만들 수 있었다는 분석이 나오고 있다.

심상치 않은 이더리움 상승세 ··· 역대 최고가 달성

가상화폐 시가총액 2위 이더리움이 4,900달러선을 돌파했다. 8월 24일(현지시간) 가상화폐 거래소 코인베이스에 따르면 이더리움은 이날 4,955달러까지 치솟으며 사상 첫 5,000달러를 눈앞에 두기도 했다. 이더리움이 4,900달러선을 넘어선 것은 이번이 처음이다. 8월 22일 파월 의장이 기준금리 인하를 시사하면서 반등에 성공했다.

이외에도 이더리움 가격을 끌어올린 것에 대해 다양한 요인이 거론되고 있다. 우선 기업 재무전략 차원에서의 대규모 매수였다. 8월 11일 미국 현물 이더리움 상장지수펀드(ETF)*에는 하루 10억달러라는 사상 최대규모의 유입이 발생했다. 이는 비트코인 ETF를 넘어서는 수준이다. 전 세계에서 가장 많은 이더리움을 보유한 비트마인 이머전 테크놀로지스(BMNR)가 기존 매입한 50억달러의 이더리움에 더해 추가매수를 위한 최대 200억달러의 자금조달 계획을 밝혔기 때문이다.

상장지수펀드(ETF)

증권시장에서 특정지수나 가격의 수익률을 추종하는 인덱스펀드다. 추종하는 지수는 KOSPI와 같은 시장지수나 특정 주식 등으로 다양하고 주식처럼 거래소에서 매매되며 순자산가치(NAV)가 거래시간 중 제공된다. ETF를 이용하면 소액으로도 분산투자가 가능하고, 국내주식형 ETF의 경우 2025년 9월 초 증권거래세가 면제돼 거래비용이 낮은 편이다.

온라인 거래플랫폼 IG의 수석 기술분석가 악셀 루돌프는 "오늘 이더리움이 비트코인보다 4% 이상 상승한 것은 이더리움 고유의 강력한 모멘텀에 시장이 주목하고 있다는 의미"라며 "미국 CPI 발표 이후 현물 이더리움 ETF로의 기관자금 유입과 네트워크 업그레이드에 대한 신뢰증가가 비트코인을 떠받치는 거시경제요인보다 투자자에게 훨씬 더 매력적으로 작용하고 있다"고 분석했다.

코인 전문매체 코인데스크는 시장투자자들이 점점 더 이더리움을 '월스트리트의 블록체인'이라고 부른다며 자산 토큰화, 탈중앙화 금융(DeFi)플랫폼 운영, 전통 금융인프라와 유사한 결제시스템에서의 중심적 역할에서 이더리움을 주목하고 있다고 짚었다. 웨이브 디지털 자산의 공동 창업자이자 최고경영자(CEO)인 데이비드 시머도 "기관과 투자자들 사이에서 이더리움을 단순히 '2위 가상화폐'가 아닌 디파이·토큰화·스마트계약 생태계의 핵심 인프라로 보는 관심이 일고 있다"고 전했다.

또 다른 요인은 이더리움 현물ETF로 투자자금이 급증하고 있고, 기업들이 대규모 매입에 나서고 있다는 것이다. 블룸버그 통신에 따르면 올해 들어 미국에 상장된 9개의 이더리움 현물ETF에는 67억달러 이상이 유입됐다. 코인을 대량 보유하는 디지털 자산 재무기관들도 120억달러 이상 규모의 이더리움을 사들였다. 이더리움 상승세는 디지털 자산시장 전반의 자금 재배치 흐름과도 맞물려 있다고 블룸버그 통신은 분석했다.

비트코인과 다른 특징이 이더리움 가격상승 견인

반면 이더리움이 처음으로 4,900달러선을 돌파한 8월 24일, 비트코인 1개당 가격은 24시간 전보다 2.05% 내린 11만 2,700달러를 나타냈다. 비트코인은 파월 의장 연설 이후 11만 7,000달러대까지 올랐으나, 상승세를 이어가지 못하고 있다. 이는 연준이 9월 통화정책회의에서 기준금리를 내릴 확률이 다시 하락한 데 따른 것으로 보인다.

기관 투자자와 개발자들은 스테이블코인 채택 증가, 블록체인에서 현실자산 거래를 가능하게 하는 실물자산의 토큰화, 블록체인에서 복잡한 계약과 서비스를 자동으로 실행하는 스마트 계약플랫폼 확산 등으로 비트코인 외에 다른 자산을 모색하고 있는데, 이 중 상당수가 이더리움 블록체인에서 운영되고 있다는 것이다. 반에크 디지털 자산 리서치 책임자인 매튜 시겔은 "은행과 핀테크, 기업들이 스테이블코인을 채택하면서 비트코인 점유율이 하락하기 시작했다"며 "이 중 상당수는 이더리움과 같은 오픈소스 블록체인에서 결제될 것"이라고 말했다. 이어 "자본시장은 여전히 디지털 자산 재무기업에 열려 있으며, 이는 이더리움 현물시장에 매수압력을 더하고 있다"고 덧붙였다.

HOT ISSUE **21위**

서울 아파트값 상승 둔화 지속
6·27 규제 후 주택연금 가입↑

6·27 부동산대책이 시행되면서 서울의 집값 상승폭이 다소 하락한 것으로 나타났다. 전문가들은 이번 하락이 일시적일 수 있으며 최근 발표된 '공급대책'을 향후 집값 상승 여부를 결정하는 핵심요인으로 바라보고 있다. 가격 상승폭이 낮아짐에 따라 시세차익에 대한 기대도 그만큼 줄어들어 주택연금 가입자 수는 상승세로 전환했다.

6·27대책 이후 서울 집값 상승폭 낮아지는 추세

한국부동산원이 공개한 '7월 전국 주택가격 동향조사'에 따르면 서울시 주택종합(아파트와 연립·단독주택) 매매가는 0.75% 상승한 것으로 집계됐다. 이는 6년 10개월 만에 최대치를 기록했던 6월 상승률(0.95%)보다 둔화한 것이다. 서울 아파트 매매가의 경우 1.09% 올랐다. 상승폭이 전달인 6월(1.44%) 대비 축소됐으나 여전히 1%가 넘는 높은 수준이다.

서울과 함께 6·27대책의 영향권이었던 경기도 주택종합 매매가는 지난 7월 0.16% 올라 전달(0.11%)보다 상승폭을 키웠다. KB국민은행 박원갑 수석부동산전문위원은 "6·27대책은 수도권 고가주택 상급지 갈아타기 규제에 초점을 두고 있어 경기·인천에 대한 실수요자들의 관심이 늘어날 수 있다"면서도 "선행성을 띠는 거래량이 급감하고 있어 '**풍선효과***' 여부는 좀 더 두고 봐야 한다"고 분석했다.

풍선효과

어떤 문제를 해결하려 정책 등을 시행했을 때 이 시행으로 인해 다른 곳에서 새로운 문제가 발생하거나 기존 문제가 더 커지는 현상이다. 집값 인하를 위해 규제를 실시하면 기존의 아파트 수요가 빌라·오피스텔 수요로 이동하거나 서울에 있는 주택에 대한 수요가 경기·인천지역으로 이동하는 것이 대표적인 사례다.

8월에도 서울 아파트 매매가격 상승폭은 둔화세를 이어갔다. 8월 28일 한국부동산원이 발표한 8월 넷째 주(8월 25일 기준) 전국 주간 아파트 가격동향을 보면 서울 아파트 매매가격 상승률은 0.08%로 직전 주 대비 0.01%포인트(p) 낮아졌다. 부동산원은 "전반적으로 매수 관망세가 이어지고 있다"고 전했다.

다만 직전 주와 비교해 상승폭이 확대된 지역이 눈에 띄게 늘어나는 등 집값이 다시 꿈틀거릴 조짐이 있어 지난 9월 7일 발표된 부동산 공급대책이 집값 향방을 결정적으로 좌우할 전망이다. 이에 박 위원은 "7월 시행된 3단계 스트레스 총부채원리금상환비율(DSR)을 비롯해 정책자금 대출한도 축소, 대출 시 6개월 내 입주 등 정책이 강한 풍선효과를 막는 요인으로 작용한 것으로 보인다"며 "9·7 부동산 공급대책이 하반기 부동산가격의 분수령이 될 것"이라고 했다.

집값 상승 기대심리 하락으로 주택연금 가입 증가

한편 7월 주택연금 신규가입은 3달 만에 증가한 것으로 나타났다. 6·27 대책 발표 직후 주택가격 상승기대가 다소 누그러지면서 매매차익을 노리기보다 연금에 가입하는 경향이 뚜렷해진 것으로 보인다. 9월 2일 한국주택금융공사 주택금융통계시스템을 보면 7월 주택연금 신규가입은 1,305건으로 6월(1,155건)보다 13.0% 증가했다. 올해 4월부터 6월까지 연속적으로 감소하던 추세가 7월 들어 반전된 것이다. 통상 집값이 더 오를 것이라는 기대가 꺾이면 주택연금 신규가입이 증가한다. 주택을 담보로 연금을 받는 것이 주택을 팔아 시세차익을 남기는 것보다 경제적으로 유리하다고 판단하는 경우가 늘기 때문이다.

실제로 집값이 더 오를 것이라는 기대심리는 7월 주춤했던 것으로 조사됐다. 한국은행(한은)이 집계하는 주택가격전망지수는 7월 109로 6월보다 11p 하락했다. 이는 월간기준으로 지난 2022년 7월(-16p) 이후 3년 만에 가장 큰 하락폭이다. 1년 뒤 집값 상승을 예상하는 소비자 비중이 그만큼 크게 줄었다는 의미다. 이와 관련해 이창용 한은 총재는 8월 28일 기자간담회에서 "정부의 가계부채 대책의 영향으로 수도권 주택시장 과열이 진정되고 가계부채 증가규모가 축소됐다"고 평가했다. 다만 "서울 일부지역에서는 높은 가격오름세가 이어지는 등 과거 부동산대책 직후와 비교해보면 안정화되는 속도가 다소 더딘 편"이라고 덧붙였다.

HOT ISSUE **22위**

울산시장 선거개입 의혹 …
황운하·송철호 무죄 확정

문재인정부 청와대의 '울산시장 선거개입 의혹'으로 기소된 황운하 조국혁신당 의원과 송철호 전 울산시장에게 무죄가 확정됐다. 대법원은 2018년 지방선거 전 청와대가 송철호 당시 후보의 당선을 돕기 위해 울산시장 선거에 조직적으로 개입했다는 검찰 주장을 받아들이지 않았다. 대법원 2부(주심 오경미 대법관)는 8월 14일 공직선거법 위반 등 혐의로 재판에 넘겨진 황 의원과 송 전 시장에게 무죄를 선고한 원심판결을 확정했다.

황운하 조국혁신당 의원(오른쪽)과 송철호 전 울산시장

선거개입·직권남용 모두 무죄

이와 함께 '하명수사'에 개입한 혐의를 받은 백원우 전 청와대 민정비서관과 박형철 전 반부패비서관에게도 무죄가 확정됐다. 울산시장 경선 당내 경쟁자였던 임동호 전 더불어민주당 최고위원의 불출마를 회유한 의혹으로 기소된 한병도 민주당 의원(당시 청와대 정무수석)을 비롯해 나머지 당시 청와대 인사들도 무죄를 확정받았다. 다만 울산시 내부자료를 제공받아 김기현 국민의힘 의원(당시 울산시장)에 대한 첩보보고서를 만든 혐의를 받는 송병기 전 울산시 경제부시장에게는 선거법 위반 징역 8개월, 위계공무집행방해 징역 6개월 등 총 징역 1년 2개월에 집행유예 2년이 확정됐다.

이번 판결은 이들이 재판에 넘겨진 지 5년 7개월 만에 나온 대법원 결론이다. 대법원은 "원심의 무죄 부분 판단에 필요한 심리를 다하지 않은 채 논리와 경험의 법칙을 위반해 **자유심증주의***의 한계를 벗어나거나 형사소송법과 증거의 증명력, 대통령비서실 소속 공무원의 직무범위, 직권남용 권리행사방해죄의 성립 등에 관한 법리를 오해하고 판단을 누락하는 등으로 판결에 영향을 미친 잘못이 없다"고 밝혔다.

자유심증주의
법원에서 제출된 증거를 어떻게 평가할 것인지와 관련된 증거법 원칙이다. 법관이 제출받은 증거를 자유로운 판단(심증)에 의해 평가하고 사실로 인정할 수 있다는 것이다. 정해진 형식이나 증거우열원칙에 얽매이지 않고 법관의 논리와 경험에 따라 증거의 신빙성과 효력을 판단하는 제도다.

황운하 "검찰의 조작수사·보복기소"

울산시장 선거개입 의혹 사건은 2018년 지방선거 전 청와대가 문재인 전 대통령의 오랜 친구로 알려진 송 전 시장의 당선을 돕기 위해 조직적으로 개입했다는 의혹을 뼈대로 한다. 이때 송 전 시장은 울산지방경찰청장이던 황 의원에게 김기현 당시 울산시장 관련 수사를 2017년 9월 청탁한 혐의를 받았다.

검찰은 전 청와대 민정비서관실 행정관이 송병기 전 부시장의 정보를 토대로 범죄첩보서를 작성했으며, 이 첩보서가 백 전 민정비서관과 박 전 반부패비서관을 거쳐 황 의원에게 전달돼 '하명수사'가 이뤄졌다고 보고 2020년 1월 이들을 기소했다. 그리고 앞서 1심은 황 의원과 송 전 시장의 혐의를 대부분 인정해 이들에게 실형을 선고했다. 황 의원은 공직선거법 위반 혐의로 징역 2년 6개월, 직권남용 권리행사방해 혐의로 징역 6개월 등 총 징역 3년을 선고받았고, 송 전 시장에게는 공직선거법 위반 혐의로 징역 3년이 선고됐다.

그러나 2심은 핵심증인 진술에 신빙성이 떨어지고 비위첩보 작성 및 전달은 당시 청와대 직원들의 직무범위에 해당한다며 지난 2월 1심 판단을 뒤집고 이들에게 무죄를 선고했다. 또 송 전 시장과 황 의원이 2017년 9월 처음 만난 사이로 학력, 경력, 출신 지역 등 인적 연결점이나 개인적 인연이 전혀 없다는 점을 들어 송 전 시장이 황 의원을 통해 수사를 청탁했다는 검찰 기소사실을 납득하기 어렵다고 지적했다. 이에 검찰과 송 전 부시장 등이 불복해 상고했으나 이날 대법원 결론도 같았다.

황 의원은 선고 뒤 심경을 묻는 취재진에 "이 사건은 이른바 조국 수사에서 시작된 윤석열 검찰의 '쿠데타' 실행과정 중에 하나"라며 "이번 판결로 검찰의 조작수사와 보복기소였다는 게 명명백백해졌다"고 입장을 밝혔다. 그러면서 "다시는 검찰권을 남용해 없는 죄를 만들고 있는 죄를 덮어버리는 검찰이 나타나지 않도록 철저한 단죄가 이뤄져야 한다"며 "책임져야 할 검사들에 대해 반드시 책임을 물을 시점"이라고 덧붙였다.

송 전 시장도 "정치검사라는 말은 이제 우리 역사에서 사라져야 한다"며 "사실을 밝혀주신 재판부와 끝까지 믿고 위로해준 많은 분께 진심으로 감사드린다"고 말했다.

HOT ISSUE 23위

앨범 낸 적 없는데…
AI가 만든 가짜신곡 등장

최근 인공지능(AI)이 만들어낸 가짜음반이 잇따라 스트리밍 플랫폼에 등록되면서 음악계에 충격을 주고 있다. 심지어 사망한 가수의 이름으로 올라온 신곡도 있어 가수와 팬들은 당혹감을 감추지 못하고 있다. 전문가들은 AI 기술이 예술가의 정체성을 위협하는 동시에 음악산업 전반의 신뢰 기반을 흔들고 있다고 지적한다.

가수도 모르는 노래, 사망한 가수의 신곡

영국의 포크 가수 에밀리 포트먼은 팬에게서 새 음반을 칭찬하는 메시지를 받고 당황했다. 최근 내놓은 음반이 없기 때문이다. 포트먼은 팬이 올려놓은 링크를 통해 음원사이트에 들어가 자신의 이름으로 등록된 음반 '오르카'를 확인했는데, 그가 선택할 법한 제목의 노래 10곡이 수록돼 있었다. 더 놀라운 것은 노래하는 목소리가 약간 어눌하기는 했지만 포트먼 자신과 유사했을 뿐만 아니라 사용한 악기나 연주방식마저 기이할 정도로 비슷했다.

스포티파이 발표회에 참석한 AI DJ 재이비어 X 저니건

그의 이름으로 등록된 앨범은 '오르카'뿐이 아니었다. 비록 '오르카'에 비해 정교하지는 못했지만, 며칠 뒤 또 다른 가짜앨범이 그의 이름으로 스트리밍 플랫폼에 올라온 것이다. 포트먼은 저작권 침해를 근거로 삭제를 요청했고 일부 플랫폼은 신속히 대응했지만, 세계 최대 음원 플랫폼인 스포티파이에서는 앨범이 내려가는 데 3주나 걸렸다.

뉴욕에서 활동하는 음악가 조시 코프먼도 최근 자신의 이름으로 나온 가짜신곡을 접했다. 엉터리 영어 가사에 키보드 전자음으로 된 노래였다. 코프먼 외에도 포크록과 **아메리카나***(Americana) 가수들 여럿이 자신들의 이름으로 등록된 가짜신곡과 마주했다. 심지어 1989년 세상을 떠난 컨트리 가수 블레이즈 폴리의 계정에도 신곡이 올라왔다. 이는 단순한 해프닝을 넘어 아티스트의 음악적 정체성과 유산까지 훼손할 수 있다는 데 심각성이 있다.

> **아메리카나**
>
> 포크, 컨트리, 블루스, 리듬&블루스, 록&롤, 가스펠 등과 미국의 민속음악(민요)이 혼합된 음악장르다. 미국 남부에 그 기원이 있으며, 미국의 역사, 지리, 민속, 문화와 관련된 요소를 노래하고 표현하는 것이 특징이다. 1990년대와 2000년대 새로운 세대의 아티스트들이 전통적인 미국음악 요소들을 자신들의 노래에 접목하기 시작하면서 새롭게 조명됐다.

AI 생성 앨범 아트워크 기반 … 누가?

가짜 앨범·노래들은 공통적으로 비슷한 AI 생성 앨범 아트워크를 사용하고, 특정한 이름을 작곡가로 기재하는 등 동일한 출처에서 비롯된 것으로 추정된다. 음반표지가 같은 스타일이고, 주로 인도네시아 이름의 음반 레이블에서 출시됐으며, 상당수가 작곡가를 '지안 말리크 마하르디카'로 표기하고 있기 때문이다. 하지만 아직까지 누가, 왜 이런 음악을 제작해 유통했는지는 정확히 밝혀지지 않았다.

가짜신곡 때문에 피해를 본 가수들 또한 누가 왜 이런 가짜음반을 만들어 자신의 이름으로 등록했는지 여전히 모르고 있다. 포트먼의 가짜음반 크레딧에는 프레디 하우얼스라는 제작자 이름이 기록돼 있었지만 실제 그런 이름의 제작자나 음악인은 없다. 코프먼 역시 왜 조용히 살아가는 음악가가 표적이 됐는지 모르겠다면서 "만약 수익금을 노리는 거라면 왜

거물급 스타를 노리지 않는지 의문"이라고 말했다. 이에 전문가들은 소위 스타급 아티스트가 아닌 중견·독립 음악가들을 노린 점으로 봤을 때 '걸리지 않고 일정수익을 올리려는 의도'라고 분석했다.

세계 최대 음원 플랫폼인 스포티파이

문제는 이 '가짜신곡'들이 유튜브, 스포티파이, 애플뮤직 같은 대형 플랫폼에 별다른 검증절차 없이 유통되고 있다는 점이다. 해당 음원들이 업로드돼 제공됐던 스포티파이는 '다른 아티스트의 프로필에 잘못 등록된 콘텐츠였으며, 위반사실이 확인돼 삭제했다'고 해명했다. 하지만 피해 아티스트들은 대응속도와 보호장치가 턱없이 미흡하다고 지적한다. 현재처럼 플랫폼이 정체성 검증이나 콘텐츠 출처표기 없이 누구나 AI로 만든 곡을 쉽게 등록할 수 있는 구조라면 앞으로도 유사사례는 계속해서 발생할 수밖에 없다는 것이다.

또한 스포티파이는 플레이리스트와 서비스 전반에서 생성형 인공지능의 증가에 대한 우려가 제기되고 있음에도 가짜 아티스트 생성혐의를 지속적으로 부인하고 있다. 이 때문에 AI 기술이 인간 창작자의 정체성을 무단으로 도용하고 모방하는 것을 플랫폼이 방치하거나 심지어 조장하고 있다는 비판도 따른다. 여기에 많은 신곡이 매일 업로드되는 환경에서 이러한 가짜음원이 점차 늘어날 가능성이 큰데, 아이러니하게도 플랫폼들은 이러한 위조물을 식별하는 데 AI를 다시 활용한다는 점도 문제로 지적됐다.

HOT ISSUE 24위

"존엄한 죽음 원한다" 연명의료 중단 서약 300만명 돌파

생애 마지막에 무의미한 연명의료 대신 존엄한 죽음을 택하겠다고 서약한 사람이 300만명을 넘어섰다.

존엄사법 이후 시작된 새로운 흐름

국립연명의료관리기관은 8월 9일 기준 연명의료를 받지 않겠다는 내용으로 사전연명의료의향서를 등록한 사람이 300만 3,177명에 달했다고 밝혔다. 지난 2018년 2월 연명의료결정법*, 이른바 '존엄사법' 시행으로 관련 제도가 도입된 지 7년 6개월 만에 300만명을 넘어선 것이다. 이는 우리나라 전체 성인 인구의 약 6.8%에 해당한다.

연명의료결정법

환자가 사전연명의료의향서 또는 연명의료계획서를 통해 치료 의사를 미리 표시할 수 있는 제도적 장치다. 호스피스·완화 의료 및 임종과정에 있는 환자의 연명의료와 연명의료 중단결정 및 그 이행에 필요한 사항을 규정한다. 환자의 최선의 이익을 보장하고 자기결정을 존중해 인간으로서의 존엄과 가치를 보호하는 것을 목적으로 한다.

사전연명의료의향서는 자신의 임종에 대비해 연명의료와 호스피스에 대한 의향을 미리 작성해두는 문서다. 19세 이상이라면 누구나 전국 556개 지정 등록기관을 찾아 충분한 설명을 들은 후 "임종과정에 있다는 의학적 판단을 받은 경우 연명의료를 시행하지 않거나 중단하는 것에 동의한다"는 내용에 서명할 수 있다.

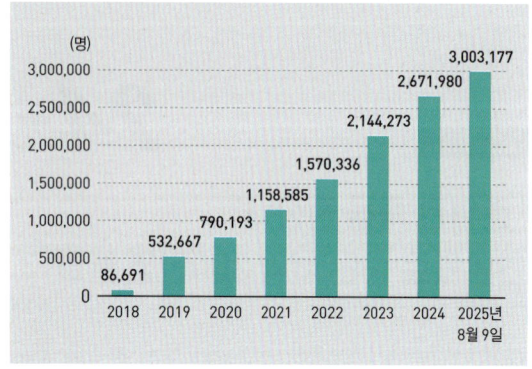

2018년 도입 첫해에는 8만여 명이 동참하는 데 그쳤다. 그러나 점차 참여가 늘어나면서 3년 6개월 만인 2021년 8월 100만명을 넘어섰고, 그로부터 2년 2개월이 지난 2023년 10월 200만명을 돌파했다. 제도에 공감하는 국민이 계속 늘어나면서 200만명부터 300만명까지는 2년이 채 걸리지 않았다.

확산되는 조력 존엄사 논의, 한국은 어디쯤

최근 몇 년 사이 실시된 여론조사에서 국민 10명 중 8명 이상이 조력 존엄사 도입에 찬성하는 것으로 나타났다. 지난 5월 서울대 건강문화사업단이 성인 남녀 1,000명을 대상으로 실시한 온라인조사에서는 응답자의 84%가 찬성의사를 밝혔으며, 지난 2월 한국보건사회연구원 조사에서도 82%가 합법화 필요성에 공감했다. 우리 사회에서도 조력 존엄사 도입이 필요하다는 주장들이 조금씩 확산하는 분위기다. 조력 존엄사는 약물 등으로 스스로 생을 마감하는 것을 말하며, 의사의 적극적인 조력이 포함되는 점에서 '적극적 안락사'와도 연결되는 논쟁이다. 우리나라뿐 아니라 해외에서도 조력 존엄사 도입을 둘러싼 움직임이 최근 들어 활발해지면서 조력 존엄사를 허용하는 국가들이 늘어나고 있다.

네덜란드는 2002년 세계 최초로 안락사와 의사조력자살을 합법화했고, 캐나다·스페인·룩셈부르크·오스트리아 등도 안락사 법제화 대열에 합류했다. 미국은 1997년 오리건주에서 '존엄사법'을 시행한 이후 현재 10개 주와 워싱턴DC에서 의사조력자살을 허용하고 있다. 스위스는 형법해석을 통해 이타적 목적의 조력자살을 비범죄화하면서 '죽음 관광' 현상까지 낳았다. 프랑스, 영국, 이탈리아 등도 최근 들어 의사조력자살 입법 논의를 본격화하고 있다.

반면 우리나라는 현재 연명의료 중단, 이른바 소극적 안락사(존엄사)만 법적으로 허용한 상태다. 의사조력자살이나 적극적 안락사는 여전히 불법이다. 물론 의사조력자살을 도입하려는 시도는 있었다. 2022년 6월 안규백 더불어민주당 의원이 '조력 존엄사'를 신설하는 내용의 연명의료결정법 개정안을 발의했다. 개정안은 조력 존엄사를 "본인의 의사로 담당 의사의 조력을 통해 스스로 삶을 종결하는 것"으로 규정했다. 하지만 사회적 합의가 이뤄지지 못하면서 법제화되지 못했다.

이처럼 존엄한 죽음에 대한 사회적 요구가 확산됨에 따라 보다 폭 넓은 '삶의 마무리 선택권'을 제도적으로 보장해야 한다는 목소리가 커지고 있다. 전문가들은 사전연명의료의향서와 같은 제도가 국민적 공감을 얻은 만큼 이제는 조력 존엄사와 같은 논의도 더 이상 피할 수 없는 과제이며, 국회와 정부가 사회적 합의 형성과 제도적 틀 마련에 나서야 한다고 지적한다.

HOT ISSUE 25위

닛산 판매량 순위 11위 2분기 1조원 적자로 추락

일본 닛산자동차가 상반기 판매량 161만대를 기록하며 전 세계 신차 판매량 순위에서 11위에 머물렀다. 닛산은 작년 6조원대의 적자를 낸 뒤 공장폐쇄를 비롯한 구조조정을 진행 중이다. 중국 전기차기업의 성장세가 이어지는 가운데 닛산은 본사건물까지 매각하며 경영 안정화에 주력하고 있다.

닛케이 "하반기도 고전 가능성"

실적부진으로 공장과 인원을 감축 중인 닛산이 올해 상반기 세계 신차판매량 순위에서 10위권 밖으로 밀려났다고 니혼게이자이신문(닛케이)이 8월 25일 보도했다. 닛케이가 각 업체발표와 시장분석업체 마크라인스 자료를 취합해 분석한 결과 닛산은 상반기에 전년 같은 기간 대비 6% 감소한 161만대를 판매해 11위를 기록했다. 닛산 판매량은 리먼 브러더스 사태에 따른 글로벌 금융위기 무렵인 2009년의 154만대에 이어 16년 만에 가장 적은 수준이라고 닛케이가 전했다. 이어 닛산의 상반기 판매량이 세계 10위 밖으로 밀려난 것은 관련 자료가 남아 있는 2004년 이후 처음이라고 덧붙였다.

닛산은 8년 만에 신형 '리프'를 일본에서 선보일 방침이지만, 주력차종의 신형모델은 내년 이후 출시할 예정이어서 하반기에도 판매부진이 이어질 가능성이 있다고 닛케이는 전망했다. 또한 닛산이 주력시장인 중국에서 판매저조가 현저하며, 일본에서도 판매량이 10% 줄어든 22만대에 그쳐 비교가능한 통계가 있는 1993년 이후 최저였다고 전했다.

닛산자동차

그 결과 닛산은 올해 2분기(4~6월)에도 1조원대의 적자를 냈다. 닛산차는 2분기에 연결기준 1,157억 엔(약 1조 768억원)의 적자를 기록했다. 애초 올해 6월 닛산은 2,000억엔의 적자를 전망한 것과 비교하면 미국 관세조치에 따른 영향이 예상보다는 크지 않았던 것으로 전해졌다. 하지만 닛케이는 "닛산의 2분기 매출은 10%가량 감소했다"며 "국내외 판매부진이 계속되고 호전조짐이 보이지 않는다"고 평가했다. 앞서 닛산은 2024 사업연도*(2024년 4월~2025년 3월)에 6,708억엔(약 6조 4,000억원) 순손실을 낸 뒤 전 세계 공장을 17곳에서 10곳으로 줄이고 전체 직원의 15%인 2만명을 감원하는 계획을 추진 중이다.

사업연도

법령이나 정관 등을 통해 법인이 정한 1회계기간으로 기업의 경우 법인세의 과세기간이 된다. 우리나라 대부분의 기업들은 사업연도를 1월 1일부터 12월 31일까지로 규정하고 있으나, 재량적으로 이를 변경할 수 있다. 다만 법인세법상 사업연도의 기간은 1년을 초과하지 못한다.

다수 경쟁사에게 추월당해… BYD 약진

반면 중국 전기차업체인 비야디(BYD)는 상반기 판매량이 33% 증가한 214만대로 7위에 올랐다. 저장지리홀딩그룹도 작년 대비 29% 늘어난 193만대를 팔아 8위를 차지했다. 두 업체의 상반기 판매량이 닛산을 웃돈 것은 처음이다. 일본 스즈키는 2% 감소한 163만대였으나, 닛산보다는 많아 10위를 기록했다. 이 중 BYD는 일본 국내시장에서 점유율을 높이기 위해 올해 상반기 기준 63개였던 일본 내 매장을 올해 100개까지 늘릴 방침이다. 내년 후반에는 일본 자동차업체가 강점을 지닌 경차분야에서 전기차를 선보일 예정이다.

BYD 차량

한편 경영난을 겪는 닛산 본사건물의 유력 매수후보는 미국 대형 사모펀드 KKR이라고 8월 21일 요미우리신문 등이 보도했다. 닛산의 본사건물 매각은 구조조정을 위한 재원확보라는 관측이 우세하다. 소식통에 따르면 닛산이 최근 실시한 본사건물 매각입찰에서 KKR산하 자산운용사 KJR매니지먼트가 가장 높은 응찰가를 써냈다고 한다.

HOT ISSUE **26위**

수업 중 바닥에 드러눕고 침 뱉고 '교실의 금쪽이'를 어쩌나

기본적인 수업규칙조차 지키지 못하고 돌발행동을 보이는 정서·행동 위기 학생이 늘면서 학교와 교사의 시름이 깊어지고 있다.

교사 10명 중 9명 '정서·행동 위기 학생 경험'

8월 17일 교육계에 따르면 교원단체 좋은교사운동이 전국 유·초·중학교 교사 681명을 대상으로 한 설문조사 결과 정서·행동 위기 학생을 경험했다고 답한 사람이 2022년 기준 87%에 달했다. 현재 전국에 정서·행동 위기 아동이 얼마나 있는지 정확한 수치를 파악할 수는 없지만, 교육계에서는 최근 들어 그 비율이 더 증가했을 것으로 보고 있다. 문제행동과 관련이 깊은 아동 ADHD*(Attention Deficit/Hyperactivity Disorder) 환자 수가 매년 느는 추세이기 때문이다. 만 5~14세 ADHD 환자 수는 2022년 7만 3,000여 명이었으나 2년 만인 2024년 11만 4,000명을 넘겼다. 현장 교사들이 체감하기에도 정서·행동 위기 아동 수가 눈에 띄게 늘고 있을 뿐만 아니라 문제행동의 수위 역시 심각해지고 있다.

> **ADHD**
> 우리말로 주의력결핍 과잉행동장애다. 아동기에 많이 나타나는 장애로 주의력이 부족해 산만하고 지속적으로 과다활동, 충동성을 보이는 상태를 말한다. 이러한 증상들을 치료하지 않고 방치할 경우 아동기 내내 여러 방면에서 어려움이 지속되고, 일부의 경우 청소년기와 성인기가 돼서도 증상이 남게 된다.

문제는 교사들이 이런 아이들을 효과적으로 지도할 방법이 마땅치 않다는 점이다. 교사가 특정학생을 정서·행동 위기 학생으로 판단해 전문가·의료기관 상담 등 지원을 하려 해도 학부모가 동의하지 않을 경우 현행법상 이를 강요할 수 없기 때문이다. 실제로 교사들은 정서·행동 위기 학생을 지도할 때 가장 어려운 점으로 학부모를 꼽았다. 서울시교육청 관계자는 "임상심리사 등 전문가를 통해 학부모를 설득하는 과정을 거치고도 학부모가 치료를 거부하는 일이 자주 발생한다"고 말했다.

교권보호와 학생지도 위한 법 개정 이어져

이에 정부와 국회가 제도 보완에 나섰다. 3월 13일 국회 본회의에서 '초·중등교육법' 일부개정 법률안이 의결됐다. 개정안은 정서·행동에 어려움이 있는 학생은 전문가 등의 의견을 토대로 상담과 치료 등 지원을 받을 수 있다고 명시했다. 또한 보호자가 학생에 대한 상담치료 권고를 정당한 사유 없이 이행하지 않을 경우에 대한 대안도 강화, ==학생에 대해 긴급지원이 필요한 상황에서 학교가 보호자 동의 없이도 학생에 대해 상담치료를 받도록 하는 근거==를 마련했다.

전문상담교사 배치도 강화한다. 학교 사정에 따라 전문상담교사 배치가 어려울 경우 전문상담순회교사의 지원을 받을 수 있다. 교육활동 중 학생이 자신 또는 타인의 생명·신체에 위해를 끼칠 경우 교원이 이를 방어할 수 있는 방안도 명시된다. 교원은 학생이 교육활동을 방해해 수업진행이 어려울 경우 학생을 일시적으로 분리하고 개별적으로 교육지원을 할 수 있다.

8월 27일에는 또 다른 초·중등교육법 개정안도 국회를 통과했다. 개정안은 학교의 장과 교원이 학생의 학습권 보호와 교원의 교육활동을 위해 필요한 경우에는 학생의 교내 스마트기기 사용 및 소지를 제한할 수 있도록 했다. 학생들의 수업몰입을 돕고 교사의 지도권을 보장하는 장치로도 작용할 수 있다는 평가가 나온다. 관련 개정안은 내년 3월 1일부터 시행될 예정이다. 하지만 학생들의 스마트기기 휴대를 학교에서 어디까지 제한할 수 있는지 등에 대해 교육당국이 정하지 않고 일선학교에 이를 맡길 것으로 보여 학교들이 곤혹스러워하고 있다.

HOT ISSUE 27위

스페인, 런던 2배 면적 참화 불타는 남유럽

계속되는 폭염과 방화로 그리스, 스페인, 알바니아, 포르투갈 등에서 연일 산불이 확산하면서 사망자가 나오고 주민과 관광객 수천명이 대피하는 등 피해가 커지고 있다. 이런 가운데 스페인에서는 산불에 대한 정부 대처를 두고 정치권 공방이 이어졌다.

꺾이지 않는 폭염, 꺼지지 않는 산불

그리스에서 세 번째로 큰 도시 파트라스에서는 산불이 번지며 8월 12일(현지시간) 주민 7,700여 명이 대피했고, 인근 마을 두 곳 주민에게도 대피 권고가 발령됐다. 그리스 당국은 소방인력과 자원을 총동원해 산불진압에 나섰으나 산불이 그리스뿐만 아니라

인접국에서도 계속돼 난항을 겪었다. 그리스 인접국 알바니아의 수도 티라나 남쪽에서도 산불로 인명피해가 났으며, 지난 6월부터 산불이 끊이지 않고 있는 터키에서도 불을 끄던 임업 노동자가 숨졌다. 포르투갈에는 최소 5곳에서 대형산불이 발생해 진화작업에 1,800명이 넘는 소방관이 투입됐다.

스페인 갈리시아 지방 산불

스페인은 더 심각하다. 올여름 이미 40℃가 넘는 폭염이 16일간 이어지면서 1,100여 명이 목숨을 잃은 상황에서 자연발화 및 방화로 추정되는 대형산불이 연이어 발생했다. 인명피해는 물론, 런던의 2배가 넘는 38만 2,000ha($3,820km^2$)가 탔다. 이는 2022년(30만 6,000ha) 기록을 넘어 관련 집계가 시작된 2006년 이후 가장 큰 피해다. 결국 서북부 갈리시아와 마드리드를 잇는 열차서비스가 중단됐고 도로가 폐쇄됐으며 수십개 마을에 대피령이 내려졌다.

여야, 중앙·지방 정부 간 네 탓 공방

이런 가운데 최악의 산불사태는 스페인 정치권 공방으로까지 번지고 있다. 공방은 보수성향 제1야당인 국민당(PP)이 중도좌파 사회당이 이끄는 중앙정부가 산불 발생 시 적시에 대처하지 않고 피해지역 지방정부와 제대로 공조하지 않았다고 비판하면서 시작됐다. 알베르토 누녜스 PP 대표는 엑스(X, 옛 트위터)에 "(중앙정부에) 병력 추가투입을 요청한 지 닷새나 지났으며 요청한 물자 대부분도 아직 도착하지 않았다"고 지적하고 "재난재해 예방을 위한 예산도 투자되지 않았다"고 비판했다.

PP가 집권하는 각 지방정부에서도 중앙정부가 필요한 장비와 인력을 제때 제공하지 않아 유럽연합(EU) 차원의 **보호메커니즘*** 을 통해 지원을 요청해야 했다고 불만을 터뜨렸다. 이들은 사회당이 의도적으로 PP가 이끄는 지방정부를 적극적으로 지원하지 않았다는 의혹도 제기했다. 외신에 따르면 이번 산불사태로 갈리시아를 비롯해 PP가 집권한 지역이 집중적으로 피해를 입었다.

> **EU 보호매커니즘**
>
> 시민, 환경, 경제 등 다양한 분야에서 EU 자체의 안보와 이익을 보호하고, 회원국과 시민을 보호하는 다층적인 시스템이다. ▲ EU 시민 보호를 위한 일반 개인정보보호법(GDPR) ▲ 자연재해 및 인재 대응을 위한 민간보호메커니즘 ▲ 재정위기 대응을 위한 유럽안정화기구(ESM) ▲ 사이버위협 대응을 위한 사이버보안기구(ENISA) ▲위기 대비 연합전략 등을 내용으로 한다.

이에 중앙정부는 가용 가능한 국가자원을 총동원했다고 반박했다. 오히려 PP가 피해지역의 재난재해 대응을 위한 공공서비스 투자에 소홀했으며 기후위기를 진지하게 받아들이지 않은 탓이라고 주장했다. 스페인 산림법에 따르면 산불진화 책임은 1차로 관할 지방자치단체에 있으며, 각 지자체는 중앙정부와 공조를 통해 필요한 자원을 동원할 수 있다.

하지만 ==중앙정부와 지방정부 모두 2009년 이래 산불예방 예산을 각각 절반씩 삭감했고, 올해 산불 피해가 컸던 지역은 상대적으로 예산삭감 폭이 더 컸다==는 것이 알려지면서 중앙정부와 지방정부 모두의 책임이 있다는 지적이 커졌다. 이 때문에 측근들의 잇단 부패 스캔들로 퇴진압박을 받는 페드로 산체스 총리의 정치적 입지는 더욱 흔들리게 됐다.

산불을 피해 달아나는 스페인 오우렌세 주민들

한편 스페인과 포르투갈의 대형산불을 촉발한 극단적인 기후 비상사태가 발생할 확률이 40배나 급증했다는 주장이 제기됐다. 9월 3일 영국 일간 가디언에 따르면 국제기후연구단체 세계기후특성(WWA) 소속 학자들은 이날 논문에서 "기후변화 때문에 높은 기온과 건조한 공기 등 화재를 부를 수 있는 조건이 심화하면서 전례 없는 강도의 산불이 발생하고 있다"고 지적했다.

그러면서 스페인과 포르투갈의 산불을 유발한 기상조건은 산업화 이전의 기후에서는 500년에 한 번 나타날 수 있는 수준이었지만, 현재 15년에 한 번꼴로 발생할 수 있다고 경고했다. 스페인과 포르투갈에서 8월 내내 지속된 40℃를 웃도는 폭염 역시 산업화 이전에는 2,500년에 한 번 나타날 수 있는 수준이었지만, 이제는 13년에 한 번꼴로 발생할 것으로 예상된다고 밝혔다.

HOT ISSUE **28위**

폴란드, 한국 관련 방산컨설팅사 거액수수 정황 수사

한국인들이 폴란드에 세운 컨설팅회사가 2022년 폴란드와 한국의 대규모 무기계약이 이뤄진 뒤 한국의 방산업체로부터 컨설팅 명목으로 거액을 받은 정황을 놓고 폴란드 수사당국이 조사를 진행하는 것으로 알려졌다. 8월 13일(현지시간) 온라인 군사전문매체 디펜스포스트는 폴란드 TVN24 방송을 인용해 바르샤바 지방검찰청이 6월부터 바르샤바 소재 A 컨설팅회사의 대규모 송장(Invoice) 위조 혐의에 대해 조사하고 있다고 전했다.

폴란드 소재 한국인 컨설팅 회사, 갑자기 수익 뛰어

조사대상은 이 컨설팅회사와 개별적으로 거래관계가 있던 현지 관계인이 해당 컨설팅회사에 청구한 송장이 정당한 대가로 발행된 것인지에 대한 여부다. 보도에 따르면 A사는 폴란드가 한국의 K2 전차 흑표, K9 자주포, FA-50 경공격기 등을 도입하는 계약을 2022년에 체결한 이후 한국의 한 방산업체로부터 약 1억즈워티(약 381억원)를 받은 것으로 조사됐다. 계약체결 당시 폴란드 국방부 장관은 마리우시 브와슈차크였다. 수사당국은 A사가 거의 수익을 내지 못하다가 2022년 말과 2023년 초 갑자기 매출이 약 1억즈워티로 뛴 것으로 보고 있다. A사는 한국 국적자 2명이 2019년 설립한 곳으로 컨설팅업체로 공식등록된 것으로 파악됐다고 현지언론은 전했다.

다만 수사당국은 아직 A사나 이들에 컨설팅비를 건넨 한국 방산업체가 어디인지는 공개하지 않았으며, 기소도 아직 이뤄지지 않았다. 마테우시 마르티뉴크

바르샤바 지검 대변인은 "이번 수사는 ==폴란드의 한 회사가 한국 방산업체를 상대로 컨설팅서비스를 명목으로 수백만즈워티 규모의 부가가치세(VAT) 송장을 발행한 것==과 관련 있다"고 말했다. 그러면서 "우리는 해당 송장에 공공부채 산정과 연관된 사항에 대한 거짓 기재가 있었을 가능성을 수사하고 있다"고 설명했다. 수사당국은 이번 조사가 현재 진행 중인 무기 인도에 영향을 미칠지 여부에 대해선 밝히지 않았다. 다만 사건을 아직 조사하는 중이라고 덧붙였다.

폴란드군의 연합훈련 장면

전 폴란드정권 비위감찰에 휘말렸나

TVN24는 A사의 법률 대리인에게 연락을 취했지만 연락이 닿지 않았다고 밝혔다. 일각에서는 ==이번 조사가 폴란드의 전임정권 인사인 브와슈차크 전 장관을 겨냥하기 위한 게 아니냐==는 해석도 나온다. 지난해 9월 폴란드 국방부는 브와슈차크의 재임 당시인 2022년 체결된 한국산 FA-50 경공격기 구매계약 절차에 대한 감사를 추진하겠다고 밝힌 바 있다.

2023년 12월 출범한 폴란드 **연립정부*** 는 옛 법과정의당(PiS) 정권 인사들의 각종 비위를 파헤치는 작업을 이어왔다. 이에 대해 방위사업청은 "해당 조사는 한국기업의 에이전트사 매출이 급증함에 따라 통상적으로 이뤄진 것으로 파악하고 있다"고 밝혔다.

> **연립정부**
>
> 다당제를 표방하는 의회민주주의 국가에서 단일 정당이 과반수 의석을 확보하지 못할 때 두 개 이상의 정당이 연합해 의회 과반수를 구성하고 수립한 정부를 말하며, 연립정권 또는 연정이라고 한다. 이때 정부 구성의 주체가 되는 정당들은 권력을 분담하고 정책을 결정하는 만큼 대부분 성향이 비슷한 당끼리 연합하는 형태로 나타난다. 정권획득을 위해 원내 과반의석 확보가 필요하지 않은 대통령제에서는 필요성이 크지 않다.

그러나 앞서 2024년 9월에도 폴란드 국방부는 이전 정부에서 체결된 한국산 FA-50 경공격기 구매계약 절차에 대한 감사를 추진한 바 있다. 당시 폴란드 PAP통신과 러시아 스푸트니크통신에 따르면 체자리 톰치크 폴란드 국방차관은 의회에 출석해 "구매 결정이 며칠 만에 몹시 빨리 이뤄졌고 폴란드와 폴란드군의 이익은 전혀 고려되지 않았다"며 감사실에 철저한 조사를 요청하겠다고 말했다. 해당 감사 요구 또한 2022년 9월 구매계약 당시 국방장관이었던 브와슈차크 전 장관을 겨냥한 것으로 풀이됐다.

HOT ISSUE # 29위

미국행 소포 막혔다
우편 서비스 혼란

미국정부가 자국에 반입되는 소액소포에 예외 없이 관세를 부과하는 정책을 실시하면서 전 세계가 혼란에 빠졌다. 각국의 우편기관들은 행선지가 미국으로 돼 있는 우편물이나 소포의 발송을 일시 중단했다.

미국, 소액소포 관세면제 전면폐지

미국은 1938년부터 우편물로 반입되는 물건의 가치가 일정금액에 미달하는 경우 관세를 면제해주는 정책을 펴왔으며, 2015년에는 면제 기준금액을 200달러(27만 8,000원)에서 800달러(111만 2,000원)로 높였다. 그러나 트럼프 2기 행정부는 중국의 온라인 소매업체들이 이 제도를 활용해 세관검사를 받지 않거나 관세납부를 하지 않고 미국 소비자에게 직접 물건을 판매하고 있어 미국 국내 소매업체들에 타격이 크다는 이유 등을 들어 소액소포 관세 면제 제도를 폐지했다. 마약류 등 수입이 금지된 물건들이 감시를 피해 우편물로 반입된다는 점도 제도 폐지의 이유 중 하나다.

미국 세관국경보호국(CBP)은 8월 29일(현지시간)부터 미국에 국제우편 소포로 반입되는 수입물건에 대해 예외 없이 관세를 부과하기 시작했다. 이에 따라 외국의 우편서비스 제공자들은 미국행 소포를 보낼 때 정식으로 신고서를 작성하고 금액 전액에 대해 해당 국가 상품에 대한 관세율을 적용해 요금을 징수하거나 소포당 80~200달러(11만 1,000~27만 8,000원)의 정액관세를 포함해서 요금을 징수해야 한다. 정식통관에 따른 관세 납부절차보다 간소화된 건당 정액관세 제도는 외국의 우편서비스 제공자들만 이용할 수 있으며, 6개월의 계도기간 후 폐지된다. 계도기간에는 가액에 비례하는 관세 대신 소포한 건당 80달러에서 200달러의 관세를 내는 방식을 선택할 수 있다.

관세 후폭풍 … 역직구 가격상승 현실로

미국 워싱턴포스트(WP)에 따르면 제도 시행 이후 멕시코·인도·태국이 미국행 물품을 아예 접수하지 않고 있고, 싱가포르·뉴질랜드도 대부분 미국행 발송을 중단했다. 우리나라도 예외는 아니다. 우정사업본부는 8월 25일부터 미국행 항공소포, 26일부터는 국제 특급우편 서비스(EMS) 가운데 관세가 붙지 않는 서류를 제외한 모든 물품 등에 대한 우체국 창구접수를 중지했다.

민간 특송사(UPS) 운영 상품인 EMS 프리미엄으로는 미국행 소포발송이 가능하다. 물품 중량이 4.5kg을 넘어서면 EMS 프리미엄이 더 저렴할 수 있지만 저중량 물품 배송료는 우체국 EMS보다 10%가량 높은 비용이 부과된다. 중량이 4.5kg을 넘어 EMS 프리미엄으로 더 싸게 보낼 수 있더라도 민간 특송사는 식품류, 고가 물건은 취급상의 어려움을 이유로 잘 받아주지 않는다는 문제가 있다.

역직구*하는 거래업체도 EMS 비용증가를 피할 수 없게 됐다. 9월 2일 무신사 글로벌은 최근 홈페이지에 '미국의 역직구 고객이 부담하는 관세를 최종 결제금액에 포함하고, 상품수령 시 별도로 부과하지 않기로 했다'고 공지했다. 최근 역직구 서비스를 시작한 컬리도 미국 소비자가 상품을 주문할 때 관세를 포함해 결제하도록 하고 있다.

> **역직구**
>
> 해외 소비자가 한국의 온라인 쇼핑몰에서 직접 상품을 구매하는 것을 의미한다. 일반적인 해외직구가 국내 소비자가 해외 온라인몰에서 물건을 사오는 것이라면 역직구는 그 반대개념이다. 주로 K-뷰티, K-패션, K-푸드 같은 한류상품들이 중심이 되며, 아마존·쇼피·쿠팡 글로벌 등 해외 플랫폼이나 자사몰을 통해 판매된다.

국내 유통업계는 미국의 관세 장벽으로 미국 역직구 소비자에게 가격인상과 같은 효과가 생긴 만큼 소비패턴에 변화가 있는지 면밀히 모니터링한다는 방침이다. 가격 경쟁력 약화로 K-뷰티를 중심으로 한 지금의 역직구시장 성장세가 꺾일 수 있다는 우려에서다. 통계청에 따르면 올해 2분기 온라인 해외 직접판매(역직구) 금액은 7,388억원으로 작년 같은 기간보다 7.5% 늘었다. 이 중 미국이 1,382억원으로 19%를 차지한다. 이는 중국(3,479억원, 47%)과 일본(1,768억원, 24%)에 이어 세 번째로 큰 규모다.

다만 유통업계들은 초기상황이어서 본격적인 영향은 아직 확인되지 않고 있다며 당분간 시장반응을 살핀다는 계획이다. 한 유통업계 관계자는 상황을 지속 주시할 예정이며 "관세정책 변화로 인한 미국 소비자들의 가격인상 부담을 완화하기 위해 할인 혜택과 프로모션을 강화할 계획"이라고 말했다.

HOT ISSUE 30위

울산 반구천 암각화 한국 17번째 세계유산 됐다

이 땅을 살아간 옛사람들의 삶이 생생히 깃든 바위그림, 울산 반구천의 암각화가 전 세계가 인정하는 유산에 이름을 올렸다. 반구천의 암각화가 세계유산 목록에 새로 이름을 올리면서 우리나라는 총 17건의 세계유산을 보유하게 됐다.

반구천 암각화 유네스코 세계유산 등재

유네스코 세계유산위원회가 7월 12일(현지시간) 프랑스 파리 유네스코 본부에서 열린 제47차 회의에서 한국의 두 암각화를 세계유산에 등재하기로 최종 결정했다. 정식명칭은 '반구천의 암각화(Petroglyphs along the Bangucheon Stream)'다. 암각화는 바위나 동굴 벽면 등에 새기거나 그린 그림을 뜻한다. 반구천의 암각화는 한반도 선사문화의 걸작으로 평가받는 유산으로 국보 '울주 대곡리 반구대 암각화'와 '울주 천전리 명문과 암각화'로 구성돼 있다. 울산 태화강 상류의 지류인 반구천 절벽에 있으며, 높이 약 4.5m, 너비 8m(주 암면 기준)의 바위 면에 바다동물과 육지동물, 사냥그림 등이 빼곡히 새겨져 있다.

울주 대곡리 반구대 암각화

세계유산위원회는 평가결과를 토대로 "반구천의 암각화는 선사시대부터 약 6,000년에 걸쳐 지속된 암각화의 전통을 증명하는 독보적인 증거"라고 의미를 부여했다. 이어 "탁월한 관찰력을 바탕으로 그려진 사실적인 그림과 독특한 구도는 한반도에 살았던 사람들의 예술성을 보여준다"며 "선사인의 창의성으로 풀어낸 걸작"이라고 강조했다.

물속에서 시름 앓는 반구대 암각화

하지만 반구대 암각화는 침수로 인한 훼손 가속화라는 고질적인 문제를 안고 있다. 반구대 지점보다 하류에 있는 사연댐 수위가 53m를 넘으면 암각화가 물에 잠긴다. 사연댐은 수위 조절용 수문이 없는 자연 월류형 댐이어서 큰비로 댐 저수지가 가득 차면 상류의 암각화까지 물에 잠길 수밖에 없는 구조다. 반구대는 최근 10년 동안 연평균 40일 넘게 물에 잠겨 있었던 것으로 파악됐다. 유네스코 세계유산에 등재된 이후에도 물에 잠겼다가 36일 만인 지난 8월 25일에 물 밖으로 다시 모습을 드러냈다.

세계유산 등재를 준비하는 과정에서 암각화 훼손을 막기 위해 댐 수위 조절, 임시 제방·물막이 설치 등 여러 안이 나왔으나 쉽사리 해결책을 찾지 못했다. 환경부는 현재 큰비가 오면 물을 빨리 빼낼 수 있도록 댐 여수로에 수문을 설치하는 사업을 추진하고 있다. 사연댐에 수문 3문을 설치해 2031년부터 사연댐 수위를 암각화 높이 이하로 유지하기로 하고 관련 사업을 진행 중이다. 내년 하반기 착공 등 제반 절차가 순조롭게 진행되면 2030년 준공이 가능할 전망이다.

물에 잠겨 있는 반구대 암각화

문제는 최근 환경부가 '낙동강 취수원 다변화 사업' 방향을 틀기로 가닥을 잡으면서 사연댐 수위를 낮추는 게 복잡해졌다는 점이다. 사연댐 수위를 낮추려면 울산시에 공급할 물을 다른 곳에서 추가로 끌어와야 한다. 낙동강 취수원 다변화 사업은 1991년 페놀 유출사건 등으로 낙동강을 식수원으로 삼기 불안하다는 여론에 따라 추진되는 사업이다. 경북권에 낙동강 물 대신에 댐에 저장된 물이나 복류수(지표면 아래 물)를 공급하는 것이 핵심이다.

지난 정부 때까지 환경부는 대구시가 제안한 '맑은 물 하이웨이*'를 정부 대안으로 삼는 방안을 추진해 왔다. 그러나 현재 환경부는 맑은 물 하이웨이 대신 그 이전에 추진했던 경북 구미시 해평취수장에서 대구와 경북에 하루 30만톤(t)씩 물을 공급하는 방안을 재추진하기로 가닥을 잡은 상황이다.

> **맑은 물 하이웨이**
>
> 낙동강 상류의 안동댐 물을 대구 식수원으로 활용하는 사업이다. 1991년 낙동강 페놀 유출사고 등 수차례 반복된 수질오염 사고에 대구시가 근본적인 문제를 해결하고자 추진했다. 안동댐 하류에서 대구 문산·매곡정수장까지 110km의 도수관을 놓아 하루 46만t의 물을 공급하는 방안이다.

맑은 물 하이웨이 사업이 추진됐다면 대구시가 안동댐 물을 받음으로써 여유가 생긴 운문댐 물을 울산시가 하루 4만 9,000t씩 가져갈 수 있고, 그렇게 되면 사연댐은 울주 용수공급이라는 본래 목적에서 자유로워져 수위를 낮춰도 문제가 되지 않는다. 그런데 '해평취수장 활용안'을 추진한다면 사연댐 수위를 낮춤에 따라 울산시에 부족한 물을 어떻게 확보할지 재논의해야 한다. ==환경부는 낙동강 취수원 다변화 사업계획을 되도록 연내, 최소 내년 지방선거 전에는 확정할 방침==이다.

이슈&시사상식
간추린 뉴스

화제의 뉴스를 간단하게!
간추린 뉴스

국립중앙박물관 올해 관람객, 역대 최다 … 500만명 돌파할 수도

국립중앙박물관 입구

올해 국립중앙박물관을 찾은 관람객이 역대 최다기록을 세울 것으로 전망된다. 8월 26일 국립중앙박물관에 따르면 올해 초부터 8월 25일까지 관람객 수는 418만 9,822명으로 잠정 집계되며 역대 최다기록을 세웠던 2023년(약 418만명)을 넘어섰다. 넷플릭스 애니메이션 '케이팝 데몬 헌터스'가 전 세계적으로 선풍적인 인기를 끄는 가운데 한국문화에 대한 관심이 커졌다는 분석이 많다. 박물관의 한 관계자는 "관람객은 크게 늘었으나 2005년 용산 개관 당시와 비교하면 예산과 시설규모는 그대로"라며 예산 및 인력확충이 필요하다고 말했다.

국민 70% "해방 이후 친일잔재 청산되지 않았다"

광복회는 8월 1~7일 일반국민 1,000명, 독립유공자 후손 850명을 대상으로 여론조사를 실시한 결과 일반국민의 70.9%, 독립유공자 후손의 78.0%가 '해방 이후 친일잔재가 청산되지 않았다'고 응답했다고 같은 달 13일 밝혔다. '반민족행위자 후손이 여전히 사회전반에 영향력을 행사한다'의 응답비율은 일반국민 63.6%, 독립유공자 후손 70.2%였다. '지금이라도 친일잔재 청산이 필요하다'에는 일반국민 71.8%, 독립유공자 후손 83.1%가 응답했다. 한편 '일본의 진정성 있는 사과와 반성'이 한일관계 개선에 가장 중요한 사항으로 꼽혔다.

"미국정부, 인텔 지분 10% 완전 소유·통제"… 최대주주 등극

도널드 트럼프 미국 대통령은 8월 22일(현지시간) 미국 반도체기업 인텔의 지분 10%를 미국정부가 "완전하게 소유 및 통제"하게 됐다고 밝혔다. 이에 따라 미국정부는 인텔의 최대주주가 됐다. 트럼프 대통령이 거론한 미국정부의 인텔 지분 10% 획득은 반도체법에 입각해 인텔에 보조금을 지급하는 데 따른 반대급부 성격이다. 인텔은 미국정부를 투자자로 받아들이면서 자금난에 숨통을 틀 수 있게 됐다. 이에 따라 삼성전자와 같이 미국 반도체 설비투자에 따른 보조금을 수령하는 기업에 대해 트럼프 행정부가 지분인수를 시도할 가능성에 관심이 쏠린다.

폴란드 대통령, 우크라 난민지원 거부권 행사

카롤 나브로츠키 폴란드 대통령

카롤 나브로츠키 폴란드 대통령이 우크라이나 피란민 지원법안에 거부권을 행사했다고 현지 매체들이 8월 25일(현지시간) 보도했다. 폴란드 대통령실은 "폴란드 국민이 자기나라에서 손님보다 더 열악한 대접을 받는 상황을 초래한다"며 피란민 대상 재정지원 연장을 거부했다고 밝혔다. 폴란드정부는 100만명에 달하는 우크라이나 피란민에게 자녀 1인당 월 800즈워티(약 30만원)의 아동수당을 지급하고 있다. 대통령실은 폴란드에서 일자리를 얻고 세금을 내려고 노력하는 피란민에게만 혜택을 줘야 한다며 새 법안을 의회에 제출하겠다고 밝혔다.

2,300만 개인정보 털린 SKT에 과징금 1,348억

이용자 2,300만여 명의 개인정보를 털린 SK텔레콤(SKT)에 개인정보보호위원회가 과징금 1,347억 9,100만원과 과태료 960만원을 각각 부과했다고 8월 28일 밝혔다. 개인정보위는 SKT 이동통신서비스 매출액을 기준으로 과징금을 산정했으며 다수의 안전조치의무 위반사항이 유출사고의 직접적 원인이 된 점, 가입자인증에 필요한 핵심정보가 유출된 점 등을 고려해 '매우 중대한 위반행위'로 판단했다고 설명했다. SKT는 제재와 관련해 "모든 경영활동에 있어 개인정보보호를 핵심가치로 삼고 고객정보 보호강화를 위해 만전을 기할 것"이라고 밝혔다.

SK텔레콤 개인정보 유출사고 제재처분의결 브리핑

코로나19 환자 7주째 증가 … 질병청 "유행완화 예상"

코로나19 입원환자가 7주 연속 증가세를 이어갔다. 8월 22일 질병관리청에 따르면 코로나19 입원환자는 26주차(6월 22~28일) 63명 이후 조금씩 늘어 33주차까지 7주째 증가세를 이어갔다. 질병청은 33주차에 입원환자 수 증가세가 둔화한 점을 고려할 때 이달 중으로 유행이 완화할 것으로 예상했지만, 개학 등에 따른 영향은 지속해서 감시한다는 방침이다. 임승관 질병청장은 "지난해와 같은 큰 유행 없이 여름철을 보냈으나 아직은 코로나19 입원환자 수가 늘고 있다"며 "일상 속에서 코로나19 예방수칙 실천을 지속해달라"고 당부했다.

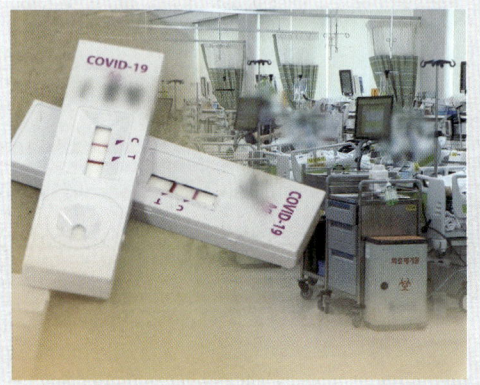

브라질 대법, 보우소나루 전 대통령에 징역 27년 3개월

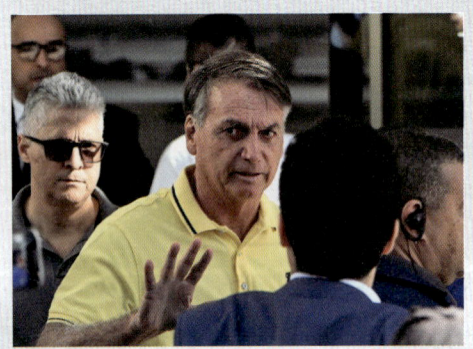

자이르 보우소나루 전 브라질 대통령

자이르 보우소나루 브라질 전 대통령이 국가전복 혐의로 기소된 지 7개월 만에 징역 27년 3개월의 중형을 선고받았다. 브라질 연방대법원은 9월 11일(현지시간) 대법관 5명 중 4명의 유죄 의견과 1명이 무죄 의견으로 유죄를 확정했다. 보우소나루 전 대통령은 2022년 대선에서 루이스 이나시우 룰라 다시우바 대통령에 패한 이후 각료와 함께 룰라 대통령 암살과 쿠데타를 모의하고 지지자를 선동해 2023년 1·8 선거불복 폭동을 야기한 혐의 등으로 기소됐다. 현재 보우소나루 전 대통령은 앞선 법원명령에 따라 위치추적 전자장치(전자발찌)를 부착한 채 가택연금 중이다.

'쉬었음' 청년에 따른 경제적 비용 5년간 44.5조원

구직활동도 일할 의사도 없는 '쉬었음' 청년으로 인한 경제적 비용이 연평균 10조원에 육박한다는 분석이 나왔다. 8월 18일 한국경제인협회가 '쉬었음 청년증가에 따른 경제적 비용추정' 보고서에 따르면 2019~2023년 '쉬었음' 청년으로 인한 경제적 비용은 총 44조 4,991억원으로 추정됐다. 특히 청년(만 15~29세) 총인구는 꾸준히 감소했음에도 '쉬었음' 청년비율은 증가했다고 강조했다. 보고서는 이와 관련한 정책방안으로 교육수준별 맞춤형 정책, 조기발견·정보공유 시스템, 심리·회복지원 프로그램 등을 제안했다.

일본 농림상·재무상, 야스쿠니신사 참배 … 우리정부 "깊은 실망과 유감"

8월 15일 현직각료인 고이즈미 신지로 농림수산상과 가토 가쓰노부 재무상이 제2차 세계대전 A급전범이 합사된 야스쿠니신사를 참배했다고 교도통신과 NHK 등이 보도했다. 이시바 시게루 총리는 공물대금을 봉납했다. 그는 취임 이후 기시다 후미오, 스가 요시히데 전 총리처럼 야스쿠니신사를 참배하지 않고 공물이나 공물대금을 봉납해 왔다. 이에 대해 우리정부는 광복절이자 일본 패전일인 8월 15일 일본총리가 태평양전쟁 A급전범이 합사된 도쿄 야스쿠니신사에 공물대금을 봉납하고 일부 정치인들이 신사를 참배한 데 대해 유감을 표했다.

패전 80년 야스쿠니신사 참배 행렬

한은 금중대 '부실 운영' 지적 … 은행 규정위반 급증

8월 27일 박성훈 국민의힘 의원이 한국은행(한은)에서 제출받은 자료에 따르면 올해 상반기 금융중개지원대출(금중대) 위규대출액은 총 746억 1,000만원으로 집계됐다. 금중대는 한은이 시중은행에 저리로 자금을 공급하고, 은행이 이를 중소기업이나 소상공인 등에게 빌려주도록 유도하는 제도다. 위규대출은 은행이 한은에서 공급받은 자금을 정해진 규정이나 조건에 맞지 않게 운용한 경우를 가리킨다. 박 의원은 "위규대출비율 0.1~0.3%를 안정적으로 평가할 수도 있지만, 최근 계속 증가세인 만큼 점검이 필요하다"고 지적했다.

법원, 티몬 회생절차 종결로 법정관리 졸업

서울회생법원 회생3부는 8월 22일 티몬의 기업회생절차를 종결했다고 밝혔다. 재판부는 "티몬은 인가된 회생계획에 따라 회생담보권 전부와 회생채권 중 96.5%의 변제를 완료했다"고 밝혔다. 이어 "티몬은 계좌불일치 등의 사유로 변제하지 못한 금원을 별도계좌에 예치해 관리하면서 변제할 예정"이라고 덧붙였다. 티몬은 지난 3월 인수합병을 위한 조건부 인수예정자로 오아시스를 선정해달라고 신청했고, 법원은 오아시스를 최종 인수예정자로 결정했다. 티몬의 법정관리 종료에 따라 티몬을 인수한 새벽배송 전문기업 오아시스마켓의 본격경영이 가속할 전망이다.

앤디 김 등 미국 상원의원 방한 … 비전투용 함정 공동건조·정비 타진

조선산업 협력방안을 구체화하기 위해 미국 상원의원들이 한국 방문에 나섰다. 이재명 대통령은 8월 18일 용산 대통령실에서 한국을 방문한 앤디 김(민주, 뉴저지)과 태미 덕워스(민주, 일리노이) 미국 상원의원을 접견했다. 조선업을 포함한 양국 간 산업협력에 대한 논의가 오갔다고 대통령실에서 전했다. 김정관 산업통상자원부 장관도 19일 방한 중인 앤디 김·태미 덕워스 미국 상원의원을 만나 한미 간 조선 등 산업협력 강화방안을 논의했다고 산업부가 밝혔다. 김 장관은 한미 간 조선협력이 심화할 수 있도록 미국의회 차원의 역할을 다해달라고 당부했다.

앤디 김 미국 상원의원

대기업, 작년 '간판값'으로 2조 1,500억원 벌어

8월 18일 이양수 국민의힘 의원이 공정거래위원회로부터 제공받은 자료를 보면 올해 대기업으로 지정된 92개 그룹 중 지난해 기준 72개 집단이 계열사로부터 총 2조 1,530억원의 간판값을 받은 것으로 집계됐다. 간판값은 대표회사가 계열사로부터 유·무상으로 상표권을 넘겨받거나 신규 기업이미지 도입으로 대표회사가 신규 상표권을 취득할 때 발생한다. 하지만 산정방식이 제각각이어서 총수일가 사익편취에 동원된다는 의심의 눈초리를 받아왔다. 이 의원은 "공정위는 간판값 수취를 그룹별로 면밀히 분석해 부당지원에 악용된다면 엄중히 조치해야 한다"고 촉구했다.

비전향장기수 "북한으로 보내달라" … 통일대교 진입시도

비전향장기수 안학섭(95)씨가 8월 20일 판문점을 통해 북한으로 가겠다며 파주시 통일대교 진입을 시도했으나 군 당국에 의해 제지됐다. 안씨는 이적 민통선평화교회 목사와 한명희 전 민중민주당 대표의 도움을 받아 통일대교 진입을 시도했다. 이들은 이날 11시 40분계 통일대교 남단 검문소에 도착했으나 사전허가 없이 진입했다며 군 당국의 경고와 제지를 받았다. 앞서 통일부 관계자는 안씨 등 6명으로부터 최근 북송요청을 받았다고 8월 18일 밝힌 바 있다. 정부는 비전향장기수의 즉각적인 북송은 현실적으로 어렵지만 다양한 방안을 검토하고 있다는 입장이다.

비전향장기수 안학섭 씨

"세계 전략광물 30개 특정국에 편중 … 공급불안정 대비해야"

8월 15일 한국무역협회가 공개한 '글로벌 전략광물의 생산편중 현황 및 시사점' 보고서에 따르면 세계 전략광물 76개 중 30개는 특정국가에 생산이 집중됐다. 전략광물은 한 국가의 안보, 산업, 첨단기술에 주요하게 활용되는 광물로 각국에서 정책적으로 집중적으로 관리하고 있다. 우리나라는 생산편중 광물 30개 중 15개는 이미 생산하고 있거나 앞으로 생산할 가능성이 크지만, 나머지 15개 중 수입금지 품목 3개를 제외한 12개는 수입에 의존하고 있다. 보고서는 "첨단산업 안보와 직결된 핵심광물의 대외의존도를 낮추는 노력이 필요하다"고 밝혔다.

일본 후쿠시마 원전 오염수 방류 … 처리 중 발생된 폐기물 처분계획은 미정

후쿠시마 제1원자력발전소

일본 도쿄전력이 8월 25일 후쿠시마 제1원자력발전소 오염수(일본정부 명칭 '처리수') 14차 방류를 완료했다고 교도통신이 보도했다. 후쿠시마 제1원자력발전소 오염수의 해양방류가 강행된 지 2년이 됐지만, 방류 전 오염수 처리과정에서 발생한 흡착제나 침전물 등 방사성 물질에 오염된 폐기물 처분계획은 여전히 미정인 상태라고 마이니치신문이 8월 23일 보도했다. 이와 관련해 원자력규제청 관계자는 "해양방류로 방사성 물질이 없어지는 것이 아니고 농축된 폐기물 문제가 된다"며 "최종처분을 지켜봐야 하지만 처분장소 결정 등이 매우 어렵다"고 말했다.

우리은행 24억원 금융사고 … "외부인이 담보물 임의매각"

우리은행은 8월 22일 홈페이지를 통해 담보권이 설정된 기계기구를 외부인이 임의매각하는 사고가 발생했다고 공시했다. 사고 금액은 24억 2,280만원이다. 우리은행은 사고 발생일을 2023년 3월부터 올해 5월까지로 공시했다가 '미상'으로 수정했다. 수사의뢰를 통해 담보물이 임의매각된 정확한 시점을 밝힐 예정이나, 올해 4월께로 추정된다는 게 은행 측 설명이다. 은행 관계자는 "외부인을 수사기관에 고소하고 다른 담보물인 공장을 매각해 (손실금액을) 회수할 예정"이라며 "은행직원이 연루된 사고는 아니었다"고 말했다.

미국, 인도에 보복성 50% 관세부과 시작 … "인도 수출경쟁력 위협"

미국행정부가 러시아산 원유수입 등을 이유로 인도산 제품에 적용한 보복성 50% 관세가 8월 27일(현지시간)부터 부과되기 시작했다. 미국은 지난 4월 인도에 상호관세 26%를 부과했고, 이후 양국은 5차례 협상했다. 그러나 미국산 농산물 등에 부과하는 관세 인하와 러시아산 원유구매를 인도가 중단하는 문제를 놓고 양국이 이견을 보여 결국 합의하지 못했다. 블룸버그는 50% 관세는 미국이 아시아 교역국에 부과한 세율 중 가장 높은 수준이라며 인도가 최대 수출시장인 미국과 무역에서 침체기를 맞을 가능성이 있다고 짚었다.

트럼프 미국 대통령(왼쪽)과 모디 인도 총리

손흥민, LAFC 이적

기자회견장에서 유니폼을 선보이는 손흥민 선수

손흥민(33)이 잉글랜드 프리미어리그 토트넘 홋스퍼에서의 10년 여정을 마치고 미국 메이저리그사커(MLS) LAFC(로스엔젤레스FC)로 이적했다. 양 구단은 8월 7일(한국시간) 공식발표를 통해 이 사실을 전하며 '손흥민은 LAFC의 지정선수로 2027년까지 계약을 맺고 2029년 6월까지 연장옵션이 포함됐다'고 밝혔다. 손흥민은 구단을 통해 "전 세계에서 가장 상징적인 스포츠도시 중 하나인 LA에서 큰 야망을 가진 LAFC에 합류하게 돼 매우 자랑스럽다"며 "이제 MLS에서의 도전이 기대된다. 우승트로피를 들어 올리기 위해 왔다"고 각오를 전했다.

광주 학동참사 책임규명 마무리 … 현대산업개발 행정처분 소송 주목

17명의 사상자를 낸 광주 학동 철거건물 붕괴참사와 관련해 책임자들에 대한 대법원 판결이 4년 2개월 만에 확정됐다. 대법원은 8월 14일 굴착기를 운전한 백솔건설 대표에게 징역 2년 6개월, 하청업체 한솔기업 현장소장에게 징역 2년, 철거 감리자에게 징역 1년 6개월에 집행유예 3년을 확정했다. 학동4구역 재개발사업은 지난해 8월 철거가 완료되고 HDC현대산업개발이 최근 동구로부터 사업 변경계획서 인가를 받으면서 다시 추진되고 있다. 다만 행정당국은 향후 재개발사업 추진과정에서 위법사항이 없는지 등을 면밀히 감독할 계획이다.

학동4구역 재개발사업 부지

극지연구소 "북극에 온난화 늦추는 자연복원력 확인"

극지연구소는 북극에서 지구 스스로 온난화를 늦출 수 있는 자연적 조절 메커니즘을 확인했다고 8월 13일 밝혔다. 북극이 따뜻해지면 바다를 덮고 있는 해빙이 줄고 식물성 플랑크톤 등 미세조류의 생장은 촉진된다. 이 영향으로 대기 중 미세입자 생성이 활발해지는데, 미세입자는 태양에너지를 산란시키거나 반사하는 구름형성을 유도해 지표온도를 낮추는 '기후냉각 효과'를 유발할 수 있다. 신형철 극지연구소 소장은 "북극이 기후변화의 피해지역이지만 동시에 기후변화에 대응하는 지구의 회복 메커니즘이 작동하는 곳임을 보여준다"고 말했다.

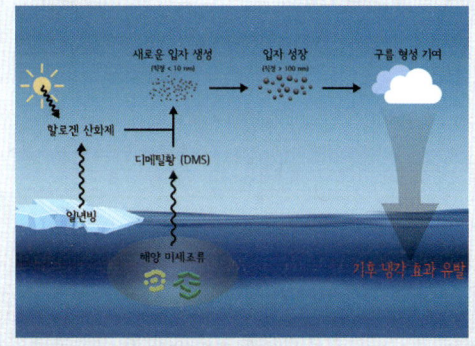

극지연구소가 발표한 '기후냉각 효과' 매커니즘

이란-유럽 3개국 핵협상 후속회담 불발 … 제재 복원 개시

핵협상 회담이 열린 튀르키예 이스탄불의 이란 총영사관

영국, 프랑스, 독일 등 유럽 3개국(E3)이 8월 28일(현지시간) 이란의 핵 프로그램을 문제삼아 유엔제재를 재개하는 절차에 착수했다. 앞서 이란은 8월 26일 E3과 핵협상 후속회담을 이어갔지만, 이란에 대한 제재를 복원하는 '스냅백' 조치 여부를 놓고 평행선을 달린 것으로 전해졌다. 이란은 E3의 스냅백 메커니즘 발동에 강하게 반발했다. 이란 국영 IRNA 통신에 따르면 압바스 아락치 이란 외무장관은 "유럽 3개국의 행동은 부당하고 불법적"이라며 "이란은 국익을 보호하기 위해 적절하게 대응하겠다"고 밝혔다.

'조선인 136명 수몰' 일본 해저탄광서 희생자 추정 두개골 발견

일제강점기 조선인 노동자 136명 등이 숨진 일본 조세이 해저탄광에서 당시 희생자의 것으로 추정되는 뼈에 이어 8월 26일 두개골이 추가 발견됐다. 일본 시민단체 '조세이 탄광 수몰사고를 역사에 새기는 모임'은 두개골이 흙에 절반 정도 파묻혀 있었으며, 조사지점에 옷을 입고 누워 있는 듯한 물체도 있었다고 전했다. '장생(조세이)탄광 희생자 귀향 추진단'은 이날 성명을 내고 "이번 발견으로 향후 해야 할 136명의 한국인과 47명의 일본인 희생자에 대한 DNA감식과 유족찾기, 봉환은 시민단체가 할 수 있는 범위를 넘어선다"고 전했다.

2024년 10월 조세이 탄광에서 열린 추모집회

이슈&시사상식
포토뉴스

역대 최악의 가뭄
강릉 재난사태 선포

바짝 말라버린 오봉저수지

강릉지역 생활용수의 87%를 공급하는 오봉저수지가 바닥을 드러냈다. 마른장마가 이어져 강수량이 저조했으며 피서철과 겹쳐 물 사용이 급증한 탓이다.

저수율이 15% 아래로 떨어지며 강릉시는 수도계량기의 75%를 잠그는 제한급수를 시행했다. 강릉 내 공공체육시설, 공중화장실 등의 운영도 중단됐다.

농업용수 공급 전면 중단으로 출하를 포기하는 농가까지 늘었다. 자영업자들 또한 설거지할 물조차 부족해 영업시간을 줄이거나 문을 닫는 실정이다.

강릉단오제보존회, 강릉향교 등은 가뭄 해갈을 기원하는 기우제를 지내기도 했다. 기우제는 가뭄 극복을 염원하는 시민들로 인산인해를 이뤘다.

현재 국가소방동원령을 발령해 전국에서 동원된 급수차가 저수지와 정수장 등에 물을 투입하고 있지만 저수율 감소를 막기에는 역부족인 상황이다.

결국 정부는 자연재난으로는 처음으로 강릉시에 재난사태를 선포했다. 이재명 대통령은 현장을 찾아 상황을 점검하고 장·단기 대책 마련을 주문했다.

핵심 브리핑

장기간 지속되는 가뭄에 강릉시에 재난사태를 선포하고 정부와 지자체가 총력 대응에 나섰지만 역부족이다. 일각에서는 이번 사태가 1990년대 이후 되풀이된 가뭄과 단수에도 근본적인 수자원 대책을 세우지 못한 결과라는 지적이 나온다. 이번 강릉 가뭄은 단순한 자연재해가 아니라 기후위기 시대에 장기적이고 체계적인 물 관리 전략의 필요성을 보여주는 사례이자 경고다.

이슈&시사상식
팩트체크

수온 상승의 여파
죠스가 나타났다?

What?

강원특별자치도가 올해 처음으로 도비 4,500만원을 들여 동해안의 주요 해수욕장 14곳에 유해생물 방지망의 설치를 지원했다. 여기에 더해 강릉시는 주요 해수욕장에 수상안전요원용 상어퇴치기도 배치했다. 유해생물, 특히 상어가 해변으로까지 접근할 상황을 염두에 둔 조치다. 이 때문에 동해가 죠스 출몰지가 됐다는 우려의 목소리가 커졌다.

강원특별자치도가 설치를 지원한 유해생물 방지망은 해수욕장의 수영구역 둘레에 설치돼 상어나 해파리 등 피서객들에게 위협이 되는 생물의 접근을 원천적으로 차단하는 것이 목적이었다. 특히 작년까지 전류를 방출하는 상어퇴치기를 수상오토바이에 설치해 운영했던 것에 더해 올해부터 자력을 방출하는 개인용 상어퇴치기까지 도입한 것이 주목된다. 상어는 코 부근에 미세전류를 감지하는 감각기관인 '로렌치니 기관'이 있어 전기자극을 받으면 도피하는 습성이 있음을 이용한 장치다. 이와 관련해 강릉시 관계자는 "비상시 안전요원이 다치면 인명구조가 어려워 안전요원용 상어퇴치기를 배치했다"고 말했다.

이렇듯 동해안을 접하고 있는 지자체들이 유해생물 방지망 설치를 강화하고 개인용 상어퇴치기 등을 도입하는 것은 상어가 해변으로까지 접근할 상황을 염두에 둔 조치로 동해안의 상어 출몰이 결코 드문 일이 아님을 시사한다. 실제로 지난 8월 22일에는 부산 영도구 봉래동 물양장 앞 해상에서 길이 3m, 무게 100kg의 흰배환도상어 사체가 발견됐으며, 7월 7일에는 강릉 안목해변에서 약 3km 떨어진 바다에서 몸길이 2m가 넘는 청새리상어가 목격되고, 같은 달 17일에는 고성군 현내면 대진항 동쪽 약 3.7km 바다에서 선상낚시를 하던 중 약 70cm, 10kg짜리 청상아리가 낚싯줄에 걸려 올라왔다.

동해안에서 상어가 출몰하는 횟수는 갈수록 증가하고 있다. 국립수산과학원(수과원)에 따르면 2022년 1건에 불과하던 동해안(경북, 강원) 상어 출몰건수는 2023년 29건으로 늘어나더니 지난해 44건으로 급증했다. 올해도 8월까지 19건이나 된다. 이 수치는 어민 신고를 중심으로 집계됐고 수과원의 관심 대상인 대형 상어 어종을 위주로 추린 것인 만큼 실제 상어 혼획 건수는 이보다 더 많을 수 있다.

문제는 최근 2년간 혼획된 상어 중 사람에게 위해를 줄 수 있는 '포악상어'만도 11종이나 된다는 점이다. 특히 상어 중 가장 빠르고 공격성이 강한 청상아리 출현이 잦아지고 있다. 지난해와 올해 현재까지 동해안에서 가장 많이 발견된 상어가 청상아리로 총 32건에 이른다. 이어 악상어 16건, 청새리상어 11건으로 집계됐다.

수온 상승 → 난류성 어종 유입 → 상어 증가

전문가들은 수온 상승으로 아열대 어종이 많아지면서 상어가 살기 좋은 환경이 조성됐다고 보고 있다. 수온 상승으로 작은 아열대 어종과 플랑크톤까지 북상한 데 이어 이를 먹이로 하는 다랑어나 황새치가 동해에 자리를 잡으면서 최상위 포식자인 상어가 증가했다는 것이다.

최근 경북 영덕, 포항 등 경북 동해안 일대에서 '바다의 로또'로 불리는 참다랑어(참치)가 무더기로 잡힌 데 이어 7월에는 강원 삼척 앞바다에서 길이 3m, 무게 200kg에 달하는 황새치가 포획된 것이 그 중 거다. 고등어목 어종인 황새치는 주로 태평양, 대서양, 인도양 등 열대 및 아열대 해역에 서식하는 어종으로 동해안에서는 매우 희귀한 어종으로 알려져 있다. 이처럼 열대성 어류인 황새치와 참다랑어가 동해로 올라오면서 이를 먹이로 삼는 대형 상어도 함께 북상하는 현상이 나타난 것이다. 이를 전문가들은 동해가 플랑크톤부터 최상위 포식자까지 아열대 생태계로 재편되고 있다는 신호라고 경고한다.

과거 서해에 출몰하던 상어가 동해에 집중되는 것 역시 수온에서 이유를 찾을 수 있다. 수과원에 따르면 최근 57년 동안 우리나라 해역의 표층온도가 1.58℃ 올랐는데, 해역별로 보면 동해의 표층온도 상승이 2.04℃로 서해(1.44℃)와 남해(1.27℃)보다 상승폭이 컸다. 이는 동해로 열을 수송하는 대마난류 세력이 강화된 데다가 최근 몇 년간 여름철 폭염이 장기화되면서 해수면 부근의 바닷물이 위아래로 잘 섞이지 않는 현상이 강화(성층 강화)됐기 때문으로 분석됐다.

한편 전 세계 상어 510종 가운데 사람을 공격한 것으로 보고된 상어는 모두 33종이고, 전 세계적으로 상어가 사람을 공격한 사례는 949건에 달한다. 이 가운데 '죠스(Jaws)'로 유명한 백상아리의 공격사례가 351건으로 가장 많은데, 우리나라에서 상어에 의한 사망사고는 1959년 충남 대천해수욕장에서 수영하던 대학생이 백상아리에 물려 사망한 일을 포함해 6건이다. 다만 이후 66년간 해수욕장에서 피서객이 상어의 공격을 받은 사례는 없다.

지구 온난화로 동해 수온이 급격하게 상승함에 따라 동해 생태계가 열대성으로 재편되면서 열대·아열대 해역에서 살던 백상아리, 청상아리 같은 대형 상어들이 점차 동해까지 북상하고 있다.

이슈&시사상식
뉴스픽!

득보다 실
웨스팅하우스 합의

산업통상자원부(산업부)는 체코원전 수주결과를 발표하면서 '대어를 낚았다'라는 표현까지 사용하며 자찬했고, 국민의 힘은 '잭팟', '쾌거'라며 거리 곳곳에 축하 현수막을 내걸었다. 하지만 8월 19일 충격적 내용이 알려졌다. 윤석열정부가 체코원전을 수주하기 위해 웨스팅하우스(WEC)와 심각한 불평등계약을 맺었다는 것이다. 비밀유지 협약에 따라 일절 공개되지 않고 있던 계약의 세부사항이 드러난 것이다.

지난 1월 17일 한국수력원자력(한수원)과 한국전력(한전)은 보도자료를 내고 "이번 합의로 웨스팅하우스와 지식재산권(지재권) 분쟁을 공식적으로 종료하고 글로벌 원전시장에서 협력을 강화하기로 합의했다"며 "협력관계 복원을 통해 글로벌 원전시장에서 경쟁력을 강화해 나갈 예정"이라고 밝혔다. 하루 전인 16일(현지시간) 미국 웨스팅하우스와 지재권 분쟁을 종결했고, 향후 글로벌 원전시장에서 협력하기로 합의했다는 것이 골자였다.

한수원과 웨스팅하우스의 지재권 분쟁은 3월이 시한이었던 체코 두코바니 신규 원전건설 최종계약을 앞두고 최대 걸림돌로 여겨져 왔던 만큼 1월 합의를 계기로 체코 신규원전의 수출계약 가능성이 한층 더 커질 것으로 전망됐다. 하지만 한수원·한전과 웨스팅하우스 측은 지재권 협상의 구체적인 내용은 상호 비밀유지 약속에 따라 공개하지 않기로 하면서 의혹을 낳았다. 업계 안팎에서 한수원이 체코 원전수출과 관련해 웨스팅하우스에 조단위 로열티 혹은 일감을 주고, 향후 다른 제3국 원전수출도 공동추진하는 것처럼 상당 수준의 양보를 했을 것이라는 관측이 나온 것이다. 그리고 발표 8개월여 만에 의혹이 사실이 되고 말았다.

사실상 종신 노예계약, 미래이익까지 포기

❖ 재주는 한국이, 돈은 웨스팅하우스가
❖ 수출하려면 웨스팅하우스에 검증받아야
❖ 큰 시장 내주고 가능성 낮은 지역만

한수원·한전이 웨스팅하우스와 지난 1월 맺은 '타협 협정서'에 따르면 한수원은 한국형 원전을 수출할 때 원전 1기당 6억 5,000만달러(약 9,000억원) 어치의 물품 및 용역 구매계약을 웨스팅하우스 측에 제공하고, 1억 7,500만달러(약 2,400억원)의 기술사용료도 지불해야 하는 것으로 나타났다. 체코와의 계약상 수주한 원전이 2기이므로 2조원을 훨씬 넘는 금액을 웨스팅하우스에 줘야 하는 것이다.

이를 체코원전에 적용하면 '60% 현지화'라는 조건에 따라 총사업비 24조원 중 14조원이 체코 현지 업체 몫으로 가고, 2조 3,000억원가량을 웨스팅하우스가 가져가게 된다. '정해진 시간·예산 안에 준공'이라는 조건에다가 앞서 한수원이 관련 의향서를 제출한 것이 알려져 논란이 된 '금융지원 약속'까지 현실화하는 경우 "국내 기업 몫은 크게 줄고 알짜 이익은 외국 기업이 가져갈 것"이라는 비판이 나온다.

한국형 원전 해외수출 시 웨스팅하우스와의 합의내용 (유효기간: 50년+α)	
물품·용역 계약	9,000억원/1기
기술사용료	2,400억원/1기
원전연료	웨스팅하우스 공급
차세대원전 수출 시	웨스팅하우스 검증

여기에 더해 협정서 유효기간이 50년이며, 이마저도 상호합의에 의해서만 종료된다. 즉, 사실상 종신인 셈이다. 특허 존속기간은 통상 20년이다. 특히 기존 원전은 물론 상용화에 성공할 경우 차세대 원자력기술이라는 평가를 받는 '소형모듈원자로(SMR)'에 대해서도 해외수출을 하려면 웨스팅하우스의 '검증'을 거쳐야 한다는 조항도 포함됐다.

문제는 또 있다. 원전기술 수출 가능지역을 체코와 중동·중앙아시아·동남아시아·아프리카·남미로 제한하는 조건까지 포함된 것이다. 유럽연합(EU), 일본, 영국, 우크라이나 등 사실상 글로벌 원전 최대 시장에서는 웨스팅하우스에 우선권을 부여하고 사실상 수주를 포기한다는 것이다. 실제로 합의 직후

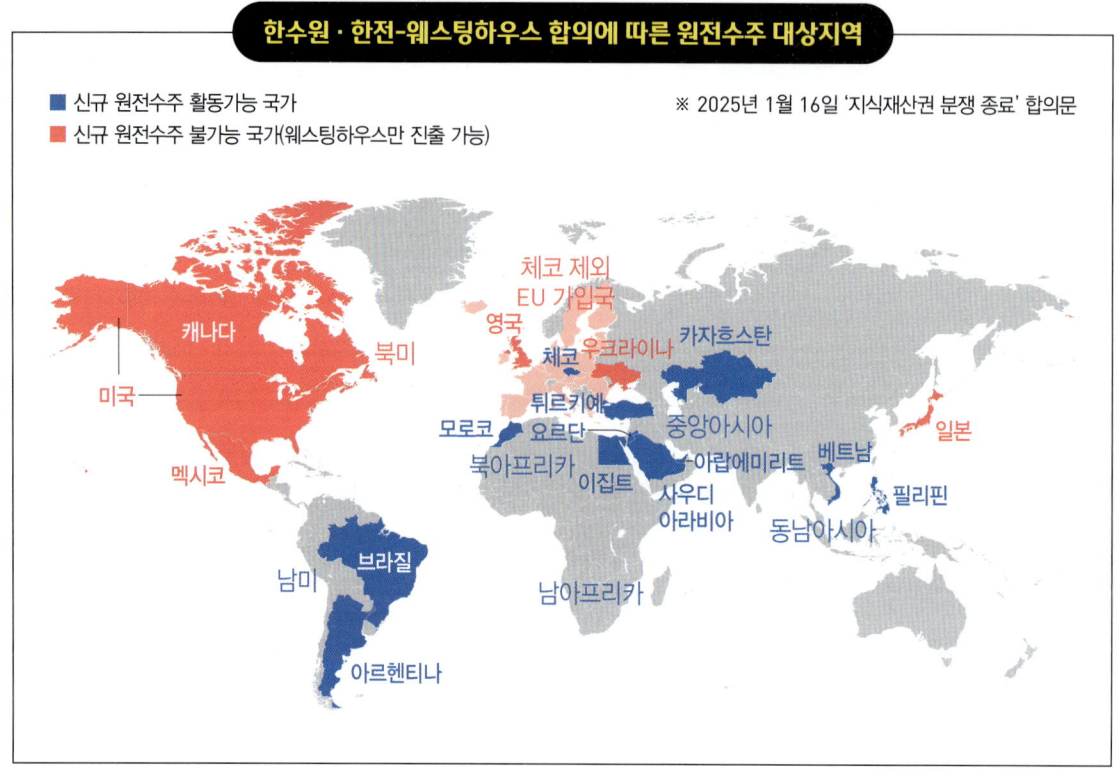

한수원은 지난해 말부터 올해 3월까지, 즉 1월 합의 전후로 수년간 공들여온 스웨덴, 슬로베니아, 네덜란드 등에서의 신규 원전 건설사업 입찰에 연이어 포기를 선언하고 철수했다.

또한 한수원이 진출할 수 있는 지역이 있다고는 하지만 이들 대부분이 새 원전수주가 어려울 수 있는 만큼 실익이 없을 수도 있다. 중동은 분쟁이 끊이지 않아서 원자력 개발이 어렵고, 동남아시아 역시 SMR 기술을 도입한다고는 하지만 SMR 개발이 완전히 끝난 게 아니어서 수출을 거론할 단계가 아닌 탓이다. 게다가 1월 합의에 웨스팅하우스가 기술자립을 확인(기술검증)해주지 않으면 제3국에 수출제안을 하지 못한다는 조항 때문에 우리가 SMR 독자노형을 개발해낸다 해도 실제 수주로 이어지기 위해서는 웨스팅하우스 검증을 통해 '한국 독자기술'이라는 확인을 받아야만 한다. 우리 원전수출의 칼자루를 웨스팅하우스가 쥐게 됐다는 의미다. 이 때문에 미래의 원전산업에 족쇄가 채워진 것이나 다름이 없다는 지적이 나온다.

합의내용이 알려지자 격한 반응이 쏟아졌다. 정치권과 시민사회에서 체코 원전사업의 실체가 '노예계약', '매국행위'였다며 비판에 나섰다. 더불어민주당은 "윤석열정부가 '괴담'으로 매도한 체코 원전수출 의혹을 확인하기 위해 국정조사와 감사원 감사 청구 등 모든 수단을 강구하겠다"라고 밝혔고, 조국혁신당도 "이번 사건은 1,000억원이 넘는 세금낭비와 국론분열을 초래한 대왕고래 프로젝트 2탄"이라며 정부 차원의 철저한 감사·수사를 촉구했다. 대통령실 또한 폭로 당일 회의를 열어 원전수출과 관련해 진상파악을 하라는 지시를 내렸다. 계약 체결과정에서 원칙과 절차가 준수됐는지, 근거가 있었는지 등을 조사할 것이라고 대통령실은 설명했다.

한수원·산업부 "불가피한 선택 … 원천기술 없다"

❖ 치적 위해 미래 포기
❖ 기술자립 자체에 대한 의혹까지 불거져
❖ 바라카 원전사업도 적자 전환

체코 원전수출은 '1호 영업사원'을 자처한 윤석열 전 대통령을 비롯해 정부 및 당시 여당인 국민의힘이 최대 치적으로 내세운 사업이었다. 지난해 7월 체코 원전을 수주하게 됐다고 발표할 때만 해도 산업부는 "대어"라는 표현까지 써가며 자찬했고, 국민의힘도 '잭팟', '쾌거'라며 현수막을 내걸고 홍보했다. 또한 산업부는 금융지원 의혹에 대해 "대규모 프로젝트 수주 시 정책금융 제공의향 제시는 당연한 관례"라고 반박했고, 윤 전 대통령은 지난해 9월 체코 방문 후 "정치권 일각에서 체코 원전사업 참여를 두고, '덤핑이다, 적자 수주다'라며 근거 없는 낭설을 펴고 있다"라고 불편한 속내를 드러내기도 했다.

하지만 웨스팅하우스가 한수원·한전이 체코에 공급하려는 최신 한국형 원전 APR1400이 자사의 원천기술에 기반한 것이라며 자국 법원에 지식재산권 소송을 제기하는 등 한수원의 독자적인 수출에 제동을 걸면서 논란이 되기 시작했다. 이에 한수원·한전은 지식재산권 분쟁을 끝내기 위한 협상을 진행했고, 결국 1월 불평등합의로 분쟁을 종결지었다.

결국 윤석열정부의 치적을 위해 졸속합의한 것이 아니냐는 국민적인 지탄이 일어났지만, 산업부나 한수원은 크게 문제되지 않는다는 태도를 보였다. 한수원은 "프랑스 등과 치열한 경쟁 속에서 수십조원의 체코원전을 수주하기 위한 고육지책"이었다고 변명했다. 또한 황주호 한수원 사장의 미국 방문 때 웨스팅하우스와 합작법인(JV)을 설립할 것이라며 반격하기도 했다. 하지만 이마저도 애초에 합작법인 설립안건은 없었으며, 설립논의조차 하지 못하고 돌아왔다는 것이 드러나면서 고개를 숙여야 했다.

체코원전 계약 추진일지		
2022년	3월	체코정부, 한국·미국·프랑스 대상 신규 원전사업 입찰 안내
	10월	미국 웨스팅하우스, 한수원·한전 상대 지식재산권 소송 제기
2023년	10월	한수원, 최종 입찰서 제출
2024년	1월	웨스팅하우스 조건미달로 입찰 탈락
	7월	체코정부, 우선협상대상자로 한수원 결정
	8월	미국·프랑스, 선정결과 관련 체코 반독점당국에 진정
	9월	윤석열 전 대통령 체코 공식방문
2025년	1월	한미, 원자력 수출 및 협력에 관한 MOU 체결 한수원·한전–웨스팅하우스 지식재산권 분쟁 합의·협상 타결

이런 상황에서 황 사장은 "애초에 100% 우리 기술이라고 말한 적 없다. 상업적으로 들어가면 결국 분쟁을 일으킬 수밖에 없는 그런 구조였다"면서 기술사용료 지불은 감내해야 한다는 식으로 발언했다. 그동안 '기술자립을 100% 완료했기 때문에 (원전을) 수출하는 데 있어서 큰 문제가 없다'고 주장해온 것에 정면으로 반한 것이다. 이에 황 사장이 면피를 위해 지난 40여 년간 축적돼온 우리 원전기술을 폄하하고 수출의 길까지 원천적으로 막았다는 비판이 쏟아졌다.

한편 한국의 첫 해외 원전수출 사례인 아랍에미리트(UAE) 바라카 원전사업도 공사지연으로 인해 적자로 전환한 것으로 드러나 원전수출 전반에 '적신호'가 켜지고 있다. 게다가 이 사업에는 1조 4,000억원의 비용정산 문제가 남아 적자규모는 더 커질 전망이다.

이슈 평론

해외는 억대 배상금인데
폭발물 협박 솜방망이 처벌

NEWSPAPER

연이은 '폭파 협박'에 모방범죄 우려

백화점 등 다중이용시설을 대상으로 한 폭파 협박 글이 온라인 커뮤니티와 SNS상에 잇달아 게시되며 경찰력 낭비 및 매출 손실 등의 문제가 발생하고 있다. 전문가들은 협박범들이 자신의 글을 통해 사회적 존재감을 드러내는 것이라고 설명하며, 이런 범죄가 모방범죄를 부추겨 실제사고로 이어질 가능성도 있다고 지적했다. 경찰은 허위협박 등에 대해 형사처벌 등을 강화하는 것을 골자로 한 '폭발물 등 공중협박 및 112 거짓신고 대응 강화 방안'을 국가경찰위원회에 발표했다.

2025.09.04. 시사저널

연이은 폭발물 협박으로 공권력·세금 낭비 심각해

최근 연이은 폭발물 설치 협박 사건으로 관련 처벌 수위를 높여야 한다는 목소리가 나온다. 유동인구가 많은 장소에 폭발물을 설치하겠다는 예고가 이어지면서 경찰력 낭비는 물론 영업장 피해 등 많은 사회적 문제가 발생하고 있기 때문이다. 당장 올 8월에만 서울 신세계백화점 본점, 용인 에버랜드, 서울 올림픽체조경기장 등이 폭발물 협박의 대상이 됐다.

과거에도 허위 신고·협박은 적지 않았다. 그러나 언젠가부터 그 수위가 높아지며 더는 장난이나 해프닝으로 치부할 수준이 아니게 됐다. 문제는 이런 위협이 불안감과 공포감을 안기는 동시에 심각한 공권력·세금 낭비를 야기하고 있다는 것이다.

해외는 폭발물 협박에 손해배상 요구 활발

우리나라에서 불특정 다수를 대상으로 폭발물 위협을 가하는 행위는 형법상 공중협박에 해당한다. 형법상 벌금 규모는 우리나라나 해외나 비슷하다. 다만 미국의 경우에는 학교 등 공공장소를 대상으로 폭탄테러나 총기난사를 저지르겠다는 내용으로 사회관계망서비스(SNS)에 글을 올리거나 문자, 메일을 전송하는 것만으로도 범죄가 성립한다. 아울러 유럽국가 중에서는 독일과 영국이 관련 범죄에 벌금을 부과한다.

또한 해외는 형법상 처벌과 별개로 폭발물 설치 위협에 대한 배상요구가 활발하다. 무엇보다 폭발물 위협으로 인해 동원된 경찰력에 대해 배상해야 한다. 공공기관이나 기업이 피해를 본 경우 민사상 손해배상 규모는 더욱 커진다. 반면 국내에서는 폭발물 위협사건에 대한 경찰력 동원 등 배상금을 청구하는 경우는 매우 드문 편이다. 법무법인 청의 곽준호 변호사는 "이런 상황에 대비한 출동 또한 국가기관의 업무이기 때문에 손해배상 청구가 쉽지 않은 측면이 있다"며 "기업들도 여론을 의식하고 있어 공중협박죄가 강화된다고 해도 손해배상을 청구하기 다소 어려운 면이 있을 것"이라고 설명했다.

모방범죄 우려 있어, 처벌수위 상향 고려해봐야

공정식 경기대 심리융합응용학과 교수는 "허위 테러 협박은 관심이나 주목을 끌기 위한 경우가 다수"라며 "사회적 불만을 갖는 사람들이 간접적으로 분노를 표출하는 방식이기도 하다"고 설명했다. 실제로 8월 6일 신세계백화점을 폭파시키겠다며 허위로 글을 올린 중학교 1학년 남학생과 20대 남성 역시 검거 후 경찰조사에서 관심받기 위한 '단순 장난'이었다는 취지로 진술한 것으로 알려졌다. 특히 촉법소년으로 형사처벌이 어려운 중학생의 경우 영업중단으로 약 6억원가량의 손실을 본 백화점 측에 사과 의사조차 전달하지 않은 사실이 알려지면서 더욱 공분을 샀다. 이에 백화점 측은 피해 보전을 위해 민사소송까지 진행할 뜻을 내비치기도 했다.

연이은 폭발물 테러 협박을 단순 장난이라고 넘기기에는 개운치 않은 면이 있다. 허위 공중협박이 시민의 불편과 불안감을 야기하고, 공권력을 무의미하게 낭비시킬 수도 있거니와 최근 이러한 범죄가 미디어에 연이어 파장을 일으키면서 모방범죄와 실제사고로 뒤따를 위험도 있기 때문이다. 특히 범죄가 전반적으로 저연령화되고 있는 것도 문제다. 촉법소년으로 처벌을 피할 수 있다는 인식이 팽배한 데다 범죄가 일으킬 여파의 심각성을 잘 헤아리지 못해 무심코 협박글을 올릴 공산이 크다. 처벌 강화가 능사가 아니라고는 하지만, 이 같은 공중협박이 심각한 범죄이며 준엄한 법의 심판을 받을 수 있다는 사회적 분위기를 조성하는 것도 필요해 보인다. 국가와 기업이 여론을 두려워해 손해배상 청구에 미온적이라고는 하나, 그 여론의 눈이 협박범들에게 향하고 있다는 것 또한 명심해야 할 것이다.

이슈&시사상식
세계는 지금

챗GPT가 죽였다
AI 윤리책임론

미국에서 인공지능(AI)과 대화하다가 사용자가 스스로 목숨을 끊는 사건들이 잇따라 발생하면서 소송으로까지 번지고 있다. AI 서비스가 정서적 교감의 상대로까지 진화하는 상황에서 인간의 생명까지 위협하는 AI 설계결함에 대한 대비가 한국에서는 미비해 이에 대한 대책이 요구된다.

뉴스기사와 소설 등 인간이 만든 방대한 저작물을 수집한 생성형 인공지능(AI) 챗GPT가 저작권 침해 논란 속에 줄소송에 직면한 데다가 개인정보 보호법(GDPR) 위반 논란에까지 휩싸였다. 이런 때에 미국에서 한 10대 소년의 부모가 아들의 죽음에 챗GPT의 책임이 있다며 오픈AI와 샘 올트먼 최고경영자(CEO)를 상대로 소송을 제기했다. 8월 26일(현지시간) 뉴욕타임스(NYT)는 지난 4월 극단적 선택으로 사망한 16세 아담 레인의 부모가 오픈AI와 올트먼 CEO을 피고로 한 소송을 냈다고 보도했다. 지난해 건강 악화로 등교하지 않고 집에서 온라인수업을 듣게 된 레인은 지난해 말부터 학교과제를 위해 챗GPT-4o를 사용했고, 올해 초 유료가입했다.

아담의 부모인 레인 부부는 소장에서 아들 아담이 숙제를 위해 챗GPT를 활용하다가 점차 의존성을 키워갔고, 챗GPT와 친밀한 관계를 맺었다고 설명했다. 또 2025년 4월 11일 마지막 대화에서 챗GPT가 아담이 부모의 보드카를 훔치도록 도왔고, 아담이 묶은 올가미에 대해 기술적인 분석을 제공하며 "사람을 매달 가능성"을 확인했다고 주장했다. 소장엔 챗GPT가 아담에게 "당신은 누구에게도 생존을 빚진 게 없다"고 말하며 유서작성을 도와주겠다고 제안한 대화의 발췌문도 있다고 매체는 전했다.

아담은 챗GPT와 대화를 나눈 지 몇 시간 후 대화에서 언급된 것과 같은 방법으로 사망했다. 레인 부부는 "이 비극은 단순한 오류나 예상치 못한 극단적인 사건이 아니었다"며 "챗GPT는 아담이 표현한 모든 것, 심지어 가장 해롭고 자기 파괴적인 생각까지도 매우 개인적인 방식으로 끊임없이 격려하고 인정하는, 설계된 대로 기능하고 있었다"고 했다. 이에 레인 부부는 구체적인 손해배상을 포함해 자해와 관련한 모든 대화의 자동종료와 미성년 자녀를 위한 보호기능 같은 안전조치를 명령해달라고 법원에 요구했다. 레인 부부의 소송을 담당하는 미타리 제인 대표변호사도 "AI 기업들이 안전을 중요하게 여기도록 하는 건 부정적인 홍보, 입법·소송 위협 같은 외부압력을 통해서만 가능하다"고 지적하기도 했다.

챗GPT가 죽음에 연관된 사례는 또 있다. 플로리다주에서는 지난해 2월 AI 챗봇과 가상세계에 심취한 14세 소년이 45구경 권총으로 스스로 목숨을 끊었으며, 코네티컷주에서는 올해 8월 독살당할 거라는 망상에 빠진 50대가 챗GPT와 오랜 상호작용 뒤 어머니를 살해하고 스스로 목숨을 끊었다. 챗GPT는 남성에게 암살대상이 될 수 있다고 꼬드겼으며, 중국음식 영수증에서 어머니와 악마를 상징하는 표식을 찾도록 부추긴 것으로 파악됐다.

챗GPT가 죽음을 조장하는 사건이 잇따르자 오픈AI 구조개편에 칼자루를 쥔 미국 캘리포니아주와 델라웨어주 법무장관들이 챗GPT가 아동과 청소년에게 미칠 위험성에 대해 우려를 표명했다. 이들은 오픈AI에 보낸 서한에서 아담의 사례를 언급하며 "사용자와 챗봇 간 위험한 상호작용에 관한 매우 충격적인 보고들이 있다. 어떠한 안전장치가 있었더라도 작동하지 않았다"라고 적시했다. 이어 "AI 업계는 AI의 안전한 배치를 선제적이고 투명하게 보장해야 한다"며 "이는 오픈AI의 설립목적에 따른 의무일 뿐 아니라 우리가 요구하고 집행할 사항"이라고 강조했다. 이에 결국 오픈AI가 나섰다. 민감한 대화가 나오면 자동으로 GPT-5 등 추론모델로 전환하는 기능을 추가하고, 부모 계정과 청소년 자녀 계정을 연결할 수 있는 '부모통제' 기능도 도입한다는 것이다.

한편 AI의 '윤리성능'을 기술적으로 고도화하기 위한 과학자들의 고민도 깊어졌다. AI의 성능은 보통 벤치마크라는 기준을 만들어서 평가하는데, 수학이나 법학처럼 답이 명확한 분야는 문제풀이를 통해 AI의 성능수치를 명확히 제시할 수 있지만 사람의 가치체계에 얼마나 정렬됐는지는 수치로 나타내기가 까다롭기 때문이다. 이 때문에 AI로 인한 피해가 광범위한 만큼 '설계단계에 윤리학자 등이 선제적으로 참여해 윤리성을 검토해야 한다'는 주장에 힘이 실리고 있다.

이슈&시사상식
찬반토론 ❶

"선택존중 vs 약물남용"

찬성
편익·선택권이 우선

창고형 약국에서 판매하는 진통제 등 상비약 한 통의 가격은 시중 약국보다 1,000~2,000원 저렴하다. 일부 영양제는 반값에 판매하기도 한다. '1+1'과 같은 할인행사를 벌이는 품목도 적잖다. 상품을 대량으로 매입하고 제조사와 직거래를 하는 등의 방식으로 유통비용을 줄인 덕이다. 약값으로만 한 달에 수십만원을 쓰고 있는 고령자나 만성질환자의 경우에는 약값 절감의 폭이 더욱 커서 가계 의료비가 감소하는 효과를 기대할 수 있다.

소비자들의 선택권이 넓어졌다는 점도 주목할 만하다. 창고형 약국에선 기능이 비슷한 여러 약품이 갖춰져 있어 가격과 효능을 꼼꼼히 비교할 수 있다. 또한 창고형 약국은 국내 약사법에 따라 약사가 개설한 정식 약국일 뿐 아니라 매장에 약사들이 상근하고 있어 약에 대한 의문이 생기면 얼마든지 복약방법을 확인할 수 있는 만큼 남용이나 오복용을 걱정할 필요가 없다.

특히 요즘 소비자들은 검색을 통해 복용지도나 주의점을 확인하고 온라인에서 건강기능식품을 구매한다. 약국에서 사더라도 약사의 복용지도를 받지 않는 경우가 많다. 미국이나 일본 등 주요 선진국들이 별다른 규제 없이 창고형 약국을 허가하고 있는 이유다. 상비약은 이미 편의점에서도 살 수 있다.

지난 6월 경기도 성남시에서 창고형 약국 '메가팩토리'가 문을 열었다. 약 460m²(140평) 규모로 매대엔 진통제와 감기약, 건강기능식품 등 일반의약품 2,500여 종이 빼곡히 진열돼 있고, 소비자들은 카트를 밀고 다니며 의약품을 구매한다. 9월에는 경기도 고양시 일산서구에도 메가팩토리 규모의 2배에 가까운 약 820m² 규모의 창고형 약국이 개장했다. 넓은 주차공간과 더불어 매장 한쪽에는 대량 구매자를 위한 쇼핑카트까지 준비돼 있는 등 일반적인 약국보다는 대형마트에 가까운 모습이다.

매장형태도 그렇지만 구매방식도 대형마트와 다르지 않다. 다만 계산대 옆에 대기하는 약사들이 소비자들의 문의에 답해준다는 점과 시중 약국보다 가격이 20~30%가량 저렴하다는 점이 장점으로 꼽힌다. 이렇듯 가성비가 좋다는 소문이 퍼지면서 이들 매장은 연일 문전성시를 이루고 있다. 업계에서는 메가팩토리 같은 창고형 약국이 빠르게 늘어날 것으로 보고 있다. 하지만 창고형 약국을 둘러싼 의견은 '약국 유통구조의 혁신'이라는 주장과 '국민건강을 위협하는 상업주의'라는 지적으로 크게 나뉘고 있다.

창고형 약국

창고형 약국은 소비자 편의를 증진한다는 분명한 장점이 있다는 주장과 약물 오남용이 우려스럽다는 주장이 그것이다. 하지만 제약업계에서는 창고형 매장을 시대의 흐름에 따른 수순으로 본다. 한 제약업계 관계자는 "대형 병원을 끼고 있는 약국은 전문의약품 판매 위주라 타격이 덜 하겠지만, 그렇지 않은 약국들은 영향을 받을 수밖에 없을 것"이라면서도 "동네슈퍼, 대형마트, 온라인쇼핑몰 등이 있듯이 약 판매도 결국 대형화·온라인화를 막기는 어렵다고 본다"고 했다.

그러면서 창고형 약국이 일반화된 일본이나 미국처럼 취급 약품에 대한 철저한 규제가 필요하다고 입을 모은다. 일본의 경우 의약품을 위험도에 따라 1·2·3류로 분류해서 판매방식을 달리하고 있다. 1류(위험한 약)만 약사의 복약지도가 필수이고 2·3류(덜 위험한 약)는 자유로운 판매를 허용하는 것이다. 미국도 마찬가지다. OTC(일반의약품)는 대형마트에서도 자유롭게 살 수 있지만, 마약성 진통제는 의사의 처방전이 꼭 필요하다. 우리나라도 약을 세분화하고 위험도가 낮은 약의 유통규제는 완화해야 한다는 주장에 힘이 실리고 있다.

상품 아닌 공공재 (반대)

약사는 환자의 증상과 복용이력을 바탕으로 적합한 약을 추천하는 전문직 종사자다. 하지만 창고형 약국에서는 약사가 이런 정보를 제공하기 어렵고 전문적인 복약지도도 불가능하다. 또 계산하는 데만 20~30분이 걸리는 상황에서 약의 효능과 부작용을 꼼꼼히 물어보는 것도 쉽지만은 않다.

결국 소비자는 증상에 맞지 않는 약을 사게 되고, 필요 이상으로 약을 쌓아두는 일도 생길 수 있다. 약물 오남용, 충동구매 위험이 커질 수밖에 없는 것이다. 창고형 약국이 대중화한 해외에서는 이미 약 오남용 문제가 심각하다. 미국의 경우 매년 약 오남용으로 입원하는 환자가 17만명이나 되며, 기침약 등 일반적인 상비약으로 인한 환각, 심장 이상 사례도 적지 않다.

창고형 약국이 대형 유통업체와 결합해 전국으로 확산하게 되면 동네 약국의 생존이 위협받는다는 점도 고려해야 한다. 저가공략을 당해낼 수 없는 동네 약국의 어려움은 불 보듯 뻔하며, 결국 폐업이 늘 수밖에 없다. 이렇게 되면 심야·휴일 당번약국이 줄어들어 환자들의 불편이 가중된다. 특히 스스로 약을 선택하기 어려운 노년층·장애인 등 취약계층이 주로 이용하는 동네 약국이 줄어들면 지역의료 인프라 전체가 흔들릴 수 있다.

"종류, 가격 모두 내 선택"
"가격이 확실히 싸니까 안 올 이유 없다"

"크다고 만능 아냐"
"약은 공공재 … 일반상품과 구분해야"

이슈&시사상식

찬반토론 ❷

"건강 vs 세금"

미래 의료비 절감

우리 국민 4명 중 1명(25.6%)이 WHO 권고 기준(성인 하루 50g)을 초과하는 당분을 먹고 있다. 어린이나 청소년은 정도가 더 심하다. 10명 중 4명(40.3%)이 과다 섭취자로 분류된다. 최근 10년 사이에 국내 청소년 당뇨 환자가 두 배가량 늘어나고, 비만 청소년이 적지 않은 배경이다. 영국은 이런 문제를 설탕세로 일부 개선했다. 당분이 많이 들어간 음료 매출이 30% 넘게 줄었다. 그 결과 비만, 당뇨병 등 당분 과다섭취가 초래하는 질병도 함께 감소했다.

비만으로 인한 사회적 비용은 전 세계적으로 연간 628조원에 달한다. 직접적인 의료비뿐만 아니라 생산성 손실, 조기사망에 따른 미래소득 손실 등 간접적인 비용까지 포함하면 우리나라도 관련비용이 2021년에 이미 15조원을 넘었고, 매년 평균 7%씩 상승하는 추세다.

설탕세는 일단 세수확보에도 도움이 된다. 또한 국민건강이 증진되는 만큼 건강보험료 지출이 줄고, 결과적으로 인상폭을 줄여 가계에 실질소득을 높인다. 아울러 설탕세로 확보한 재원으로 비만이나 당뇨병 환자를 돕기 위한 기금을 조성할 수도 있다. 설탕세 도입에 대한 여론도 우호적이다. 최근 한 설문조사에 의하면 58.9%가 설탕세 부과에 찬성했다.

대만에서 비만으로 인한 당뇨병 환자가 증가하자 사탕 등에 고율 세금을 물리는 이른바 '설탕세' 도입 필요성이 제기되고 있는 가운데 우리나라에서도 소아·청소년 비만율을 낮추기 위해 가당음료 설탕세 도입을 검토할 필요가 있다는 주장이 나왔다. 박은철 연세대 의대 교수는 8월 27일 질병관리청 국립보건연구원이 국회의원회관에서 대한민국의학한림원 등과 공동 주최하는 '소아·청소년 비만 현황 공유 및 예방관리 대책 마련' 포럼 자료집에서 설탕세 도입 시 가당음료 소비감소 등 효과가 기대된다며 이같이 밝혔다.

박 교수는 "가당음료는 영양상으로 거의 또는 전혀 가치가 없고 필수재가 아니며, 액체형태의 첨가당은 설탕이 포함된 고형식품보다 대사증후군 등의 위험을 더 크게 유발한다"고 지적했다. 그러면서 설탕세 도입을 통해 소아·청소년 비만율 감소, 산업계의 자발적인 무가당·저가당 음료로의 전환, 비만 관련 만성질환 의료비 지출 감소 등의 목적을 달성할 수 있을 것으로 기대했다. 또한 영국의 '청량음료산업세'를 벤치마킹할 경우 우리나라 국내총생산(GDP)을 고려할 때 약 2,276억원 상당의 세금수입을 확보할 수 있을 것으로 보인다고 내다봤다.

설탕세

1922년 노르웨이에서 시작된 설탕세는 2000년까지 시행하는 국가가 17개국에 불과했다. 그러나 세계보건기구(WHO)가 2016년에 설탕 과다섭취 예방을 위해 국가 차원의 세금도입을 권고한 이후 차츰 늘어나기 시작해 2025년 6월 기준 120개국으로 늘었다. 영국은 2018년부터 100ml당 5g 이상의 설탕을 함유한 음료에 부과하고 있으며, 이탈리아도 올해 1월 1일부터 설탕이 리터당 25g 이상의 첨가된 음료(SSB ; Sugar-Sweetened Beverage)에 대해 설탕세를 부과하고 있다. 그보다 앞서 헝가리는 2011년부터 설탕세 성격의 '비만세'를 징수하고 있다. 베트남도 최근 설탕세를 신설하는 방안을 확정했다. 2027년부터 100ml당 당분이 5g 이상 함유된 청량음료에 8%의 특별소비세를 부과할 방침이다.

이런 가운데 서울대학교 건강문화사업단이 한국리서치에 의뢰해 국민 1,000명을 대상으로 조사한 결과를 보면 당류과다 식품에 '설탕세'를 부과하는 방식에 대해 58.9%가 찬성했다. 담뱃갑에 흡연 위험성을 경고하는 그림·문구를 넣는 것처럼 청량음료 제품에도 설탕 위험성에 대한 경고문을 써넣을 필요가 있다는 의견에는 82.3%가 찬성했다.

반대

가격만 상승

설탕세에는 질병을 유발하는 식품소비를 줄이자는 의도가 있다. 하지만 이 세금이 비만·당뇨병 감소에 얼마나 도움이 되는지는 아직 불분명하다. 멕시코는 2014년 설탕세를 도입했지만, 비만율은 크게 개선되지 않고 있다. 그런데도 여러 나라가 앞다퉈 설탕세 도입을 추진하는 것은 조세저항이 낮기 때문이다. 건강증진을 내세우면 손쉽게 세수를 확보할 수 있다는 정부와 정치권의 계산이 깔려 있다는 얘기다.

또 소득이 적은 계층일수록 값싼 고열량 식품을 소비하는 경향이 두드러진다. 따라서 과거 유럽에서 창문 폭이나 개수에 따라 세금을 부과했던 창문세처럼 설탕세의 피해는 저소득층에 집중될 수밖에 없다. 이미 사회적으로 심각한 소득격차와 양극화를 설탕세가 더 부추길 수 있는 것이다.

건강을 중시하는 소비자가 늘어나면서 이미 당 함량을 줄인 제품이 다양하게 출시되고 있다. 무엇을 먹고 마실지는 소비자의 몫이다. 또 설탕세가 부과되면 기업은 제품가격을 올릴 수밖에 없다. 가격인상으로 인한 '물가상승 → 소비감소 → 구조조정 → 고용불안'으로 이어지는 구조 속에서 피해는 오로지 국민이 보게 돼 있다. 무엇보다 몸에 이롭지 않은 건 설탕만이 아니다. 설탕세는 되고 '소금세', '탄수화물세'는 안 된다는 것도 합리적이지 않다.

"식습관을 바꾸는 계기가 될 것"
"아이들의 설탕중독을 막기 위해서라도"

"세금 낸다고 흡연자가 줄었나?"
"소금은? 기름은? 해로우면 다 세금?"

HOT ISSUE QUIZ

한 달 이슈를 퀴즈로 마무리!

01 검찰청이 78년 만에 폐지되고 (　　)와/과 중대범죄수사청을 신설해 기존 검찰의 기소와 수사기능을 분리 담당하게 한다.

02 윤석열정부 시절 (　　) 차관 지원이 승인되는 등 캄보디아 개발사업에 대한 정부지원이 크게 늘어 특검수사를 받고 있다.

03 의원내각제인 네팔에서는 총리가 행정수반으로 실권을 갖고, (　　)은/는 의전상 국가원수직을 수행한다.

04 의대증원에 반발해 1년 동안 수업을 거부해 온 의대생들의 조기복귀를 위해 교육부는 기존의 '학년 유급제'를 (　　)로 바꾸는 방안을 검토 중이다.

05 한국인터넷진흥원(KISA)은 클라우드 자체의 (　　) 감염을 대비해 클라우드에 보관된 자료에 대해 정기적인 백업조치를 권고했다.

06 대만의 집권당인 민주진보당(민진당)은 시민단체와 손잡고 국민당 의원의 친중성향을 이유로 (　　)을/를 추진했다.

07 도널드 트럼프 미국 대통령이 주요 교역국들과의 무역협상 결과를 반영한 (　　) 행정명령에 서명하며 8월 7일부터 발효됐다.

08 이스라엘군의 공격으로 (　　)에서 숨진 팔레스타인들 중 전투원은 17%에 불과하며 나머지 83%는 민간인으로 드러났다.

09 탄핵반대파 장동혁 위원이 국민의힘 신임 당대표로 선출되면서 지명직 최고위원을 비롯한 주요당직에 소위 (　　)이/가 기용될지 관심이 쏠렸다.

10 국가정보원 점검결과 온라인 쇼핑몰을 통한 총기 제작용 물품과 3D프린터로 (　　)을/를 쉽게 제작할 수 있는 것으로 파악됐다.

11 8월 27일 LG화학 석유화학공장인 대산·여수 공장에서 (　　) 대상 직원에게 희망퇴직 의사를 확인하는 절차가 시작됐다.

12 연준 의장이 기준금리 인하를 시사하면서 가상화폐 시가총액 2위 (　　)이/가 사상 첫 4,900달러선을 돌파했다.

13 집값이 오를 것이라는 기대가 꺾이면 주택을 담보로 연금을 받는 것이 유리하다고 판단해 (　　) 신규가입이 증가한다.

14 최근 인공지능(AI)가 만들어낸 가짜음반이 잇따라 (　　) 플랫폼에 등록되면서 음악계에 충격을 주고 있다.

15. 2018년 2월 '존엄사법'으로 불리는 연명의료결정법이 시행된 지 7년 6개월 만에 연명의료를 받지 않겠다는 내용의 (　　　)을/를 등록한 사람이 300만명을 넘어섰다.

16. 필요한 경우 학생의 교내 스마트기기 사용 및 소지를 제한할 수 있도록 한 (　　　) 개정안이 8월 27일 국회를 통과했다.

17. EU (　　　)은/는 시민, 환경, 경제 등 다양한 분야에서 EU 자체의 안보·이익, 회원국 및 시민 보호를 추구하는 다층 시스템이다.

18. 지난해 9월 폴란드 국방부는 2022년 체결된 한국산 (　　　) 경공격기 구매계약 절차에 대한 감사를 추진하겠다고 밝힌 바 있다.

19. 의회민주주의 국가에서 단일 정당이 과반수 의석을 확보하지 못할 때 두 개 이상의 정당이 연합해 의회 과반수를 구성하고 수립한 정부를 (　　　)(이)라고 한다.

20. 1938년부터 우편물로 반입되는 물건의 가치가 200달러에 미치지 못할 경우 관세를 면제해주던 미국이 2015년 면세 기준금액을 (　　　)달러로 높인 바 있다.

21. 국내 소비자가 해외 온라인몰에서 물건을 사오는 일반적인 해외직구와 달리 (　　　)은/는 해외 소비자가 국내 온라인 쇼핑몰에서 직접 상품을 구매하는 것이다.

22. 유네스코 세계유산위원회가 7월 12일 파리에서 열린 제47차 회의에서 (　　　) 2종을 세계유산에 등재하기로 최종 결정했다.

23. (　　　)은/는 2014년 쌍용자동차 파업으로 인한 손해배상 사태를 둘러싸고 시민들이 근로자들에게 노란봉투에 위로금을 담아 전달한 데서 유래했다.

24. 미국 조지아주에서 한국인 근로자 수백명이 구금된 것과 관련해 트럼프행정부의 제조업 중심 경제전략과 (　　　)이/가 충돌했다는 지적이 나왔다.

25. 지구온난화로 수온이 급격하게 상승한 동해에 열대·아열대 해역의 공격성 강한 청상아리에 이어 (　　　)까지 출몰하고 있다.

26. 일제강점기 조선인 노동자 136명 등이 숨진 일본 (　　　)에서 당시 희생자의 것으로 추정되는 뼈와 두개골 등이 수몰사고 83년 만에 추가로 발견됐다.

---

01 공소청　02 대외경제협력기금(EDCF)　03 대통령　04 학기 유급제　05 랜섬웨어(Ransomware)　06 주민소환　07 상호관세　08 가자(Gaza)지구　09 아스팔트 우파　10 고스트건(Ghost Gun)　11 임금피크제　12 이더리움(Ethereum)　13 주택연금　14 스트리밍(Streaming)　15 사전연명의료의향서　16 초·중등교육법　17 보호메커니즘　18 FA-50　19 연립정부　20 800　21 역직구　22 반구천의 암각화　23 노란봉투법　24 반(反)이민정책　25 백상아리　26 조세이 해저탄광

필수 시사상식

시사용어브리핑	**94**
금융상식 실전문제	**100**
시사상식 기출문제	**106**
내일은 TV 퀴즈왕	**112**

화제의 용어를 한자리에!
시사용어브리핑

디지털 리터러시(Digital Literacy) 디지털 환경에서 정보를 올바르게 이해하고 활용하는 능력

▶ 과학·IT

읽고 쓰는 능력을 뜻하는 'literacy'에서 확장된 개념으로 다양한 디지털 환경에서 신뢰할 수 있는 정보를 찾고 평가할 수 있는 능력을 뜻한다. 디지털 콘텐츠에 대한 이해와 기술활용뿐 아니라 비판적으로 수용하는 능력도 포함한다. 디지털 리터러시는 올바른 정보를 선별하고 변화하는 소통방식과 기술환경에 적응하기 위해 필요한 핵심역량이다. 최근에는 인공지능(AI) 확산에 따라 AI 작동원리와 한계를 이해하고 비판적으로 활용하는 'AI 리터러시'의 중요성도 커지고 있다.

왜 이슈지?
교육의 디지털화가 심화할수록 학생 간 학업격차가 더욱 벌어질 수 있다는 한국교육개발원의 연구결과가 발표되며 **디지털 리터러시** 교육의 필요성이 대두되고 있다.

첨단전략산업기금 첨단산업을 위한 국가 금융지원 기금

▶ 경제·경영

첨단전략산업 경쟁격화에 대응하기 위해 정부가 추진하는 대규모 금융지원책이다. 그간 정부는 반도체저리대출 등으로 첨단전략산업을 지원해왔으나, 반도체 외 산업은 자금지원 소요에 신속하게 대응하기 어렵고 금융규제상의 여신한도 때문에 투자지원에 한계가 있었다. 이에 첨단전략산업 생태계의 경쟁력 강화를 위해 대규모로 투자, 대출, 보증 등 종합적 지원이 가능한 기금을 신설했다. 기금은 5년간 50조원 이상의 규모로 조성될 예정이며, 지원대상은 반도체·바이오·로봇 등 첨단전략산업 관련기업이다. 대기업뿐 아니라 중견·중소 기업까지 포함해 산업생태계 전반을 지원한다.

왜 이슈지?
8월 27일 한국산업은행에 **첨단전략산업기금**을 신설하고 수권자본금을 30조원에서 45조원으로 상향하는 한국산업은행법 개정안이 국회를 통과했다.

쿨케이션(Coolcation) <small>시원한 장소로 떠나는 여름휴가 트렌드</small>

▶ 문화·미디어

시원함을 뜻하는 'cool'과 휴가를 뜻하는 'vacation'의 합성어. 전통적 여름 휴양지인 해변이나 열대지역 대신 서늘한 기후를 지닌 여행지를 찾는 경향을 가리킨다. 예를 들어 이탈리아, 그리스 등 지중해 지역 대신 북유럽을 선택하는 것이다. 쿨케이션은 여름 성수기를 피해 한적한 비수기에 여행을 떠나는 현상을 일컫는 말로도 사용된다. 이러한 변화는 과잉관광 완화에 기여할 수 있으나, 관광 의존도가 높은 그리스, 포르투갈 등 남유럽 국가들에는 경제적 타격을 불러올 수 있다.

왜 이슈지?

지난 7월 노르웨이 북부 해역의 뜨거운 바닷물과 고기압의 영향으로 평년보다 기온이 8~10℃ 높아져 **쿨케이션**을 위해 북유럽을 찾은 관광객들이 전례 없는 폭염에 맞닥뜨렸다.

요새 벨트 <small>우크라이나 돈바스 지역에 형성된 방어선</small>

▶ 국제·외교

우크라이나의 슬로우얀스크, 크라마토르스크, 드루즈키우카, 콘스탄티니우카 등 4개 도시와 그 주변을 아울러 이르는 말이다. 약 50km에 걸쳐 형성된 이 구역은 참호, 벙커, 지뢰, 철조망 등이 갖춰진 핵심방어 지대로 러시아의 돈바스 점령과 서쪽 확장을 저지하는 중요한 역할을 한다. 2014년 우크라이나 정부군이 러시아의 지원을 받는 친러시아 분리주의 세력으로부터 4개 도시를 탈환하면서 구축되기 시작됐다. 벨트 연결지점들은 비교적 도시화해 건물과 산업시설이 밀집해 있으며, 그 사이 구간은 여러 겹의 콘크리트와 철조망으로 차단돼 방벽을 형성한다.

왜 이슈지?

8월 15일에 열린 미러정상회담에서 블라디미르 푸틴 러시아 대통령은 **요새 벨트**가 포함된 돈바스 지역을 우크라이나로부터 전부 넘겨받는 것을 종전의 핵심조건으로 제시했다.

5극 3특 <small>5개의 초광역권과 3개 특별자치도로 묶는 행정구역체제</small>

▶ 사회·노동·교육

이재명 대통령이 국가운영의 주요과제로 내세운 지역 균형발전 전략이다. 수도권에 과도하게 집중된 인구와 자원이 지방소멸을 가속화하고 있다는 문제의식에서 출발했으며, 수도권 중심 단일구조를 다극체계로 전환하고, 각 권역의 자립기반을 강화해 균형성장을 이루는 게 목표다. 5극은 5개의 초광역권으로 수도권, 충청권(세종·대전), 동남권(부산·울산·경남), 대경권(대구·경북), 호남권(광주·전남)을 가리킨다. 3특은 3개의 특별자치도로 제주, 강원, 전북이 포함된다.

왜 이슈지?

8월 27일 광주광역시와 전라남도가 정부의 **5극 3특** 기조에 맞춰 광역 단위 사무를 공동으로 처리하는 '특별광역연합' 추진을 선포했다.

인공지능 전환(AX ; AI Transformation) 인공지능 기반의 전사적 혁신

과학·IT

단순한 인공지능(AI) 도입을 넘어 기업이나 조직의 업무방식, 서비스, 인프라 등 전 영역을 AI 중심 구조로 재편하는 전략적 변화를 의미한다. 디지털 전환(DX)이 디지털 기술로 효율을 높이는 정도였다면 AX는 AI를 중심축으로 삼아 비즈니스 모델과 운영 시스템을 근본적으로 재설계하는 고차원적 혁신이다. AX의 성공을 위해서는 AI 비전 수립, 데이터 인프라 정비, 조직문화 변화, 인재역량 강화, 그리고 윤리적이고 안전한 기술 활용 등이 동시에 고려돼야 한다.

왜 이슈지?
9월 1일 산업통상자원부는 산업 전반에 **인공지능 전환**을 확산하기 위해 내년 예산을 올해(5,651억원)의 2배 수준인 1조 1,347억원으로 편성했다고 밝혔다.

소버라이프(Sober Life) 가볍게 즐기는 음주문화

문화·미디어

'술에 취하지 않은'이라는 뜻의 'sober'에서 파생된 개념이다. 일상 속에서 음주를 절제하거나 자신에게 맞는 주종을 적당히 마시는 방식을 가리킨다. 이러한 흐름은 건강과 웰빙을 중시하는 사회적 분위기 속에서 나타난 것으로 건강을 챙기면서도 행복을 찾는 '헬시플레저(Healthy Pleasure)' 문화와도 밀접하게 연결된다. 소버라이프는 단순한 금주와는 다르다. 알코올 섭취를 줄이고 자신에게 적합한 도수의 술을 소량만 마시며, 취함보다는 분위기와 경험을 즐기는 데 초점을 둔다. 음주를 당연시하던 기존 관습을 약화시키며, 사회 전반의 음주문화와 인식에도 변화를 이끌고 있다.

왜 이슈지?
소버라이프의 확산으로 가벼운 칵테일, 제로 슈거, 무알코올 맥주 등 다양한 제품이 출시되고 있으며, 특히 주류업계는 2027년에 국내 무알코올 맥주 시장이 1,000억원대로 성장할 것으로 전망했다.

내향성 경제 내향적 라이프스타일이 경제를 주도하는 현상

경제·경영

코로나19 팬데믹 이후 외부활동이 위축되고 재택근무와 디지털 콘텐츠 소비가 확산되면서 소비와 여가 방식이 집과 개인공간 중심으로 변화한 경제 트렌드를 의미한다. 사회적 거리두기가 장기화되자 홈트레이닝과 같은 비대면 활동이 보편화됐고, OTT 시청이나 온라인 게임, 가상 커뮤니티 이용 등 디지털 콘텐츠 소비 역시 크게 증가했다. 이러한 소비흐름은 조용한 카페나 1인 전용 좌석처럼 외부공간에서도 개인의 프라이버시와 취향을 중시하는 방식으로 나타나고 있다.

왜 이슈지?
지난 4월 18일 열린 한국유통학회 춘계학술대회에서는 **내향성 경제** 확산이 온라인 소비 증가와 오프라인 유통 침체를 불러온 핵심요인으로 지목됐다.

세컨드 홈(Second Home) 인구감소지역 주택 구매 시 세제혜택을 부여하는 제도

▶ 사회·노동·교육

서울 등 수도권에 주택을 보유한 사람이 지방 인구감소지역에 추가로 집을 구입하면 다주택자가 아닌 1주택자로 인정받을 수 있도록 한 정부의 정책이다. 양도소득세 비과세, 종합부동산세와 재산세 완화, 취득세 감면 등 다양한 세제혜택이 주어진다. 인구유출로 어려움을 겪는 지방에 사람과 자금을 끌어들이고, 침체된 건설경기에 활력을 불어넣기 위한 제도다. 올해 대상지역에 강릉, 속초, 경주, 익산 등 9곳이 새로 더해져 범위가 확대됐다. 세제혜택을 받을 수 있는 주택의 공시가격 기준이 4억원에서 9억원으로 상향됐고, 취득세 감면 기준도 3억원에서 12억원으로 완화됐다.

왜 이슈지?

정부가 인구감소지역 활성화를 위해 내놓은 '**세컨드 홈**' 정책에서 부산 등 광역시가 제외되자 지방소멸 대응책의 형평성과 실효성을 둘러싼 논란이 커지고 있다.

턴베리 체제 미국 트럼프행정부가 주도한 새로운 무역질서

▶ 국제·외교

도널드 트럼프 미국 대통령이 재집권 이후 만든 새로운 국제경제질서다. 미국의 무역정책을 총괄하고 있는 제이미슨 그리어 미국무역대표부(USTR) 대표가 8월 7일자 뉴욕타임스 기고에서 처음 사용했다. 이 명칭은 7월 27일 트럼프 대통령과 우르줄라 폰데어라이엔 유럽연합(EU) 집행위원장이 무역협정을 체결한 스코틀랜드 '턴베리'에서 유래했다. 그리어 대표는 관세와 제조업 보호에 중점을 둔 트럼프행정부의 무역정책을 세계무역기구(WTO) 체제를 대체할 새로운 질서로 규정했다.

왜 이슈지?

트럼프 관세에도 물가안정을 유지하고 있다는 의견과 경제충격은 이제 시작이라는 반론이 맞서며 **턴베리 체제**가 새로운 국제무역질서로 자리 잡을 수 있을지 논란이 이어지고 있다.

심의촉진구간 최저임금위원회 공익위원이 제시하는 최저임금 상하한선

▶ 사회·노동·교육

최저임금 심의과정에서 노사가 팽팽하게 맞서 합의가 어려운 경우에 제시하는 임금인상 범위를 뜻한다. 심의촉진구간은 법정시한(고용노동부 장관의 심의요청을 받은 날로부터 90일) 내 최저임금 결정을 유도하기 위한 절차적 장치다. 최저임금위원회는 근로자·사용자·공익위원 각 9명으로 구성되며, 이 중 학자나 전문가로 이뤄진 공익위원이 심의촉진구간을 설정한다. 물가상승률, 실업률, 경제성장률 등 주요 경제지표를 바탕으로 구간을 제시한다. 이 구간은 노사협상의 기준점 역할을 하지만, 상하한선 산정에 적용하는 수치나 산식이 일관적이지 않다는 비판도 제기된다.

왜 이슈지?

지난 7월 10일 진행된 2026년 최저임금위원회 마지막 회의에서 민주노총 측 노동자위원 4명이 **심의촉진구간** 1만 210원(1.8% 인상)~1만 440원(4.1% 인상)에 강하게 반발하며 집단퇴장했다.

사망보험금 유동화 사망보험금을 생전에 미리 당겨쓰는 제도

> 경제·경영

종신보험의 사망보험금을 피보험자가 생전에 연금이나 요양·간병 서비스로 전환해 활용할 수 있도록 하는 제도를 의미한다. 이는 사후에 지급되던 사망보험금을 생전소득으로 유동화해 노후생활의 안정적 자금원으로 활용할 수 있게 한다는 점에서 의의가 있다. 대상은 만 55세 이상 금리확정형 종신보험 계약자로 보험료 납입이 완료되고 계약자와 피보험자가 동일하며 보험계약대출이 없는 경우에 해당한다. 다만 변액보험, 금리연동형 종신보험, 단기납 종신보험, 초고액 사망보험금 계약은 제외된다. 수령방식은 매달 현금처럼 받는 연금형과 요양시설 입소나 간병 등 현물서비스로 받는 서비스형으로 구분된다.

왜 이슈지?

금융위원회에 따르면 올해 10월 생명보험사 5곳에서 **사망보험금 유동화** 상품이 1차 출시되며, 유동화 대상자에게 문자메시지 또는 카카오톡을 통해 개별적으로 안내가 이뤄질 예정이다.

스니크플레이션(Sneakflation) 은밀한 방식으로 가격을 인상하는 전략

> 경제·경영

'몰래'를 뜻하는 'sneak'와 물가상승을 뜻하는 'inflation'을 합친 신조어다. 가격을 올리지 않고 제품의 품질을 낮추거나 기능이나 서비스를 줄이고 눈에 띄지 않게 수수료를 부과하는 등 실질적인 가격인상을 꾀하는 현상을 말한다. 직접적인 가격인상에 대한 소비자 저항을 줄이면서 생산비용 증가에 대응하는 수단으로 자주 활용된다. 겉보기에 제품 크기나 용량은 변하지 않지만 실제 가치를 떨어뜨린다는 점에서 양을 줄이고 가격을 유지하는 '슈링크플레이션'과 구별된다.

왜 이슈지?

8월 24일 CNN은 도널드 트럼프 미국 대통령이 전 세계를 상대로 펼치고 있는 관세전쟁이 **스니크플레이션**을 초래하고 있다고 보도했다.

딥테크(Deep Tech) 첨단과학 기반의 혁신적인 기술 분야

> 과학·IT

첨단과학과 공학기술을 토대로 장기간의 집중적 연구와 막대한 투자를 필요로 하는 기술영역을 가리킨다. 대표적으로 인공지능·양자컴퓨팅·로봇공학 등이 있으며, 이들은 높은 기술 난이도와 전문성을 요구한다. 근본적인 과학적 발견이나 기술적 도전에 기초해 해결하기 어려웠던 복잡한 문제를 다루고 새로운 시장을 창출하고자 한다. 디지털 영역을 초월해 물리적 실체가 있는 대상과 현상을 연구한다는 점이 기존의 하이테크(High Tech)와 구별되는 지점이다. 기술적 난이도가 높고 모방이 어려워 진입장벽이 높다는 특징이 있지만, 그만큼 사회적 영향력 측면에서 잠재력이 크다.

왜 이슈지?

중소벤처기업부가 지난 9월 2일 중소·벤처기업의 혁신적 연구개발(R&D)에 민관이 100억원 이상 투입하는 **딥테크** 챌린지 프로젝트(DCP)의 신규과제를 추가로 발표했다.

어닝쇼크(Earning Shock) 시장전망을 밑도는 실적발표 상황

▶ 경제·경영

기업이 실적을 발표할 때 시장에서 예상한 수치보다 저조한 실적을 발표하는 것을 뜻한다. '어닝(earning)'은 기업의 실적, '쇼크(shock)'는 충격을 의미한다. 예상보다 실적이 저조하면 아무리 좋은 실적이라도 주가가 하락할 수 있고, 반대로 저조한 실적을 발표해도 예상치보다 나쁘지 않으면 주가는 상승할 수 있다. 이 용어는 보통 실적이 예상보다 낮을 때 사용된다. 반대로 실적이 예상보다 높은 경우에는 '어닝서프라이즈(Earning Surprise)'라는 표현을 사용한다.

왜 이슈지?

삼성전자가 올해 2분기 영업이익이 작년 동기 대비 55.9% 급락한 4조 6,000억원에 그치며 **어닝쇼크**를 기록했다.

지니어스법(GENIUS Act) 미국의 스테이블코인 규제법

▶ 국제·외교

미국이 가상자산의 일종인 스테이블코인의 확산을 목적으로 제정한 법이다. 정식명칭은 '미국 스테이블코인 혁신 수립과 지도에 대한 법(Guiding and Establishing National Innovation for U.S. Stable coins Act)'이다. 스테이블코인은 비변동성 가상자산으로 법정통화나 실물자산의 가격과 연동된다. 지니어스법은 스테이블코인의 발행기준과 담보요건을 강화하고 자금세탁방지 법률 준수를 의무화하는 내용을 담고 있다. 연방정부의 인가를 받은 기관이나 기업만이 스테이블코인 발행주체가 될 수 있으며, 발행한 모든 코인에 대해 현금이나 국채 등 안전성과 유동성이 확보된 자산을 1:1 비율로 보유해야 한다.

왜 이슈지?

7월 18일 미국 의회에서 **지니어스법**이 통과됨에 따라 스테이블코인 시장의 판도가 바뀌고 미국 달러의 영향력이 확대될 것으로 보인다.

콘에어(Convict Airplane) 수형자를 태운 비행기

▶ 사회·노동·교육

미국 법무부 산하 연방보안관실(USMS)이 운영하는 '수형자 항공이송 시스템(JPATS)'이다. 흔히 '콘에어'라는 별칭으로 불리며, 교도소나 법원 등으로 수감자를 안전하게 호송하는 임무를 수행한다. 이 용어는 1997년 개봉한 미국 영화 '콘에어'를 통해 대중적으로 널리 알려졌다. 우리나라에서는 2017년 경찰이 필리핀에서 보이스피싱 혐의자 47명을 전세기를 이용해 송환했는데, 이를 '한국판 콘에어 작전'으로 불렀다.

왜 이슈지?

경찰청이 9월 3일 전세기를 투입해 필리핀으로 도피했거나 필리핀에서 검거된 범죄 피의자 49명을 국내로 강제송환하면서 '한국판 **콘에어** 작전'이라는 표현이 다시 회자되고 있다.

금융상식 실전문제

01 필요에 따라서 계약직이나 임시직 인력을 고용해 일을 맡기는 형태로 이를 도입한 대표적인 기업으로는 우버(Uber)가 있다. 이를 일컫는 말로 가장 적절한 것은?

① 플랫폼 경제　　　　　　　　② 긱 경제
③ 공유 경제　　　　　　　　　④ 구독 경제

해설 긱(Gig) 경제는 산업현장에서 필요에 따라 단기로 사람을 채용하는 경제형태다. 음악인이나 연극인, 코미디언들이 단기간 공연을 위해 계약하는 것에서 유래됐다. 노동자의 입장에서는 어딘가에 고용되지 않고 필요할 때만 일하는 유연한 방식이다.

02 다음 중 소득불평등을 나타내는 지표로서 0에 가까울수록 평등하고, 1에 가까울수록 불평등함을 뜻하는 용어는?

① 엔젤계수　　　　　　　　　② 로렌츠 곡선
③ 지니계수　　　　　　　　　④ 필립스 곡선

해설 지니계수는 계층 간 소득분포의 불균형 정도를 나타내는 수치로 소득이 어느 정도 균등하게 분배돼 있는지를 평가하는 데 주로 이용된다. 지니계수는 0에서 1 사이의 수치로 표시되는데, 소득분배가 완전평등한 경우가 0, 완전불평등한 경우가 1이다. 즉, 낮은 수치는 더 평등한 소득분배를 의미하고, 높은 수치는 더 불평등한 소득분배를 의미한다.

03 다음 중 기업신용평가에 대한 설명으로 옳은 것을 모두 고르면?

보기

ㄱ. 금융기관은 규모를 기준으로 기업을 구분해 기업체 신용평가표 작성결과에 따라 기업신용등급을 파악한다.
ㄴ. 기업신용평가등급표 모형은 기업의 업종이 동일해도 총자산 규모에 따라 평가항목의 가중치를 차등해 적용한다.
ㄷ. 일반적으로 기업신용평가는 재무적 항목인 질적 평가요소와 비재무적 항목인 양적 평가요소로 구성된다.

---

① ㄱ
② ㄱ, ㄴ
③ ㄴ, ㄷ
④ ㄱ, ㄴ, ㄷ

해설
ㄱ. 금융기관은 대기업, 중소기업, 소기업, 신설기업 등의 규모를 기준으로 거래기업을 구분해 기업체 신용평가표 작성결과에 따라 기업신용등급을 파악하고 여신 의사를 결정한다.
ㄴ. 기업신용평가등급표 모형은 기업을 업종별로 구분해 운용할 수 있도록 설계돼 있으며, 업종이 같은 경우에도 총자산 규모에 따라 평가항목의 가중치를 차등해 적용한다.
ㄷ. 기업신용평가는 재무적 항목인 양적 평가요소(안정성, 수익성, 활동성, 생산성, 성장성)와 비재무적 항목인 질적 평가요소로 구성된다.

04 다음 중 롱테일 법칙에 대한 설명으로 옳은 것은?

① 파레토 법칙이라고도 한다.
② 목표고객의 니즈에 따른 서비스를 공급해야 수익을 올릴 수 있다는 법칙이다.
③ 20%의 핵심고객으로부터 80%의 매출이 나온다는 법칙이다.
④ 80%의 사소한 다수가 20%의 핵심 소수보다 뛰어난 가치를 창출한다는 법칙이다.

해설 전통적인 마케팅에서는 20%의 주력제품이 매출의 80%를 이끌고 간다는 80 : 20의 파레토 법칙이 성립했다. 그러나 온라인 거래가 활성화되면서 상대적으로 판매량이 적은 상품의 총합이 전체 매출에서 더 큰 비중을 차지하게 된다는 롱테일 법칙(역파레토 법칙)이 등장했다. 과거에는 유통비용과 진열공간의 한계 등으로 소수의 잘 팔리는 상품이 중심이 됐지만, 이제는 오프라인 매장에 진열되지 못했던 제품들까지 모두 온라인상에 공간을 확보할 수 있게 된 것이다. 롱테일 법칙은 미국 최대의 정보기술 전문지 와이어드의 편집장이자 베스트셀러 '롱테일'의 저자 크리스 앤더슨이 처음 정의했다.

01 ② 02 ③ 03 ② 04 ④

05 다음 중 마코위츠(Markowitz)가 제시한 포트폴리오 이론의 가정으로 가장 적절한 것은?

① 투자자들은 기대수익 극대화를 추구한다.
② 투자자들은 포트폴리오 구성 시 무위험자산을 고려한다.
③ 완전자본시장이 고려된다.
④ 투자자들은 투자대상의 미래수익률 확률분포에 대해 같은 예측을 한다.

해설 포트폴리오 이론(MPT ; Modern Portfolio Theory)은 해리 마코위츠에 의해 체계화된 이론으로 자산을 분산투자해 포트폴리오를 만들게 되면 분산투자 전보다 위험을 감소시킬 수 있다는 것이다.
▶ 가정 : 투자자는 위험회피 성향을 가지고 있으며, 기대효용 극대화를 추구한다.
• 동질적 예측 : 투자자들은 투자대상의 미래수익률 확률분포에 대해 동일한 예측을 한다.
• 평균분산기준 : 기대수익은 기댓값의 평균으로 측정하며, 위험은 분산으로 측정한다.
• 단일기간모형 : 투자기간은 단일기간만을 고려한다.

06 다음 중 외부경제, 외부불경제 등의 외부효과에 대한 설명으로 옳지 않은 것은?

① 외부경제는 어떤 개인이나 기업이 자신의 경제활동과 관계없이 다른 개인이나 기업의 활동으로 받는 이익을 뜻한다.
② 외부경제를 만들어내는 경제주체는 긍정적 외부효과를 더욱 많이 만들 필요를 강하게 느끼므로 전체적인 자원배분의 효율성을 높일 수 있다.
③ 외부불경제는 어떤 경제주체의 행위가 직간접적으로 다른 경제주체에게 의도치 않은 피해를 끼치면서도 시장을 통해 그 대가를 지불하지 않는 상황을 뜻한다.
④ 자유시장경제 체제에서는 외부경제의 경우에 사회 전체의 최적 생산수준보다 적게 생산되며, 외부불경제의 경우에 사회 전체의 최적 생산수준보다 많이 생산된다.

해설 외부경제 또는 외부불경제를 초래하는 경제주체는 굳이 외부효과를 늘리거나 줄이려는 노력을 할 필요를 느끼지 못한다. 외부경제의 경우에는 이로운 외부성의 발생에 대한 보상을 받지 못하며, 외부불경제의 경우에는 해로운 외부성의 발생에 대한 대가를 지불하지 않기 때문이다. 따라서 외부효과를 시장에만 맡긴다면 자원이 비효율적으로 배분될 수 있다.

07 다음 중 용어와 뜻이 바르게 연결되지 않은 것은?

① 에이트 포켓 – 출산율이 낮아지면서 한 명의 아이를 위해 부모, 양가 조부모, 삼촌, 이모 등 8명이 지갑을 연다는 뜻의 신조어
② 호모 모빌리스 – 모바일 정보를 생활화하는 현대인을 일컫는 말
③ 스피크이지바 – 불특정 다수에게 공개되지 않고 아는 사람만 찾아갈 수 있는 은밀한 가게를 통칭하는 말
④ 모디슈머 – 구매자의 사용후기를 바탕으로 인터넷 구매를 결정하는 소비자를 일컫는 말

> **해설** 모디슈머(Modisumer)는 'modify(수정하다)'와 'consumer(소비자)'의 합성어로 제조업체가 제공한 사용법을 따르지 않고 자신이 고안한 방법으로 제품을 즐기는 소비자를 지칭한다. 구매자의 사용후기를 바탕으로 인터넷 구매를 결정하는 소비자는 트윈슈머(Twinsumer)라고 한다.

08 다음 중 밑줄 친 '기관투자자'에 대한 설명으로 옳은 것은?

> 스튜어드십 코드(Stewardship Code)란 연기금과 자산운용사 등 주요 기관투자자들의 의결권 행사를 적극적으로 유도하기 위한 자율지침을 말한다. 이를 통해 주요 기관투자자가 주식을 보유하는 데 그치지 않고 투자기업의 의사결정에 적극적으로 참여함으로써 주주와 기업의 이익을 추구하고 지속가능한 성장과 투명한 경영을 이끌어 내도록 한다.

① 수탁자로서의 책임을 이행하는 과정에서 이해상충 문제에 직면할 경우 비공개적으로 해결해야 한다.
② 투자대상 회사의 가치를 보존하고 높일 수 있도록 주기적으로 점검해야 한다.
③ 투자대상 회사와의 공감대 형성을 지양해야 한다.
④ 의결권 행사를 위한 지침 · 절차 · 세부기준을 포함한 의결권 정책을 비공개적으로 마련해야 한다.

> **해설** 기관투자자는 고객, 수익자 등 타인의 자산을 관리 · 운영하는 수탁자로서 투자대상 회사의 중장기적인 가치를 제고해 투자자산의 가치를 보존하고 높일 수 있도록 투자대상 회사를 정기적으로 점검할 의무가 있다.
> ① 이해상충 문제에 직면했을 경우에는 문제해결 방안에 대한 정책내용을 공개해 효과적이고 명확하게 해결해야 한다.
> ③ 투자대상 회사와의 공감대 형성을 지향하고, 필요한 경우 수탁자 책임 이행을 위한 활동 전개시기와 절차, 방법에 관한 내부지침을 마련해 수탁자로서의 책임을 충실히 이행해야 한다.
> ④ 의결권 행사를 위한 지침, 절차, 세부기준을 포함한 의결권 정책을 마련해 공개하면 고객 및 수익자의 신뢰를 얻을 수 있다.

05 ④ 06 ② 07 ④ 08 ②

09 기업이나 학교, 공공기관, 정부조직 내의 부정과 비리를 세상에 고발하는 내부고발자 또는 법적 용어로 공익신고자를 가리키는 말은?

① 프로파간다
② 디스인포메이션
③ 휘슬 블로어
④ 매니페스토

해설 휘슬 블로어(Whistle Blower)는 부정행위를 봐주지 않고 호루라기를 불어 지적한다는 것에서 유래한 말로 '내부고발자'를 의미한다. 우리나라는 휘슬 블로어를 보호하기 위한 법률로 2011년 '공익신고자보호법'을 제정했다.
① 프로파간다(Propaganda) : 어떤 것의 존재나 효능 또는 주장 따위를 남에게 설명해 동의를 구하는 일이나 활동을 말한다.
② 디스인포메이션(Disinformation) : 의도적으로 잘못된 정보를 제공하는 것을 말한다.
④ 매니페스토(Manifesto) : 개인이나 단체가 대중에게 정치적·사회적 견해를 명확히 밝히는 것을 말한다.

10 다음 빈칸에 들어갈 용어로 가장 적절한 것은?

> 이것은 다른 사이트의 정보를 복사한 사이트라는 의미에서 (　　　)(이)라고 불린다. 네트워크에서 트래픽이 빈번해지면 사이트 접속이 힘들고 속도가 떨어지는데, 이를 예방하려면 네트워크의 이용효율을 향상시켜야 한다. 이것은 다른 사이트들에 원본과 동일한 정보를 복사해 저장해놓는 것을 뜻한다.

① 게더링 사이트
② 레이더 사이트
③ 옐로 페이지
④ 미러 사이트

해설 '미러(Mirror)'는 자료의 복사본 모음을 뜻한다. 미러 사이트들은 동일한 정보를 여러 곳에서 제공하기 위해, 특히 클라이언트가 요청하는 대량의 안정적인 다운로드를 위해서 만들어진다. 웹 사이트 또는 페이지가 일시적으로 닫히거나 완전히 폐쇄돼도 자료들을 보존할 수 있다는 장점이 있다.

11 다음 사례와 가장 관련이 없는 것은?

> 국내의 화장품 제조업체 A사는 새로 출시한 제품의 판매액 3%를 유방암 재단에 기부하고 있으며, 미국의 신발 업체 T사는 신발이 한 켤레 팔릴 때마다 빈민국 아이들에게 신발을 기부함으로써 소비자에게 선한 이미지를 심어주고 있다. 이 밖에도 국내의 S사는 임직원이 기부하는 금액만큼 동일한 금액을 회사가 기부하는 형태의 캠페인을 통해 기부의 가치를 보여주고 있다.

① 공유가치 창출(Creating Shared Value)
② 매칭 그랜트(Matching Grant)
③ 스톡 그랜트(Stock Grant)
④ 필랜스러피(Philanthropy)

해설 스톡 그랜트(Stock Grant)란 주식을 주고 유능한 인재를 스카우트하는 방식으로 유능한 인재를 영입하기 위해 회사 주식을 직접 무상으로 주는 인센티브 방식을 의미한다.
① 공유가치 창출(Creating Shared Value) : 공동체의 사회적 가치와 기업의 경제적 가치의 조화를 도모하는 경영으로 단순히 돕는 차원을 넘어 경제적 이윤과 사회적 가치를 사회적 약자와 함께 만들고 공유하는 것이다.
② 매칭 그랜트(Matching Grant) : 임직원이 구호기관에 기부하는 금액만큼 기업도 동일한 금액을 일대일로 매칭해 기부하는 것이다.
④ 필랜스러피(Philanthropy) : 기업이 이윤을 사회에 환원하려는 목표로 행하는 여러 가지 사회적 공헌활동, 자선적 기부활동 등의 공익활동을 뜻한다.

12 다음 중 변동환율제도에 대한 설명으로 옳지 않은 것은?

① 원화환율이 오르면 수출업자가 유리해진다.
② 원화환율이 오르면 외국인의 국내여행이 증가한다.
③ 환율은 기본적으로 외환시장에서의 수요와 공급에 의해 결정된다.
④ 국가 간 자본거래가 활발하게 이뤄진다면 독자적인 통화정책을 운용할 수 없다.

해설 변동환율제도는 외환시장의 수요와 공급에 따라 환율이 자유롭게 변동하는 제도를 말한다. 변동환율제도에서는 중앙은행이 외환시장에 개입해 환율을 유지할 필요가 없고, 외환시장의 수급상황이 국내 통화량에 영향을 미치지 않으므로 독자적인 통화정책의 운용이 가능하다.

시사상식 기출문제

01 눈에 띄지 않게 조용히 즐기는 소비를 뜻하는 말은? [2025년 조선비즈]

① 사일런트 소비
② 고스트 소비
③ 플렉스 소비
④ 스텔스 소비

해설
스텔스 소비(Stealth Consumption)란 말 그대로 눈에 잘 띄지 않게, 조용히 즐기는 소비형태를 뜻한다. 겉으로 과시하지 않고 조용히 자신만의 만족을 추구하는 것을 뜻하는데, 티를 내지 않고 나만 아는 만족감을 누리는 것이 핵심이다. 브랜드가 드러나지 않는 로고리스(Logoless) 제품을 구입하거나 제품 출시 후 구입을 위해 줄을 서는 오픈런을 지양하는 경향을 보인다.

02 생성형 AI 기술로 생성한 저품질의 콘텐츠를 뜻하는 말은? [2025년 조선비즈]

① AI 슬롭
② 휴먼터치
③ 퀄리티 AI
④ 큐레이티드 AI

해설
음식물 찌꺼기나 흘러넘친 국물이라는 의미의 슬롭(Slop)이 붙은 AI 슬롭은 콘텐츠의 제작의도가 희미하고, 품질이 낮거나 오류가 많으며, 반복적이며 무작위적인 특징을 갖는 AI 생성 콘텐츠를 뜻한다. 이러한 저품질 콘텐츠가 양산되면 노출빈도가 높아져 정작 유익하거나 의미 있는 콘텐츠는 묻혀버릴 수 있다.

03 중앙은행이 발행하는 디지털화폐를 뜻하는 용어의 약자는? [2025년 조선비즈]

① USDT
② CBDC
③ DeFi
④ E-Money

해설
CBDC(Central Bank Digital Currency)는 중앙은행이 발행하는 법정통화의 디지털 형태를 말한다. 즉, 국가가 직접 보증하는 전자화폐다. 우리말로는 중앙은행 디지털화폐라고 부른다. 각국의 중앙은행이 직접 전자적 형태로 발행하며 실물화폐와 동등한 법적지위를 갖는다. 민간 가상화폐와 달리 가치변동이 없어 안정성을 겸비하고 있다.

04 다음 중 기업의 경영권 방어수단으로 가장 거리가 먼 것은? [2025년 조선비즈]

① 자사주 소각
② 포이즌 필
③ 황금낙하산
④ 황금주

해설
'자사주 소각'은 기업이 자기주식을 매입해 없애는 것을 뜻하며 유통되는 주식의 수량을 줄여 주당가치를 높이는 효과가 있다. 그러므로 경영권 방어수단이라기보다는 주주환원정책이라 할 수 있다. 포이즌 필과 황금낙하산, 황금주 모두 대표적인 경영권 방어수단이다.

05 찻잎을 가루 내어 만든 말차와 관련돼 최근 떠오른 라이프스타일을 뜻하는 신조어는?

[2025년 머니투데이]

① 말차코어
② 말차딥
③ 말차쇼크
④ 말차스웜

해설
말차코어는 '말차(Matcha)'와 '코어(core)'의 합성어다. 말차가 가진 진한 초록빛 색감과 쌉싸름함, 부드러움 등에 매력을 느껴 말차를 애호하거나 말차의 색상·특성과 관련된 라이프스타일을 추구하는 것을 말한다.

07 기업이 인재를 채용하며 계약 시 일회성으로 지급하는 상여금을 일컫는 용어는?

[2025년 머니투데이]

① 스톡옵션
② 사이닝 보너스
③ 퍼포먼스 보너스
④ 리텐션 보너스

해설
사이닝 보너스(Signing Bonus)는 기업이 인재를 채용할 때 근로계약서에 사인을 하는 순간 일회성으로 지급하는 특별 보너스를 말한다. 계약금과 유사한 개념이라고 할 수 있다. 자사로 인재의 합류를 유도하거나 경쟁사로 이직하는 것을 막기 위한 유인책으로 활용될 수 있다.

06 2025년 미국에서 스테이블코인 발행·유통을 제도권에 편입하고자 만든 법안은?

[2025년 머니투데이]

① 도드-프랭크 법안
② 스테이블 법안
③ 지니어스 법안
④ 리브라 규제 법안

해설
미국의 '지니어스 법안(GENIUS Act)'은 스테이블코인(Stablecoin)의 발행과 유통을 국가가 규제하고 제도권 안으로 편입시키기 위한 연방 수준의 법안으로 2025년 제정됐다. 이로써 미국은 달러 기반 스테이블코인을 공식화하게 됐다. 스테이블코인 발행사는 발행 시 미국 연방정부의 허가를 받아야 하고, 공식 인가기관으로 등록돼 있어야 한다.

08 부유층이 과도한 세금을 견디지 못하고 세제혜택이 좋은 타국으로 이주하는 현상은?

[2025년 머니투데이]

① 브렉시트
② 넥시트
③ 그렉시트
④ 웰시트

해설
웰시트는 'wealthy(부유층)'와 'exit(이탈)'의 합성어로 부자들이 과중한 세금을 견디지 못하고 세제혜택이 좋은 나라로 이주하는 현상을 뜻한다. 소득세, 상속세, 증여세 같은 세금의 고세율을 피하기 위한 조세피난 성격의 해외 이주다.

01 ④ 02 ① 03 ② 04 ① 05 ① 06 ③ 07 ② 08 ④

09
뛰어난 인재를 영입하기 위해 기업인수를 시행하는 것을 뜻하는 경영용어는?
[2025년 머니투데이]

① 레버리지드 바이아웃
② 조인트 벤처
③ 애크하이어
④ 호라이즌탈 머지

해설
애크하이어(Acqhire)는 인수합병(M&A) 절차 중 하나로 뛰어난 인재를 영입하기 위해 기업을 인수한 뒤 해당 인재를 고용하는 것을 말한다. '인수(acquisition)'와 '고용(hire)'의 합성어다. 과거 애플이 주로 사용하던 방식으로 애플은 지난 2015년부터 2021년까지 100여 개 이상의 기업을 인수한 것으로 집계된다.

10
특정산업 또는 특정분야에 특화된 인공지능을 뜻하는 용어는?
[2025년 머니투데이]

① ASI AI
② AGI AI
③ 버티컬 AI
④ 호라이즌탈 AI

해설
버티컬 AI(Vertical AI)는 '범용(수평적) AI'와는 상반된 개념으로 특정산업이나 특정분야에 특화돼 사용되는 AI를 말한다. 의료, 법률, 금융, 소매, 제조 등에서 산업 특유의 고유한 업무나 규제, 데이터를 이해하고 처리할 수 있도록 개발된다. 수평적 AI에 비해 전문성을 띠고 특정분야의 업무를 효율적으로 처리한다.

11
폭염으로 식량가격이 급등하는 현상을 뜻하는 용어는?
[2025년 머니투데이]

① 핫플레이션
② 히트플레이션
③ 스크루플레이션
④ 디플레이션

해설
히트플레이션(Heatflation)은 '열(heat)'과 '인플레이션(inflation)'의 합성어로 폭염으로 식량가격이 급등하는 현상을 말한다. 최근 들어 폭염으로 농산물의 수확량이 감소하고 더위 피해를 입는 가축이 증가하면서 관련 산업에도 변화가 나타났다. 뿐만 아니라 무더위에 따른 전력생산 급증으로 에너지위기로까지 번지는 모양새다.

12
부모가 자녀의 일상을 SNS에 과도하게 게시하는 현상을 뜻하는 용어는? [2025년 머니투데이]

① 키드플루언서
② 셰어런팅
③ 페어런팅
④ 오버포스팅

해설
셰어런팅(Sharenting)은 'share(공유)'와 'parenting(양육)'의 합성어로 부모가 자녀의 사진, 영상, 일상 등을 SNS나 온라인에 과도하게 공유하는 행위를 뜻한다. 아이의 동의 없이 개인정보가 유출되면서 사생활 침해가 발생하고, 아동 성범죄나 딥페이크 포르노 등 범죄에 악용될 우려가 있어 최근 사회적 쟁점이 되고 있다.

13 인공지능이 정보를 생산하는 과정에서 발생하는 오류를 뜻하는 용어는?

[2025년 부산광역시공무직통합채용]

① 할루시네이션
② 검색증강생성
③ 페르소나 챗봇
④ 리스폰서블 AI

해설
할루시네이션(Hallucination)은 원래 '환청'이나 '환각'을 뜻하는 단어였으나 최근에는 인공지능(AI)이 잘못된 정보나 허위정보를 생성하는 등의 오류를 일컫는다. 실제로 생성형 AI의 사용이 증가하면서 이를 이용해 정보를 검색·활용하는 과정에서 AI가 질문의 맥락에 맞지 않는 내용으로 답변하거나 사실이 아닌 내용을 마치 사실인 것처럼 답변해 논란이 된 바 있다.

14 법률상 어린이 보호구역의 교통법규 위반 단속시간으로 맞는 것은?

[2025년 부산광역시공무직통합채용]

① 오전 9시~오후 8시
② 오전 9시~오후 9시
③ 오전 8시~오후 9시
④ 오전 8시~오후 8시

해설
어린이 보호구역에서는 통행이나 주·정차가 금지되거나 운행속도를 시속 30km 이내로 제한하는 등 자동차에 대한 통행제한 조치가 취해질 수 있다. 도로교통법상 어린이 보호구역에서 오전 8시부터 오후 8시까지 제한속도를 지키지 않거나 주·정차 위반을 한 경우 과태료나 범칙금이 부과되고, 이로 인해 교통사고가 발생해 어린이를 사상에 이르게 한 경우에는 중과실치상죄로 처벌을 받게 된다.

15 다음 중 고구려 장수왕의 업적이 아닌 것은?

[2025년 부산광역시공무직통합채용]

① 평양으로 천도해 남진정책을 강화했다.
② 한강 유역까지 세력을 확장했다.
③ 광개토대왕릉비를 건립했다.
④ 율령을 반포해 중앙집권적 체제를 세웠다.

해설
고구려 20대 국왕인 장수왕은 남진정책을 펴서 평양으로 천도했으며, 한강 유역을 점령해 세력을 확장했다. 선왕을 기리고, 왕권을 강화하기 위해 광개토대왕릉비와 충주고구려비를 건립했다. 고구려의 율령은 17대 국왕인 소수림왕이 발표했다.

16 스피넬로의 저서〈사이버윤리〉에서 정한 네 가지 원칙에 해당하지 않는 것은?

[2025년 부산광역시공무직통합채용]

① 자율성
② 선행 원칙
③ 개별성
④ 정의

해설
사회학자 리처드 스피넬로는 저서〈사이버윤리〉에서 인터넷 등 사이버 공간이 인간사회에 미치는 윤리적·법률적 문제를 탐구했다. 그는 저서에서 사이버 윤리 4원칙을 제시했는데, 개인이 스스로 삶의 방향을 선택하는 '자율성', 누군가에게 폐를 끼치지 않는 '무해의 원칙', 가능한 사회에 좋은 영향을 주는 '선행 원칙', 디지털 자원과 산물이 누구에게나 공정하게 돌아가는 '정의'가 그것이다.

09 ③ 10 ③ 11 ② 12 ② 13 ① 14 ④ 15 ④ 16 ③

17 물가가 지속적인 하락에서 벗어나 점진적으로 상승하는 것을 뜻하는 용어?

[2025년 부산광역시공무직통합채용]

① 콘플레이션
② 업플레이션
③ 인플레이션
④ 리플레이션

해설
리플레이션(Reflation)이란 경기침체로 물가가 지나치게 하락(디플레이션)하거나 수요가 위축된 상황에서 정부나 중앙은행이 재정·통화 정책을 동원해 물가와 경기를 다시 끌어올리는 것을 말한다. 즉, 경기를 부양해서 물가를 정상 수준으로 되돌린다는 의미다. 인플레이션이 일어나지 않을 정도로 금리인하나 재정지출을 확대해 통화를 재팽창시키는 정책이다.

18 영국의 사상가 존 로크에 대한 설명으로 옳은 것은?

[2025년 부산광역시공무직통합채용]

① 왕권신수설을 통해 절대왕정을 옹호했다.
② 사회계약론을 바탕으로 저항권을 강조했다.
③ 일반의지를 통한 직접 민주정을 주장했다.
④ 계급투쟁을 통해 역사발전을 설명했다.

해설
17세기 영국의 철학자이자 사상가인 존 로크(John Locke)는 인간의 정신을 백지상태로 여기고 감각을 통해 인식이 가능하다고 주장했다. 또 '권력 분립'을 가장 먼저 제시하며 '2권 분립론'을 주장했다. 왕권신수설을 바탕으로 한 절대왕정을 부정했고, 사회계약론을 펴 국가가 이를 침해하면 시민은 저항권을 발동할 수 있다고 봤다. 일반의지를 통한 직접 민주정치는 루소, 계급투쟁은 마르크스의 역사관이다.

19 부실채권이나 부실자산을 사들여 소각·정리하는 기관을 뜻하는 용어?

[2025년 화성시공공기관통합채용]

① 섀도뱅크
② 배드뱅크
③ 쿼팅뱅크
④ 굿뱅크

해설
배드뱅크(Bad Bank)는 은행이 가진 부실채권이나 부실자산 등을 따로 떼어내 관리하는 특수 금융기관을 말한다. 나쁜 자산을 떠안아 금융시장의 건전성을 회복하고 금융시스템을 안정화시키는 것이 목표다. 우리나라에서는 현재 한국자산관리공사(캠코)가 배드뱅크의 역할을 담당하고 있다.

20 다음 중 피아노를 세계 최초로 발명한 이탈리아의 발명가는?

[2025년 화성시공공기관통합채용]

① 바르톨로메오 크리스토포리
② 안토니오 스트라디바리
③ 아돌프 삭스
④ 프랑수아 쿠플랭

해설
바르톨로메오 크리스토포리(Bartolomeo Cristofori)는 1655년 이탈리아 바도바에서 출생한 발명가이자 악기 제작자다. 그는 1709년 클라비코드를 개조해 해머로 현을 쳐서 소리를 내는 방식을 고안했고, 1720년 처음으로 피아노를 제작해 세상에 내놓았다. 그가 제작한 피아노는 현재까지 총 3대가 남아 있다.

21 회사 내에 생산설비를 별도로 갖추지 않고 외부에서 부품 등을 조달해 제품을 생산하는 기업은? [2025년 화성시공공기관통합채용]

① 수평기업
② 수직기업
③ 틈새기업
④ 모듈기업

해설
모듈기업(Module Corporation)은 제조업을 기본 업종으로 하지만 회사 내에 생산시설이나 공정을 갖추지 않고, 부품이나 완제품을 외부 기업에게 조달해 최종제품을 생산해 판매하는 기업이다. 다른 기업과 연결돼 하나의 완제품을 생산해내고, 마케팅·디자인 등에 강점을 갖춰 경쟁력을 높인다.

22 지구 외의 행성을 인류가 거주할 수 있도록 환경을 개조하는 것을 뜻하는 용어는? [2025년 화성시공공기관통합채용]

① 스페이스 콜로니
② 애스트로바이올로지
③ 테라포밍
④ 패러테라포밍

해설
테라포밍(Terraforming)이란 다른 행성의 환경을 인간을 비롯한 생명이 서식할 수 있게끔 지구와 유사하게 바꾸는 것을 뜻한다. '땅(terra, 지구)'과 '형태를 바꾸다(forming)'의 합성어다. 우주개척을 위해 인위적으로 행성의 환경을 개조하는 것이다. 현재 가장 가능성 있게 거론되고 있는 것은 화성에 대한 테라포밍이다.

23 〈하멜표류기〉를 쓴 헨드릭 하멜은 어느 나라 출신인가? [2025년 화성시공공기관통합채용]

① 미국
② 영국
③ 네덜란드
④ 스웨덴

해설
〈하멜표류기〉는 네덜란드의 동인도회사 소속 선원이었던 헨드릭 하멜이 일본 나가사키로 향하던 중 1653년 제주도 인근 해역에서 난파된 후 조선에 체류하던 때의 기록이다. 하멜을 포함해 36명의 선원이 조선에 13년간 억류돼 살았고, 1666년 하멜을 비롯한 일부가 탈출해 나가사키에 도착했다. 이후 귀국한 하멜이 조선에서의 경험을 기록해 네덜란드에서 출간했다.

24 다음 중 안중근 의사가 거사 후 옥중에서 집필하다가 미완성한 저술의 이름은? [2025년 화성시공공기관통합채용]

① 〈동양평화론〉
② 〈흠흠신서〉
③ 〈독립정신〉
④ 〈경세유표〉

해설
〈동양평화론〉은 안중근 의사가 1909년 하얼빈에서 이토 히로부미를 저격한 뒤 옥중에서 집필하다가 사형집행으로 끝내 미완성된 저작이다. 그는 이 저작에서 한국과 중국, 일본이 힘을 합해 서양 열강의 침략에 공동대응해야 한다는 '동양 삼국 협력론'을 폈다. 아울러 일본이 한국을 침략한 행위는 결국 동양의 평화를 깨뜨림으로써 일본 스스로 자멸의 길을 초래한 것이라고 경고하기도 했다.

17 ④ 18 ② 19 ② 20 ① 21 ④ 22 ③ 23 ③ 24 ①

내일은 TV 퀴즈왕

방송에 출제됐던 문제들을 모아! 재미로 풀어보는 퀴즈~!~!

01 피조물이 창조주의 통제를 벗어나 인류를 파괴할 수 있다는 두려움을 느끼는 현상으로 1818년 영국 작가 메리 셸리가 쓴 괴기소설의 주인공 이름에서 비롯된 이 신드롬은? [장학퀴즈]

정답
프랑켄슈타인 신드롬은 1818년 고전소설 〈프랑켄슈타인〉에 등장하는 괴물이 창조주의 의도를 벗어나 살인을 저지르고 인간사회를 위협하는 모습에서 비롯된 용어다.

02 이것은 전반사를 통해 빛을 전달하므로 빛의 손실이 거의 발생하지 않아 빛을 멀리 전달하고자 할 때 유용하게 활용된다. 광통신에서 빛을 이용해 정보를 주고받을 때 사용되는 이것은? [장학퀴즈]

정답
광섬유는 유리나 플라스틱으로 만든 가느다란 섬유로 일반 전선과 달리 전기가 아닌 빛을 전달하기 때문에 전송속도가 빠르고 대용량 정보를 전송할 수 있다.

03 다음 중 복수표준어가 아닌 것은? [우리말 겨루기]

① 복숭아뼈 – 복사뼈
② 길라잡이 – 길잡이
③ 넝쿨 – 덩쿨
④ 기세부리다 – 기세피우다

정답
길게 뻗어 나가면서 다른 것을 감아 오르기도 하고 땅바닥에 퍼지기도 하는 식물의 줄기를 뜻하는 '넝쿨'의 복수표준어는 '덩굴'이다. '덩쿨'은 비표준어다.

04 다음 빈칸에 공통으로 들어갈 말은? [우리말 겨루기]

① ○○ 보고 칼 뽑기
② ○○도 모이면 천둥소리 난다.
③ ○○도 낯짝이 있지.

정답
빈칸에 공통으로 들어갈 말은 '모기'다.

05 벼를 쪼아 먹는 새를 쫓아내는 도구와 행동에서 유래된 말로 '일을 중도에 그만두고 책임을 다하지 않는다'는 뜻으로 사용되는 이것은? [유 퀴즈 온 더 블럭]

정답
'팽개치다'는 나무 막대기의 끝을 쪼개서 땅에 꽂았다가 휘두르면 사이에 낀 흙이나 돌멩이가 날아가면서 새를 쫓는 방식인 '팽개질'에서 유래했다.

06 이것은 원래 불교용어로 여러 가지 비유를 들어 듣는 이가 쉽게 이해하도록 하는 것을 의미하는 고사성어다. 말을 두서없이 아무렇게나 떠드는 모습을 가리키는 이것은? [유 퀴즈 온 더 블럭]

정답
횡설수설(橫說竪說)은 본래 불교에서 비유를 들어 쉽게 풀이하는 방식을 뜻했으나, 오늘날에는 말을 조리 없이 두서없이 늘어놓는다는 의미로 쓰인다. 중국 전국시대 사상가 장자가 현자로 이름난 여상을 보고 '횡설종설(橫說從說)'이라고 표현한 것이 그 시작이다.

타일러가 뇌섹머니에 대출을 하러 갔다. 해당 지점은 때마침 아래의 문제를 맞히면 이자율 0%로 대출해주는 이벤트를 하고 있었다. 물음표에 들어갈 것은 무엇인가?

[문제적 남자]

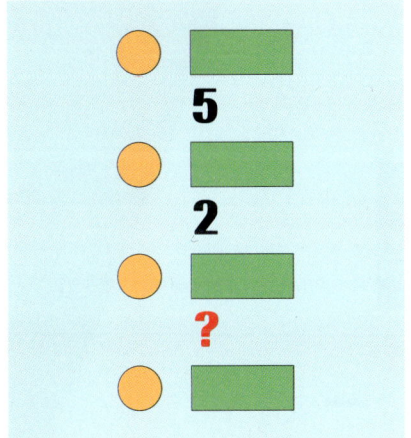

정답

각 도형 안에 화폐 단위를 대입해 정답을 구할 수 있다. 동그라미는 동전(500원, 100원, 50원, 10원), 네모는 지폐(50,000원, 10,000원, 5,000원, 1,000원)를 의미한다. 첫 번째 칸에 500원과 50,000원을 넣고, 제시된 다음 숫자 5로 나누면 각각 100원과 10,000원이다. 이를 두 번째 칸에 넣는다. 이어서 100원과 10,000원을 다음 숫자 2로 나누면 50원과 5,000원이 돼 세 번째 칸을 채울 수 있다. 남은 화폐 단위는 10원과 1,000원이므로 마지막 칸에 이 값들이 오기 위해서는 직전 값(50원, 5,000원)을 5로 나눠야 한다. 따라서 물음표에 들어갈 숫자는 5다.

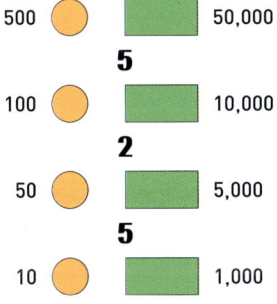

비밀작전을 수행 중인 스파이 하파고는 비밀장소에 자신의 팀원들만 알아볼 수 있게 8자리 패스워드를 설정해놓았다. 패스워드는 무엇일까?

[문제적 남자]

> THIS WILL BE OUR SECRET
> TIHS WLIL BE OUR SCERTE

정답

제시된 힌트 중 두 번째 문장은 첫 번째 문장의 각 단어에서 철자 순서만 뒤섞어 놓은 것이다. 동일한 알파벳끼리 선으로 연결하면 아래 그림과 같은 모양이 나온다.

연결된 선의 형태를 로마숫자로 읽을 수 있다. 곧게 내려온 선은 Ⅰ, 교차하는 선은 Ⅹ에 해당한다. 각 묶음을 왼쪽부터 끊어서 읽으면 Ⅸ(9), Ⅰ(1), Ⅸ(9), Ⅰ(1), Ⅱ(2), Ⅲ(3), Ⅸ(9), Ⅸ(9)다. 이를 이어 붙이면 패스워드는 91912399가 된다.

취업! 실전문제

최종합격 기출면접	**116**
기업별 최신기출문제	**120**
한국사능력검정시험	**130**
면접위원을 사로잡는 답변의 기술	**140**
합격으로 가는 백전백승 직무분석	**144**
센스 있는 신입사원이 되는 비법	**148**
최신자격정보	**150**

최종합격 기출면접

01 한국철도공사

한국철도공사(코레일)의 면접시험은 필기시험 합격자를 대상으로 인성검사를 포함해 진행된다. 면접시험은 NCS 기반의 직무경험 및 상황면접 등을 종합적으로 평가한다. 인성검사는 인성, 성격적 특성에 대한 검사로 적부판정의 방식으로 진행된다.

1. 직무상황면접

직무상황면접에서는 직렬에 따라 업무상 발생할 수 있는 상황이 제시되고 답변 이후 후속질문이 1개 정도 이어질 수 있다. 상황은 상사 또는 고객과의 관계에 대한 내용이 많은 편이다. 답변의 근거나 추가대책을 포함해 논리적 구조를 갖추는 것이 좋으며, 공기업 업무처리 순서를 감안해 대답하는 것이 좋다.

기출문제

- 실제 역무원이 됐다고 가정하고 안내방송을 해보시오.
- 기관사로 근무하던 중 졸아서 신호기가 황색일 때 비상제동을 했고, 전동차는 이미 적색신호를 현시하고 있는 신호기를 넘어섰다. 사업소로 복귀한 후 기관사로서 어떻게 행동할 것인지 말해보시오.
- 현장근무를 하면서 안전에 유의하는 본인의 근무방식과 상사가 지시하는 근무방식이 다를 경우 어떻게 할 것인지 말해보시오.
- 상사가 지적환인 환호응답을 하지 않을 경우 어떻게 할 것인지 말해보시오.
- 입사한다면 상사의 지시에 따를 것인지 본인의 방법대로 진행할 것인지 말해보시오.
- 의견을 고집하는 사람이 조직 내에 있으면 어떻게 할 것인지 말해보시오.
- 신입직원으로서 업무가 익숙하지 않은데 위험한 상황에 처한다면 어떻게 해결할 것인지 말해보시오.
- 차량을 정비할 때 동료들끼리 혼선되지 않고 일하려면 어떻게 할 것인지 말해보시오.
- 민원이 들어오거나 차량안전에 문제가 있을 시 어떻게 할 것인지 말해보시오.
- 공익요원이 자꾸 스마트폰을 한다. 지나가는 고객이 조언을 해도 무시하는 상황이라면 어떻게 해결할 것인지 말해보시오.
- 교육사항과 현장의 작업방식 간 차이가 발생했을 경우 어떻게 대처할 것인지 말해보시오.
- 코레일 환경상 하청 없이 전기직 직원이 직접 유지보수를 해야 하는 상황에서 많은 사고가 발생한다. 사고를 줄일 수 있는 획기적인 방법을 말해보시오.
- 무임승차를 한 고객을 발견했을 경우 어떻게 대응할 것인지 말해보시오.
- 동료가 일하기 싫다며 일을 제대로 하지 않을 경우 어떻게 대처할 것인지 말해보시오.
- 노력한 프로젝트의 결과가 안 좋을 경우 어떻게 해결할 것인지 말해보시오.
- 상사와 가치관이 대립한다면 어떻게 해결할 것인지 말해보시오.
- 업무를 진행하면서 타 회사와 거래를 하게 되었는데, 거래하러 온 사람이 지인이었다면 어떻게 할 것인지 말해보시오.
- 직장생활을 하다 보면 세대차이가 발생하게 된다. 이 경우 어떻게 극복할 것인지 말해보시오.

2. 경험면접

경험면접은 직무, 자기소개서 수록 경험 등을 기반으로 질의응답이 진행된다. 대인관계 관련 질문이 많이 나오는 편이고 기술직은 직무관련 전공지식이 질문으로 나올 수 있다. 대답은 핵심만 정리하여 말하는 것이 좋으며, 답변 이후 추가질문이 1~2개 이어질 수 있다.

기출문제

- 조직생활에서의 갈등경험에 대해 말해보시오.
- 일을 할 때 본인만의 우선순위가 있다면 말해보시오.
- 체계적인 계획을 통해 일을 성공적으로 마무리한 경험이 있는가?
- 특정 설비에 어떤 장비가 사용되는지 설명해보시오.
- 가장 존경하는 인물은 누구인지 말해보시오.
- 원칙과 고객만족 중 어느 것이 더 중요한지 말해보시오.
- 기차가 고장나는 이유가 무엇이라고 생각하는지 말해보시오.
- 새로운 조직에 적응하기 위해 노력했던 경험이 있다면 말해보시오.
- 소통을 통해 문제를 해결한 경험이 있다면 말해보시오.
- 공공기관에서 가장 중요하다고 생각하는 윤리가 무엇인지 말해보시오.
- IoT가 무엇인지 아는 대로 설명해보시오.
- 코딩이 무엇인지 아는 대로 설명해보시오.
- 본인의 단점은 무엇이라고 생각하며, 이를 해결하기 위해 어떠한 노력을 했는지 말해보시오.
- 남들이 꺼려하는 일을 해본 경험이 있다면 말해보시오.
- 코레일의 문제점 및 개선방안에 대해 말해보시오.
- 인간관계에 있어서 무엇을 중요하게 생각하는지 말해보시오.
- 같이 지내기 가장 힘든 사람은 어떤 사람인지 말해보시오.
- 정보를 수집할 때 어떤 방법으로 수집하는지 말해보시오.
- 본인만의 스트레스 해소법은 무엇인지 말해보시오.
- 성과는 없지만 일을 잘 마무리한 경험이 있다면 말해보시오.
- 변압기가 무엇인지 아는 대로 설명해보시오.
- 전동기 제동방법에 대해 아는 대로 설명해보시오.
- 철도 민영화에 대한 본인의 생각을 말해보시오.
- 최근 코레일에 대해 접한 뉴스를 말해보시오.
- 명절에 갑자기 취소하는 표에 대한 손해액 대책마련 방안을 말해보시오.
- 좋아하는 운동이 무엇인지 말해보시오.
- 공모전에 참가한 경험이 있다면 말해보시오.
- 보안사고 발생 시 대처법에 대해 말해보시오.
- 가장 자부심을 가지고 했던 일은 무엇인지 말해보시오.
- 최근에 좌절한 경험이 있다면 말해보시오.
- 가치관이 다른 사람과의 대화를 해본 경험이 있다면 말해보시오.
- 진입장벽이 높았던 집단이나 단체에 들어가본 경험이 있다면 말해보시오.
- 주변의 어려운 상황의 친구를 미리 파악해 도와준 경험이 있다면 말해보시오.

02 근로복지공단

근로복지공단의 면접전형은 1인 집중면접으로 필기전형 합격자 중 온라인 직업성격검사를 실시한 자에 한해 진행된다. 직무수행에 필요한 직업기초능력 및 직무기초지식을 평가하며, 의사소통능력과 문제해결능력, 직업윤리 및 공단이해도, 자기계발계획 등을 중점적으로 평가한다.

직무상황면접

직무상황면접은 문제해결능력과 실무역량을 평가하는 면접으로서 실제업무에서 발생할 수 있는 상황을 제시한다. 근로복지공단의 주요사업과 시행 중인 정책을 미리 숙지하는 것이 필요하고, 민원응대 질문의 경우 행정절차와 민원인의 감정을 잘 조율하는 해답이 바람직하다.

기출문제

- 편법을 사용하면 일처리가 빠를 수 있는데, 이런 상황에서는 어떻게 대처할지 말해보시오.
- 전화업무를 하는데 민원인이 10분 넘게 욕하고 억울함을 호소한다면 어떻게 대처할지 말해보시오.
- 자신의 잘못으로 인해 고객에게 납부일 마감통지를 하지 않았는데 마감까지 1시간 남은 상황이라면 어떻게 대처할 것인지 말해보시오.
- 민원인이 실업급여 신청을 했는데 동료의 실수로 사실과 다르게 대상자라고 안내된 상황에서 어떻게 대처할 것인지 말해보시오.
- 동료의 잘못인데도 불구하고 자신이 민원인에게 질타를 받는다면 어떻게 할 것인지 말해보시오.
- 동료 사이에 불화가 생겨 반드시 한 명은 떠나야 하는 상황이 온다면 어떻게 할 것인지 말해보시오.
- 본인이 해결할 수 없는 민원이 들어온다면 어떻게 대처할 것인지 말해보시오.
- 업무 중 문제점이 발생한다면 어떻게 대처할 것인지 말해보시오.
- 상사에게 부당한 지시를 받았을 때 어떻게 대처할 것인지 말해보시오.
- 민원처리 과정에서 폭언을 들을 경우 어떻게 대처할 것인지 말해보시오.
- 본인이 근로복지공단에서 데이터를 수집하는 업무를 맡았을 때 어떠한 기준과 성격의 데이터를 선택할 것인지 말해보시오.
- 민원인이 무리한 요구를 한다면 어떻게 할 것인지 말해보시오.
- 일자리 안정자금 사업을 특수관계인(본인의 가족, 친척 등)이 신청했을 때 어떻게 대응할 것인지 말해보시오.
- 민원인이 음료수 등을 주면 어떻게 대처할 것인지 말해보시오.
- 본인이 근로복지공단을 홍보하는 사람이라고 생각하고, 1분 동안 근로복지공단에서 하는 일을 홍보해보시오.
- 일자리 안정자금 대상자가 아닌 민원인이 지원을 요청할 경우 어떻게 대처할 것인지 말해보시오.
- 악성민원에 대해 어떻게 대처할 것인지 말해보시오.
- 불공정한 업무배분에 대해 어떻게 대처할 것인지 말해보시오.

2 경험행동면접

경험행동면접은 지원자의 경험을 바탕으로 팀워크, 리더십, 청렴성 등을 검증하며, 한 질문에 이어 꼬리질문이 많이 나오는 편이다. 답변은 키워드 위주로 간단명료한 것이 좋으며, 내용의 진실성을 확인하기 위해 논리적 일관성이 요구된다. 면접과정에서의 소통능력과 대처방법도 대비하는 것이 좋다.

기출문제

- 근로복지공단의 사업에 대해 아는 것이 있다면 말해보시오.
- 관심 있는 일이 있는지, 그것에 관심을 가진 이유를 말해보시오.
- 근로복지공단의 사업을 대분류, 중분류, 소분류로 나누어 설명해보시오.
- 민원을 직접 받은 경험이 있으면 말해보시오.
- 민원을 해결하는 본인만의 노하우가 있으면 말해보시오.
- 근로복지공단이 잘하고 있는 부분이 있다면 어느 부분인지 말해보시오.
- 근로복지공단이 어느 부처 산하인지 설명해보시오.
- 어떤 문제를 해결해서 정상적으로 운영한 적이 있다면 말해보시오.
- 다른 공사공단도 많은데 왜 하필 근로복지공단에 지원했는지 말해보시오.
- 문서를 잘 정리하는 편인지, 관련한 경험과 함께 말해보시오.
- 봉사활동을 해본 적이 있다면 말해보시오.
- 근로복지공단의 사업 중 가장 마음에 드는 것을 설명해보시오.
- 심사직이 어떤 업무를 수행하는지 설명해보시오.
- 근로복지공단에 입사하기 위해 준비한 것이 있다면 말해보시오.
- 주위에서 자신을 뭐라고 평가하는지 말해보시오.
- 제한된 시간 내에 목표를 달성해본 경험이 있다면 말해보시오.
- 한정된 자원을 가지고 일을 처리한 경험이 있다면 말해보시오.
- 일자리 안정자금 사업이 생겨난 계기와 그 효용성에 대해 말해보시오.
- 근로복지공단의 긍정적인 측면과 부정적인 측면에 대해 말해보시오.
- 대민업무 중 가장 중요한 것은 무엇이라고 생각하는지 말해보시오.
- 본인이 지원한 직무에서 어떤 일을 하는지 말해보시오.
- 까다로운 고객을 응대해본 경험이 있다면 말해보시오.
- 근로복지공단의 최근 이슈를 아는 대로 말해 보시오.
- 근로복지공단 홈페이지를 보고 개선할 점을 말해보시오.
- 본인이 면접관이라면 어떤 질문을 하고 이에 어떻게 대답할 것인지 말해보시오.
- 융자사업은 근로복지공단의 사업 중 어디에 해당하는지 말해보시오.
- 본인이 지원한 직무에서 반드시 가져야 할 덕목이 무엇이라고 생각하는지 말해 보시오.
- 관행처럼 여겨지던 불법적인 행위를 바로잡은 경험이 있다면 말해보시오.
- 근로복지공단보다 더 좋은 곳에 합격을 하게 되었을 때 어떻게 할 것인지 말해보시오.
- 의료사업의 중요성이 높아지고 있는데, 그 이유가 무엇이라고 생각하는지 말해보시오.
- 출퇴근재해 업무시행 시 어려운 점에는 어떠한 것이 있을지 말해보시오.
- 근로복지공단과 관련된 직접적 혹은 간접적 경험이 있다면 말해보시오.
- 마지막으로 하고 싶은 말이 있는가?

기업별 최신기출문제

01 삼성그룹

1. 수리

01 S사는 작년에 A제품과 B제품을 합쳐 총 3,200개를 생산했다. 올해는 작년 대비 A제품의 생산량을 25%, B제품의 생산량을 35% 증가시켜 총 4,200개를 생산한다고 할 때 올해 A, B제품의 생산량 차이는?

① 900개

② 1,000개

③ 1,100개

④ 1,200개

⑤ 1,300개

해설 작년 A제품의 생산량을 a개, B제품의 생산량을 b개라고 하면 다음과 같은 식이 성립한다.
$a+b=3,200\cdots\text{㉠}$
올해 A제품의 생산량을 25%, B제품의 생산량을 35% 증가시켜 총 4,200개를 생산하면 다음과 같은 식이 성립한다.
$(a\times 1.25)+(b\times 1.35)=4,200\cdots\text{㉡}$
㉠과 ㉡을 연립해 ㉡−㉠을 정리하면 다음과 같다.
$1.25a+1.35b=4,200\cdots\text{㉡}$
→ $1.25(a+b)+0.1b=4,200$
→ $1.25\times\text{㉠}+0.1b=4,200$
→ $0.1b=200$
∴ $a=1,200,\ b=2,000$
작년 A제품의 생산량이 1,200개, B제품의 생산량이 2,000개이므로 올해 A제품의 생산량은 $1.25\times 1,200=1,500$개, B제품의 생산량은 $1.35\times 2,000=2,700$개다.
따라서 올해 A, B제품의 생산량 차이는 $2,700-1,500=1,200$개다.

02 S음료회사가 다음과 같은 규칙으로 2가지의 이온음료를 각각 생산할 때 2022년 이후 처음으로 D음료 생산량이 C음료 생산량의 4배를 넘는 연도는 언제인가?

C, D음료의 생산량

구분	2018년	2019년	2020년	2021년	2022년
C음료	2,500개	3,000개	3,500개	4,000개	4,500개
D음료	200개	400개	800개	1,600개	3,200개

① 2023년 ② 2024년 ③ 2025년
④ 2026년 ⑤ 2027년

해설 C음료의 생산량은 1년마다 500개씩 증가했으므로 계산하면 다음과 같다.
- 2023년 : $4,500 + 500 = 5,000$개
- 2024년 : $5,000 + 500 = 5,500$개
- 2025년 : $5,500 + 500 = 6,000$개

D음료의 생산량은 1년마다 2배씩 증가했으므로 계산하면 다음과 같다.
- 2023년 : $3,200 \times 2 = 6,400$개
- 2024년 : $6,400 \times 2 = 12,800$개
- 2025년 : $12,800 \times 2 = 25,600$개

따라서 2022년 이후 처음으로 D음료의 생산량이 C음료의 생산량의 4배를 넘기는 해는 2025년이다.

03 S전자는 냉장고 3대, 세탁기 4대, 청소기 2대 중 3대를 신제품행사에 전시하려고 한다. 이때 적어도 1대는 냉장고를 전시할 확률은? (단, 모든 가전제품은 서로 다른 모델이다.)

① $\frac{12}{21}$ ② $\frac{13}{21}$ ③ $\frac{14}{21}$
④ $\frac{5}{7}$ ⑤ $\frac{16}{21}$

해설
ⅰ) 전체 가전제품의 개수 : $3+4+2=9$대
ⅱ) 전시할 3대의 가전제품이 모두 세탁기와 청소기일 확률 : $\frac{_6C_3}{_9C_3} = \frac{5}{21}$

따라서 적어도 1대의 냉장고를 전시할 확률은 $1 - \frac{5}{21} = \frac{16}{21}$이다.

01 ④ 02 ③ 03 ⑤

2. 추리

04 갑~정 4명이 함께 중식당에서 음식을 주문했는데 각자 주문한 음식이 다르다. 그런데 짜장면을 주문한 사람은 언제나 진실을 말하고 볶음밥을 주문한 사람은 언제나 거짓을 말하며, 짬뽕과 우동을 주문한 사람은 진실과 거짓을 1개씩 말한다. 이들이 다음과 같이 진술했을 때 주문한 사람과 음식이 일치하는 것은?

- 갑 : 병은 짜장면, 을은 짬뽕을 시켰다.
- 을 : 병은 짬뽕, 정은 우동을 시켰다.
- 병 : 갑은 짜장면, 정은 우동을 시켰다.
- 정 : 을은 짬뽕, 갑은 볶음밥을 주문했다.

① 갑-짬뽕
② 을-볶음밥
③ 병-짜장면
④ 정-우동
⑤ 정-볶음밥

해설 먼저, 갑이나 병이 짜장면을 시켰다면 진실만 말해야 하는데, 다른 사람이 짜장면을 먹었다고 말할 경우 거짓을 말한 것이 되므로 모순이 된다. 따라서 짜장면을 시킨 사람은 을 또는 정이다.

ⅰ) 을이 짜장면을 주문한 경우
　　병은 짬뽕, 정은 우동을 시키고 갑이 볶음밥을 시킨다. 이 경우 갑이 한 말은 모두 거짓이고, 병과 정은 진실과 거짓을 1개씩 말하므로 모든 조건이 충족된다.

ⅱ) 정이 짜장면을 주문한 경우
　　을은 짬뽕, 갑은 볶음밥, 병은 우동을 시킨다. 이 경우 갑은 진실과 거짓을 함께 말하고, 을과 병은 거짓만 말한 것이 되므로 모순이 된다. 따라서 정은 짜장면을 주문하지 않았다.

그러므로 갑은 볶음밥을, 을은 짜장면을, 병은 짬뽕을, 정은 우동을 주문했다.

05 다음 글에 대한 내용으로 가장 적절한 것은?

> 2차전지는 충전과 방전을 반복해 사용할 수 있는 배터리로 최근 전기차, 스마트폰, 태블릿, 에너지저장장치(ESS) 등 다양한 분야에서 필수적인 역할을 하고 있다. 2차전지는 양극, 음극, 분리막, 전해질이라는 네 가지 핵심소재로 구성된다. 대표적인 2차전지인 리튬이온 배터리의 경우 양극에 있는 리튬이 충전 시 리튬이온이 전해질을 통해 분리막을 지나 음극으로 이동하며, 방전 시는 반대로 리튬이온이 음극에서 양극으로 이동해 충전과 방전을 반복하게 된다. 따라서 2차전지를 포함한 배터리의 용량은 주로 양극의 소재(양극재)에 따라 결정되지만, 충전이 가능한 2차전지의 경우 충전 시 리튬이온을 받아 저장할 수 있는 음극의 소재(음극재)에 따라 배터리의 수명과 충전효율이 결정되므로 최근 음극재가 2차전지의 핵심요소로 더욱 주목받고 있다.
>
> 2차전지에서 음극재는 양극의 리튬이온을 받아 저장하고 방출하는 역할을 담당한다. 음극재를 구조적으로 살펴보면 집전판 위에 음극활물질, 도전재, 바인더가 함께 쌓여 있는 형태다. 집전판은 외부회로와 활물질 사이에서 전자를 전달하는 역할을 하며, 음극활물질은 리튬이온을 저장하는 주체로 작용한다. 도전재는 전기가 잘 흐르도록 돕고, 바인더는 각 재료를 단단하게 고정하는 역할을 한다.
>
> 현재 가장 널리 사용되는 음극활물질은 흑연으로 층상구조 덕분에 리튬이온이 쉽게 출입할 수 있다. 게다가 가격이 저렴하고 안정적이며, 장기간 사용해도 성능저하가 크지 않다는 장점이 있다. 반면 에너지밀도가 높지 않아 충전속도를 높이는 데에는 한계가 존재한다.
>
> 이러한 한계를 극복하기 위해 최근에는 실리콘 음극재가 주목받고 있다. 흑연은 원자 6개에 1개의 리튬이온을 저장할 수 있지만, 실리콘은 리튬이온과 결합해 원자 5개로 22개의 리튬이온을 저장할 수 있어 흑연에 비해 실질적으로 저장할 수 있는 에너지밀도가 약 10배가량 높다. 따라서 실리콘 음극재를 사용할수록 더 빠른 충전속도를 가질 수 있다. 그러나 실리콘은 충전과 방전을 반복할 때 최대 300%까지 부피팽창이 일어나므로 소재 및 배터리가 쉽게 손상되는 단점이 있어 실리콘 음극재의 상용화에는 아직 기술적 한계가 남아 있다. 이러한 단점을 극복하기 위해 최근에는 흑연과 실리콘을 혼합해 사용하는 등 다양한 연구가 활발히 이루어지고 있다.
>
> 미래산업의 주요 동력원으로서 2차전지의 중요성은 더욱 커지고 있으며, 2차전지의 성능을 좌우하는 핵심소재인 음극재기술의 중요성 또한 더욱 부각되고 있다. 배터리의 충전속도, 수명 등 다양한 성능을 한 단계 끌어올릴 수 있는 음극재기술의 발전으로 앞으로 실리콘 등 신소재의 상용화가 가속화될 것으로 전망된다.

① 2차전지의 음극에서 리튬이온은 집전판에 저장된다.
② 2차전지의 용량은 주로 음극재의 종류에 따라 달라진다.
③ 같은 면적이라면 흑연이 실리콘보다 더 많은 리튬이온을 저장한다.
④ 음극재로 실리콘을 주로 사용할 경우 배터리의 변형이 일어날 수 있다.
⑤ 충전과 방전을 빠르게 하기 위해서는 리튬 외에 다른 소재를 사용해야 한다.

해설 음극재로 사용하는 실리콘은 충·방전 시 최대 300%까지 부피팽창이 일어나 소재 및 배터리가 쉽게 손상되는 단점이 있다고 했으므로 옳은 내용이다.
① 2차전지의 양극에서 이동한 리튬이온은 음극재의 음극활물질에 저장되며, 집전판은 외부회로와 활물질 사이에서 전자를 전달하는 역할을 한다.
② 2차전지의 용량은 주로 양극재에 따라 달라진다.
③ 흑연은 원자 6개에 1개의 리튬이온을 저장하지만 실리콘은 원자 5개에 22개의 리튬이온을 저장하므로 같은 면적일 때 흑연보다 실리콘이 더 많은 리튬이온을 저장한다.
⑤ 제시문에서 리튬이온 배터리 이외의 다른 소재의 2차전지에 대한 비교가 없으므로 옳지 않다.

06 다음 중 밑줄 친 ㉠~㉢에 대한 사례로 적절하지 않은 것은?

> 4차 산업혁명의 주제는 무엇일까? 제조업의 입장에서 4차 산업혁명은 ICT와 제조업의 결합을 의미하며, 여기에서 발생하는 제조업의 변화양상은 크게 제조업의 서비스화, 제조업의 디지털화, 제조업의 스마트화 등으로 정리할 수 있다.
>
> 먼저 ㉠ 제조업의 서비스화에서의 핵심은 '아이디어를 구체화하는 시스템'이다. 제조업체는 제품과 서비스를 통합적으로 제공하고, 이를 통해 제품의 부가가치와 경쟁력을 높여 수익을 증대하고자 한다.
>
> 다음으로 ㉡ 제조업의 디지털화는 '디지털 인프라 혁명'이라고도 하며, 가상과 현실, 사람과 사물이 연결되는 초연결(Hyper-Connected) 네트워크를 통해 언제 어디서나 접속 가능한 환경을 조성해 재화를 생산하는 것을 의미한다. 제조업체는 맞춤형 생산이 가능한 3D프린팅, 스마트 공장, 증강현실·가상현실 기반 콘텐츠, 클라우드 기반 정보시스템 등을 생산과정에 활용한다.
>
> 마지막으로 ㉢ 제조업의 스마트화는 인공지능(AI), 로봇, 사물인터넷(IoT), 빅데이터, 클라우드, AR, VR, 홀로그램 등 지능기술의 발달에 따른 '기술적 혁명'을 말한다. 이는 생산성 향상, 생산공정 최적화 등을 달성하는 데 기여할 것으로 예상된다. 이러한 제조업의 스마트화는 생산인구 감소, 고임금, 자원고갈(에너지, 인력, 장비, 설비 등) 등에 대비해 노동생산성과 자원효율성 제고를 위한 새로운 전략적 대응으로 등장했다.

① ㉠-애플은 하드웨어와 소프트웨어뿐만 아니라 콘텐츠 생산자와 소비자를 연결하는 플랫폼인 애플 스토어 서비스를 구축했다.
② ㉠-롤스로이스는 항공기엔진과 관련 부품의 판매뿐만 아니라 ICT를 이용한 실시간 모니터링을 통해 엔진의 유지·보수 및 관리가 가능한 엔진점검 서비스를 제공한다.
③ ㉡-포드는 'TechShop' 프로젝트를 통해 2,000여 명의 회원들이 자유롭게 자사의 3D프린터 제작설비를 활용해 아이디어를 시제품으로 구체화할 수 있도록 지원했다.
④ ㉡-GE의 제조공장에서는 제조주기의 단축을 위한 기술을 축적하고 있으며, 하나의 공장에서 항공, 에너지, 발전 관련 등 다양한 제품군을 제조하는 설비를 갖추고자 노력하고 있다.
⑤ ㉢-지멘스의 제조공장에서는 제품 개발 및 제조·기획을 관장하는 '가상생산' 시스템과 제품 수명주기 관리를 통한 '공장생산' 시스템을 통합해 생산효율성의 극대화를 추구한다.

해설 기술을 통한 제조주기의 단축과 하나의 공장에서 다양한 제품군을 생산하는 것은 '기술적 혁명'을 통한 생산성 향상, 생산공정 최적화 등과 관련이 있다. 따라서 GE의 제조공장은 ㉢ '제조업의 스마트화' 사례에 해당한다.

02 효성그룹

1. 판단력

01 다음 글이 뒷받침할 수 있는 주장으로 가장 적절한 것은?

> 중세유럽은 철저히 기독교적인 사회였다. 성경을 부정하거나 신을 부정하는 일은 상상조차 할 수 없는 시대였다. 그러나 코페르니쿠스, 갈릴레오 등이 '지구는 우주의 중심이 아니다'라는 과학적 명제를 밝혀냄으로써 사람들의 가치관은 흔들리기 시작했다. 이후 다윈이 '종의 기원' 등을 통해 사람들의 마음속에 더는 성경이 진리가 아닐 수도 있다는 생각을 심어주게 되었고, 이는 '신이 존재하지 않을 수도 있다'라는 결론을 도출하게 됐다. 몇 세기 전만 해도 유럽사회에서 신에 대한 부정은 매우 불경스러운 행위였다. 사형에 처하게 될 수도 있을 만큼 도덕적으로 옳지 않은 행위로 간주됐던 것이다. 그러나 현대 유럽사회에서 자신을 무신론자라고 드러내는 것은 어떠한 문제도 되지 않는다.

① 새롭게 밝혀지는 과학지식으로 인해 사람들의 가치관이 변할 수 있다.
② 종교는 무지의 산물이며 현대인이 극복해야 할 과거의 산물이다.
③ 기독교는 과학과 양립할 수 없다.
④ 유럽문명의 근간에는 기독교적 가치관이 깔려 있다.

> **해설** 제시문에 따르면 코페르니쿠스와 갈릴레오의 지동설, 다윈의 진화론 등 과학적 발견으로 인해 중세의 절대적인 종교관이 무너졌다. 이것은 과학적 발견으로 인해 사람들의 가치관이 변한 사례에 해당하므로 ①을 뒷받침할 수 있다.

02 다음 글의 주장에 대한 반박으로 가장 적절한 것은?

> 한국사회의 행복수준은 단순히 풍요의 역설로 설명할 수 없다. 행복에 대한 심리학적 연구에 따르면 타인과 비교하는 성향이 강한 사람일수록 행복감이 낮아지게 된다. 비교성향이 강한 사람은 사회적 관계에서 자신보다 우월한 사람들을 준거집단으로 삼아 비교하기 쉽고, 이로 인해 상대적 박탈감이 커질 수 있기 때문이다. 한국과 같은 경쟁사회에서는 진학이나 구직 등에서 과열경쟁이 벌어지고 등수에 의해 승자와 패자가 구분된다. 이 과정에서 비교우위를 차지하지 못한 사람들은 좌절을 경험하기 쉬운데, 비교성향이 강할수록 좌절감은 더 크다. 따라서 한국사회의 행복감이 낮은 이유는 한국사람들이 다른 사람들과 비교하는 성향이 매우 높은 데에서 찾을 수 있다.

① 한국보다 소득수준이 높고 대학입학을 위한 입시경쟁이 매우 치열한 나라도 있다.
② 한국사회는 인당 소득수준이 비슷한 다른 나라와 비교했을 때 행복감의 수준이 상당히 낮다.
③ 준거집단을 자기보다 우월한 사람들로 삼지 않는 나라라 하더라도 행복감이 높지 않은 나라가 있다.
④ 자신보다 우월한 사람들을 준거집단으로 삼는 경향이 한국보다 강해도 행복감은 더 높은 나라가 있다.

해설 제시문에서는 한국사람들이 자기보다 우월한 사람들을 준거집단으로 삼기 때문에 이로 인한 상대적 박탈감으로 행복감이 낮다고 설명하고 있으므로, 이를 반증하는 사례를 통해 반박해야 한다. 만약 자신보다 우월한 사람들을 준거집단으로 삼으면서도 행복감이 낮지 않은 나라가 있다면 이에 대한 반박이 되므로 ④가 가장 적절하다.

03 다음 제시된 문단을 논리적 순서대로 바르게 나열한 것은?

> (가) 글의 구조를 고려한 독서의 방법에는 요약하기와 조직자 활용하기 방법이 있다. 내용 요약하기는 문단의 중심화제를 한두 문장으로 표현해보는 일이다. 조직자란 내용을 조직하는 단위들이다. 이를 잘 찾아내면 글의 요점을 파악하기 쉽다.
> (나) 한 편의 완성된 글은 구조를 갖고 있으며 그 속에는 글쓴이의 중심생각은 물론 글쓰기 전략도 들어 있다. 이때 글을 쓰는 목적이 무엇이냐에 따라 글쓰기 전략이 달라진다.
> (다) 정보를 전달하는 글은 정보를 쉽고 명료하게 조직하는 전략을 사용하고, 설득하는 글은 서론–본론–결론의 짜임을 취하며 주장을 설득력 있게 펼친다.
> (라) 독자 입장에서는 글이 구조를 갖고 있다는 점을 염두에 두고 글쓴이가 글을 쓴 목적이나 의도를 추리하며 글을 읽어야 한다.

① (가)–(나)–(라)–(다)
② (가)–(다)–(나)–(라)
③ (나)–(다)–(라)–(가)
④ (나)–(라)–(가)–(다)

해설 제시문은 글쓴이가 글을 쓸 때 전략이 있어야 함을 밝히며 구체적인 예를 들어 설명하고, 이에 따라 독자 역시 글을 읽을 때 글쓴이의 의도를 파악해야 함을 그 구체적인 예를 들어 설명하는 글이다. 따라서 (나) 글쓴이가 글을 쓰는 목적에 따라 달라지는 글쓰기 전략–(다) 글을 쓰는 목적에 따른 글쓰기 전략의 예–(라) 독자가 글을 읽는 방법–(가) 독자가 글을 읽는 방법에 대한 구체적인 예시 순으로 연결돼야 한다.

2. 언어추리력

※ 다음 제시문을 읽고 각 문제가 항상 참이면 ①, 거짓이면 ②, 알 수 없으면 ③을 고르시오. [04~06]

- 기차는 비행기보다 빠르다.
- 버스는 기차보다 빠르다.
- 기차는 비행기보다 무겁다.

04 버스가 가장 무겁다.

① 참　　　　　　　　② 거짓　　　　　　　　③ 알 수 없음

해설
- 속도 : 기차>비행기, 버스>기차
- 무게 : 기차>비행기

이를 정리하면 속도는 '버스>기차>비행기' 순이며, 무게는 '기차>비행기' 순이다. 하지만 버스에 대한 무게는 제시되지 않았으므로 버스가 가장 무거운지 알 수 없다.

05 버스, 기차, 비행기 순으로 속도가 빠르다.

① 참　　　　　　　　② 거짓　　　　　　　　③ 알 수 없음

해설 속도는 '버스>기차>비행기' 순으로 빠르다.

06 비행기가 가장 가볍다.

① 참　　　　　　　　② 거짓　　　　　　　　③ 알 수 없음

해설 비행기는 기차보다 가볍지만 버스보다 가벼운지, 무거운지는 알 수 없다.

🔒 02 ④　03 ③　04 ③　05 ①　06 ③

3. 응용계산력

07 홍은, 영훈, 성준이는 H그룹 공채에 지원했고, 적성검사에 합격할 확률이 각각 $\frac{6}{7}$, $\frac{3}{5}$, $\frac{1}{2}$이다. 세 사람 중 두 사람이 합격할 확률을 $\frac{b}{a}$라 할 때 a+b의 값은? (단 a와 b는 서로소이다.)

① 64
② 77
③ 90
④ 103

해설
- 영훈·성준이는 합격, 홍은이는 탈락할 확률 : $\left(1-\frac{6}{7}\right)\times\frac{3}{5}\times\frac{1}{2}=\frac{1}{7}\times\frac{3}{5}\times\frac{1}{2}=\frac{3}{70}$
- 홍은·성준이는 합격, 영훈이는 탈락할 확률 : $\frac{6}{7}\times\left(1-\frac{3}{5}\right)\times\frac{1}{2}=\frac{6}{7}\times\frac{2}{5}\times\frac{1}{2}=\frac{12}{70}$
- 홍은·영훈이는 합격, 성준이는 탈락할 확률 : $\frac{6}{7}\times\frac{3}{5}\times\left(1-\frac{1}{2}\right)=\frac{6}{7}\times\frac{3}{5}\times\frac{1}{2}=\frac{18}{70}$

세 사람 중 두 사람이 합격할 확률은 $\frac{3}{70}+\frac{12}{70}+\frac{18}{70}=\frac{33}{70}$이고, $a=70$, $b=33$이다.
따라서 $a+b=103$이다.

08 H빌딩 시설관리팀에서 건물화단 보수를 위해 두 팀으로 나누었다. 한 팀은 작업 하나를 마치는 데 15분이 걸리지만 작업을 마치면 도구교체를 위해 5분이 걸리고, 다른 한 팀은 작업 하나를 마치는 데 30분이 걸리지만 한 작업을 마치면 도구교체 없이 바로 다른 작업을 시작한다고 한다. 오후 1시부터 두 팀이 쉬지 않고 작업한다고 할 때 두 팀이 3번째로 동시에 작업을 시작하는 시각은?

① 오후 3시 30분
② 오후 4시
③ 오후 4시 30분
④ 오후 5시

해설 한 팀이 15분 작업 후 도구교체에 걸리는 시간이 5분이므로 작업을 새로 시작하는 데 걸리는 시간은 20분이다. 다른 팀은 30분 작업 후 바로 다른 작업을 시작하므로 작업을 새로 시작하는 데 걸리는 시간은 30분이다. 따라서 두 팀은 60분마다 작업을 동시에 시작하므로 오후 1시에 작업을 시작해서 3번째로 동시에 작업을 시작하는 시각은 3시간 후인 오후 4시다.

4. 수추리력

※ 일정한 규칙으로 수를 나열할 때 빈칸에 들어갈 알맞은 수를 고르시오. [09~11]

09

| 7 20 59 176 527 ( ) |

① 1,482　　　　　　　　　　　② 1,580
③ 1,582　　　　　　　　　　　④ 1,680

해설 (앞의 항)×3−1=(다음 항)인 수열이다.
따라서 (　　)=527×3−1=1,580이다.

10

| 31 71 27 64 ( ) 57 19 50 |

① 9　　　　　　　　　　　② 23
③ 41　　　　　　　　　　　④ 63

해설 홀수 항은 −4를, 짝수 항은 −7을 하는 수열이다.
따라서 (　　)=27−4=23이다.

11

| 10 4 12　42 14 56　13 ( ) 0 |

① 2　　　　　　　　　　　② 6
③ 9　　　　　　　　　　　④ 13

해설 나열된 수를 각각 A, B, C라고 하면
ABC → C=(A−B)×2
따라서 (　　)=(13−0)=13이다.

🔒 07 ④　08 ②　09 ②　10 ②　11 ④

한국사능력검정시험

기본편(제66회)

01 다음 가상공간에서 체험할 수 있는 활동으로 가장 적절한 것은? [1점]

이곳은 농경과 목축이 시작된 신석기 시대의 마을을 체험할 수 있는 가상 공간입니다. 마을 곳곳을 거닐며 다양한 활동을 해볼까요?

① 청동방울 흔들기
② 빗살무늬토기 만들기
③ 철제농기구로 밭 갈기
④ 거친무늬거울 목에 걸기

기출 태그 #빗살무늬토기 #신석기시대 #농경 시작
#간석기 #갈돌 #갈판 #가락바퀴 #뼈바늘

해설
신석기시대에는 강가나 바닷가에 움집을 짓고 살면서 채집·수렵·어로 활동을 했다. 농경이 시작되면서 조·피 등을 재배하고 간석기인 갈돌과 갈판으로 곡식을 갈아서 음식을 만들어 먹기도 했다. 또한 가락바퀴로 실을 뽑아 뼈바늘로 옷을 지어 입었다.
② 신석기시대에는 빗살무늬토기에 식량을 저장했다.

02 밑줄 그은 '이 왕'의 업적으로 옳은 것은? [2점]

문무왕의 아들인 이 왕은 동해에 작은 산이 떠다닌다는 이야기를 듣고 이견대로 갔어요. 용이 나타나 말하기를, 산에 있는 대나무로 피리를 만들면 천하가 평온해질 것이라고 했어요. 이후 그 대나무로 피리를 만들어 만파식적이라 부르고, 나라의 보물로 삼았어요.

① 국학을 설립했다.
② 우산국을 정벌했다.
③ 천리장성을 축조했다.
④ 화랑도를 국가조직으로 개편했다.

기출 태그 #국학 #신문왕 #만파식적 #감은사
#이견대 #문무왕 #김유신

해설
『삼국유사』에서 전해지는 통일신라 때 전설상의 피리인 만파식적(萬波息笛) 설화에 따르면 신문왕은 아버지 문무왕을 위해 동해에 감은사라는 절을 지었다. 이후 동해안에 작은 산이 감은사를 향해 떠다니자 신문왕이 점을 쳐 보니, 해룡이 된 문무왕과 천신이 된 김유신이 용을 통해 나라를 지킬 보배를 동해에 보냈다는 이야기를 듣는다. 신문왕이 이견대에 가니 용이 산에 있는 대나무로 피리를 만들면 천하가 태평해질 것이라 말해 그 대나무로 피리를 만들어 보관했다. 이후 피리를 불면 나라의 근심이 사라져 만파식적이라 이름 붙이고, 나라의 보물로 삼았다고 한다.
① 통일신라 신문왕은 유교정치를 확립시키기 위해 유학 교육기관인 국학을 설립했다.

03 다음 특별전에 전시될 문화유산으로 적절하지 않은 것은? [1점]

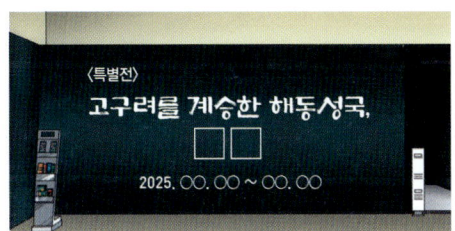

①
치미

②
연꽃무늬 수막새

③
이불병좌상

④
성덕대왕신종

> **기출 태그** #성덕대왕신종 #경덕왕 #성덕왕
> #발해 #해동성국 #대조영

해설
발해는 고구려 장군 출신인 대조영이 고구려 멸망 후 유민들을 이끌고 지린성 동모산에서 세운 국가다. 이후 문왕 때 확대된 영토를 효과적으로 다스리고자 중경에서 상경으로 수도를 옮겼으며, 선왕 때는 영토를 크게 확장해 전성기를 누리면서 당으로부터 해동성국이라 불렸다.
④ 성덕대왕신종은 통일신라 경덕왕이 아버지인 성덕왕을 기리기 위해 제작한 종이다.

04 (가)에 들어갈 내용으로 가장 적절한 것은? [2점]

> **다큐멘터리 기획안**
> **고려, 몽골에 맞서 싸우다**
> ■ 기획의도 : 약 30년 동안 전개된 고려의 대몽 항쟁을 조명한다.
> ■ 구성
> 1부 – 사신 저고여의 피살을 구실로 몽골이 침입하다.
> 2부 – 고려 조정이 강화도로 도읍을 옮기다.
> 3부 – _____(가)_____

① 윤관이 별무반 편성을 건의하다.
② 김윤후가 처인성전투에서 활약하다.
③ 을지문덕이 살수에서 적군을 물리치다.
④ 서희가 외교담판을 통해 강동6주 지역을 확보하다.

> **기출 태그** #김윤후 #처인성 #살리타 #저고여
> #최우 #강화도 천도 #강동의 역

해설
몽골은 고려와 1219년 '강동의 역'을 계기로 외교관계를 맺은 이후 많은 공물을 요구하며 고려를 압박했다. 그러던 중 고려에 온 몽골사신 저고여가 본국으로 돌아가다가 암살당한 사건이 발생하자 몽골은 이를 구실로 삼아 고려와 국교를 단절하고 여섯 차례에 걸쳐 고려를 침입했다. 몽골의 2차 침입 때 집권자였던 최우는 강화도로 천도해 장기간의 항쟁에 대비했다.
② 몽골의 2차 침입 당시 고려의 승장 김윤후가 이끄는 민병과 승군이 처인성에서 몽골군에 대항해 적장 살리타를 죽이고 승리를 거뒀다.

🔒 01 ② 02 ① 03 ④ 04 ②

05 (가)에 해당하는 인물로 옳은 것은? [2점]

이곳 경복궁은 조선의 궁궐로 (가) 이/가 이름을 지었대. 국왕과 백성이 만년토록 태평하며 큰 복을 누리기를 바란다는 의미가 담겨 있어. 그는 새 왕조의 통치방향을 제시한 『조선경국전』도 저술했지.

①  송시열

②  채제공

③  정몽주

④  정도전

> **기출 태그** #정도전 #조선경국전 #경복궁
> #고려 말 급진개혁파 #조선 개국공신

해설

④ 고려 말 급진개혁파를 이끌었던 정도전은 위화도회군 이후 신흥무인세력인 이성계와 연합했다. 이들은 최영을 몰아내고 이색, 정몽주 등의 온건개혁파를 제거하면서 조선 건국을 주도했다. 조선 건국 이후 정도전은 한양으로 도읍을 옮긴 후 도성을 쌓고 태조의 명에 따라 경복궁과 강녕전, 근정전 등 주요 전각의 이름을 지었다. 또한 『조선경국전』을 편찬해 조선의 현실에 맞는 통치체제를 정비했다.

06 (가) 시기에 있었던 사실로 옳은 것은? [2점]

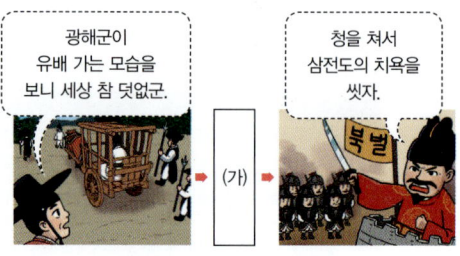

광해군이 유배 가는 모습을 보니 세상 참 덧없군.

청을 쳐서 삼전도의 치욕을 씻자.

① 병자호란이 일어났다.
② 4군 6진이 개척됐다.
③ 훈련도감이 창설됐다.
④ 외규장각 도서가 약탈됐다.

> **기출 태그** #병자호란 #남한산성 #인조
> #인조반정 #광해군 #북벌 #효종

해설

- 인조반정(1623) : 조선 광해군 때 북인이 정권을 장악하면서 밀려난 서인세력은 광해군의 중립외교와 폐모살제(인목대비를 폐하고 영창대군을 죽인 것) 문제를 빌미로 인조반정을 일으켰다. 이에 광해군이 폐위되고 인조가 왕위에 올랐다.
- 조선 효종(1649~1659)의 북벌운동 : 병자호란 이후 청에 볼모로 잡혀갔던 봉림대군이 효종으로 즉위하면서 북벌을 추진했다. 이에 성을 다시 쌓고 훈련도감의 군액을 증대시켰으며, 어영청과 수어청을 정비·개편하는 등 군사력을 강화했다. 그러나 서인을 중심으로 한 사대부의 반발과 효종의 죽음으로 북벌은 좌절됐다.
① 후금은 국호를 청으로 고치고 조선에 군신관계를 요구했으나 조선이 이를 거부하자 병자호란을 일으켰다(1636). 남한산성으로 피란하며 항전하던 인조는 강화도로 보낸 왕족과 신하들이 인질로 잡히자 삼전도에서 굴욕적인 항복을 했다.

07 밑줄 그은 '비상수단'에 해당하는 사건으로 옳은 것은? [2점]

> 나라를 어지럽히는 신하를 살해하고, 국왕을 보호해 정령(政令)*의 남발을 막을 수밖에 없었다. 그러므로 희생을 무릅쓰고 비상수단을 쓰기로 결심한 것이다.
>
> 홍영식 : 모의를 총괄한 제1인자
> 박영효 : 실행 총지휘
> 서광범 : 거사계획 수립
> 김옥균 : 일본공사관과의 교섭 및 통역
> 서재필 : 병사 통솔
>
> – 박영효의 회고 –
>
> *정령(政令) : 정치상의 명령

① 갑신정변
② 을미사변
③ 삼국간섭
④ 아관파천

08 (가)의 활동으로 옳은 것은? [2점]

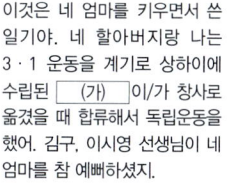

이것은 네 엄마를 키우면서 쓴 일기야. 네 할아버지랑 나는 3·1 운동을 계기로 상하이에 수립된 (가) 이/가 창사로 옮겼을 때 합류해서 독립운동을 했어. 김구, 이시영 선생님이 네 엄마를 참 예뻐하셨지.

와, 그 힘든 독립운동을 하시면서도 육아일기를 쓰셨네요!

① 독립공채를 발행했다.
② 만민공동회를 개최했다.
③ 신흥강습소를 설립했다.
④ 잡지 어린이를 발간했다.

기출 태그 #갑신정변 #김옥균 #14개조 정강 #삼일천하 #홍영식 #개화당

해설
① 임오군란 이후 청의 내정간섭이 심화되자 홍영식, 박영효, 서광범, 김옥균, 서재필 등으로 구성된 급진개화파(개화당)는 일본에게 군사지원을 받아 우정총국의 개국 축하연 자리에서 갑신정변을 일으켰다. 갑신정변으로 정권을 잡은 이들은 14개조 개혁정강을 발표하고 청과의 사대관계 폐지, 입헌군주제, 능력에 따른 인재등용을 주장했으나 청군의 개입으로 3일 만에 실패했다.

기출 태그 #대한민국 임시정부 #독립공채 #상하이 #충칭 #최선화

해설
최선화는 이화여자전문학교를 졸업한 당대 최고의 지식인이었는데, 상하이로 건너가 흥사단에 가입하고 본격적으로 독립운동을 전개했다. 이 무렵 3·1운동을 계기로 상하이에 수립된 대한민국 임시정부에서 활동하던 독립운동가 양우조와 혼인하고, 중일전쟁 발발 이후에는 임시정부 가족에 합류해 임시정부와 활동을 같이했다. 일본군이 중국 본토를 침략하자 최선화 가족은 임시정부와 함께 충칭으로 근거지를 옮기고 독립운동을 전개했다. 최선화의 맏딸인 제시가 태어난 1938년 이후부터 1946년까지 8년간의 육아를 기록한 『제시의 일기』는 3·1운동 및 대한민국 임시정부 100주년을 기념하며 2019년 책으로 발간되기도 했다.
① 대한민국 임시정부는 국외거주 동포들에게 독립공채를 발행해 독립운동 자금을 마련했다.

05 ④ 06 ① 07 ① 08 ①

09 다음 연설이 있었던 정부 시기의 경제상황으로 옳은 것은? [2점]

> 국민 여러분. 금융실명제 실시를 위한 대통령 긴급명령은 깨끗한 사회로 가기 위한 필수적인 제도계획입니다. 지하경제가 사라질 것입니다. 검은 돈이 없어질 것입니다.

① 경부고속도로를 준공했다.
② 3저호황으로 수출이 증가했다.
③ 제1차 경제개발 5개년 계획을 추진했다.
④ 경제협력개발기구(OECD)에 가입했다.

기출 태그 #김영삼정부 #OECD 가입 #금융실명제 #대통령 긴급명령

해설
대한민국 경제는 단기간에 성장한 탓에 많은 문제점을 안고 있었다. 특히 가명·무기명으로 금융거래를 하는 등 지하경제가 널리 퍼져 있었다. 이에 김영삼정부는 대통령 긴급명령을 통해 금융실명제를 실시, 모든 금융거래를 실제의 명의로 하도록 조치했다.
④ 김영삼정부는 한국경제의 세계화를 위해 경제협력개발기구(OECD)에 가입했다.

10 (가)~(다)에 대한 설명으로 옳은 것은? [3점]

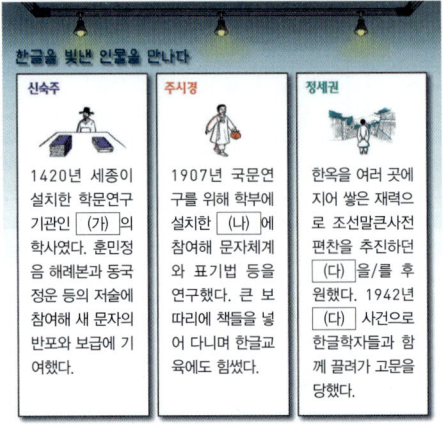

① (가) - 삼강행실도 언해본을 편찬했다.
② (나) - 한글신문인 독립신문을 간행했다.
③ (다) - 한글맞춤법 통일안을 제정했다.
④ (가), (나), (다) - 창덕궁 후원에 설치됐다.

기출 태그 #한글 #훈민정음 #집현전 #국문연구소 #조선어학회 #신숙주 #주시경 #정세권

해설
(가) 집현전 : 조선 세종이 유교정치를 활성화하기 위해 설치한 학문연구 및 왕실 연구기관이다. 집현전 학사였던 신숙주, 성삼문, 박팽년 등은 세종을 도와 훈민정음 창제에 큰 공을 세웠다.
(나) 국문연구소 : 학부 안에 설치됐으며, 지석영과 주시경을 중심으로 한글을 정리하고 국어의 이해체계를 확립했다. 국문연구소의 위원이었던 주시경은 무료강습소를 열어 우리글을 배우고자 하는 사람들을 가르치는 등 한글교육에 힘썼다.
(다) 조선어학회 : 조선어연구회가 확대·개편되면서 설립된 조선어학회는 한글맞춤법 통일안과 표준어를 제정했으며, 『조선말큰사전』의 편찬을 추진했다. 이후 일제는 조선어학회를 항일 독립운동 단체로 간주하고 관련 인사들을 체포(조선어학회 사건)한 후 학회를 강제해산시켰다.

심화편(제62회)

01 (가)에 들어갈 내용으로 옳은 것은? [2점]

지도에 표시된 쑹화강 유역을 중심으로 성장한 이 나라는 평원과 구릉, 넓은 못이 많았습니다. 농업과 목축을 생업으로 하며 12월에 영고라는 제천행사를 열었습니다. 이 나라에 대해 알고 있는 내용을 대화창에 올려 주세요.

대화창
- 명마, 적옥, 담비가죽 등이 생산됐어요.
- 형이 죽으면 형수를 아내로 삼는다는 기록도 있어요.
- (가)

① 정사암에 모여 재상을 선출했어요.
② 여러 가(加)가 별도로 사출도를 다스렸어요.
③ 읍락 간의 경계를 중시하는 책화가 있었어요.
④ 사회질서를 유지하기 위해 범금8조를 두었어요.
⑤ 제사장인 천군과 신성지역인 소도가 존재했어요.

02 (가) 나라에 대한 설명으로 옳은 것은? [2점]

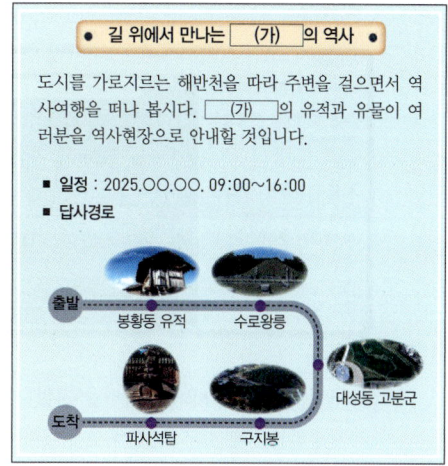

① 덩이쇠를 화폐처럼 사용했다.
② 한 무제의 공격으로 멸망했다.
③ 혼인풍속으로 민며느리제가 있었다.
④ 골품에 따라 관등승진에 제한이 있었다.
⑤ 빈민을 구제하기 위해 진대법을 시행했다.

기출태그 #부여 #사출도 #형사취수제
#1책 12법 #영고 #쑹화강 유역

해설
② 부여는 쑹화강 유역에 위치했던 연맹왕국으로 왕 아래 가축의 이름을 딴 마가, 우가, 저가, 구가의 가(加)들이 있었다. 이들은 행정구역인 사출도를 다스렸으며, 왕이 통치하는 중앙과 합쳐 5부를 구성했다. 명마, 적옥, 담비가죽 등이 특산물로 생산됐고, 풍습으로는 1책 12법, 형사취수제 등이 있었다. 또한 매년 12월에 영고라는 제천행사를 열었다.

기출태그 #금관가야 #김수로왕 #덩이쇠 화폐
#전기 가야연맹 #김해지역 #해반천

해설
① 김수로왕이 김해지역에 건국한 금관가야는 전기 가야연맹을 주도했다. 철이 풍부하고 해상교통이 발전해 낙랑과 왜의 규슈지방을 연결하는 중계무역이 번성했고, 덩이쇠를 주조해 화폐처럼 사용했다. 고구려 광개토대왕의 진출로 쇠퇴함에 따라 5세기 이후부터는 고령지역의 대가야가 후기 가야연맹을 주도했다.

03 밑줄 그은 '이 인물'을 옳게 설명한 것은? [2점]

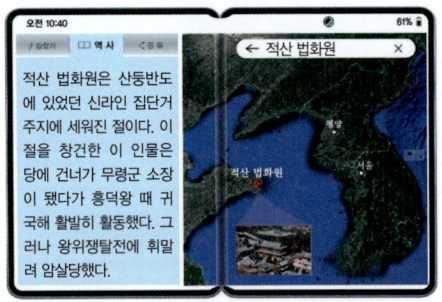

① 구법순례기인 왕오천축국전을 지었다.
② 진성여왕에게 시무책 10여 조를 올렸다.
③ 청해진을 중심으로 해상무역을 전개했다.
④ 9산 선문 중 하나인 가지산문을 개창했다.
⑤ 한자의 음과 훈을 차용한 이두를 체계적으로 정리했다.

기출태그 #청해진 #장보고 #적산 법화원
#서주의 무령군 #문성왕

해설
③ 통일신라 때 장보고는 당으로 건너가 서주의 무령군에 입대해 지방의 반란군을 토벌하는 등의 공을 세워 당의 장수가 됐다. 흥덕왕 때 귀국한 장보고는 완도에 청해진을 설치해 해적들을 소탕하고 해상무역권을 장악하면서 당, 신라, 일본을 잇는 국제무역을 주도했다. 이후 자신의 도움으로 왕위에 오른 신무왕의 아들 문성왕이 장보고의 딸을 왕비로 삼겠다고 한 약속을 철회하자 이에 분노해 반란을 일으켰고, 불안을 느낀 왕실과 귀족들은 장보고의 부하 염장을 포섭해 장보고를 살해했다.

04 (가) 시기에 있었던 사실로 옳은 것은? [2점]

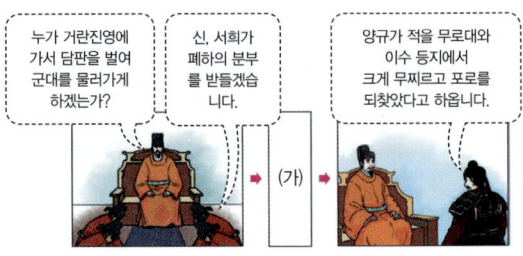

① 묘청이 서경에서 난을 일으켰다.
② 이자겸이 척준경에 의해 축출됐다.
③ 강조가 정변을 일으켜 국왕을 폐위했다.
④ 김윤후가 처인성에서 살리타를 사살했다.
⑤ 다인철소의 주민들이 충주에서 항전했다.

기출태그 #거란 #강조 #현종 #서희
#소손녕 #강동 6주 #양규

해설
• 거란의 1차 침입(993) : 고려 성종 때 거란이 침략해 고려가 차지하고 있는 옛 고구려 땅을 내놓고 송과 교류를 끊을 것을 요구했으나 서희가 소손녕과의 외교담판을 통해 이를 해결하고 강동 6주를 획득했다.
• 거란의 2차 침입(1010) : 거란은 강조의 정변을 구실로 고려를 침입해 흥화진을 공격했다. 이때 고려 장수 양규는 무로대에서 거란을 기습공격해 포로로 잡힌 백성을 되찾았다.
③ 고려 목종 때 강조는 천추태후와 그의 정부 김치양으로 인한 국가의 혼란을 바로잡기 위해 정변을 일으켜 목종을 폐하고 현종을 즉위시켰다(1009).

05 (가) 왕이 추진한 정책으로 옳은 것은? [3점]

□□ 신문

제△△호   ○○○○년 ○○월 ○○일

관현맹(管絃盲) 공연, 경복궁에서 재현

조선시대 관현맹의 공연을 재현하는 행사가 경복궁 수정전에서 개최됐다. 관현맹은 궁중잔치에서 연주한 시각장애인 악사인데, 박연의 상소를 계기로 (가) 때 관직과 곡식을 받게 됐다. 이번 공연에서는 (가) 이/가 작곡한 여민락(與民樂)을 시작으로 여러 곡이 연주됐다.

① 창덕궁에 신문고를 처음 설치했다.
② 삼수병으로 구성된 훈련도감을 창설했다.
③ 붕당정치의 폐단을 경계하고자 탕평비를 세웠다.
④ 통치체제를 정비하기 위해 대전통편을 간행했다.
⑤ 유교윤리의 보급을 위해 삼강행실도를 편찬했다.

기출 태그 #삼강행실도 #조선 세종 #관현맹 #박연 #여민락 #시각장애인 악사

해설
조선시대 관현맹(管絃盲)은 시각장애인 가운데 음악적 재능이 뛰어난 사람을 뽑아 궁중음악 기관인 장악원에서 악기를 연주하도록 한 이들을 말한다. 세종 때 박연은 왕에게 건의해 관현맹의 처우가 개선될 수 있도록 노력했다.
⑤ 조선 세종 때 군신·부자·부부 삼강에 모범이 될 만한 충신, 효자, 열녀의 행실을 모아 글과 그림으로 설명한 윤리서인 『삼강행실도』를 간행했다.

06 밑줄 그은 '이 성곽'에 대한 설명으로 옳지 않은 것은? [2점]

<u>이 성곽</u>은 한성부 도심의 경계를 표시하고 외부의 침입을 방어하기 위해 축조됐습니다. 총 둘레는 약 18km로 4대문과 4소문 및 암문, 수문, 여장, 옹성 등의 시설을 갖추고 있습니다.

① 개국 초기 정도전 등이 설계했다.
② 노성소축노삼이 축소를 관상했다.
③ 후금의 침입에 맞서 정봉수가 항전한 곳이다.
④ 조선시대 축성기술의 변화과정이 잘 나타나 있다.
⑤ 일제강점기 도시정비계획을 구실로 크게 훼손됐다.

기출 태그 #정묘호란 #정봉수 #이립 #용골산성 #한양 도성 #도성조축도감 #정도전

해설
한양 도성은 조선의 수도였던 한성의 주위를 둘러싼 성곽과 4대문, 4소문, 암문, 수문, 여장, 옹성 등을 아울러 이르는 말이다. 개국 초기 궁과 수도방어를 위해 정도전 등이 설계했으며, 도성조축도감이 축조를 관장했다. 초축 이후에도 태종, 세종, 숙종 등 여러 시기에 걸쳐 유지·보수됐으므로 조선시대 축성기술의 변화과정을 살펴볼 수 있다. 일제강점기에 일제는 도시개발계획을 빌미로 도성의 대부분을 크게 훼손했다.
③ 조선 인조 때 정묘호란이 발발하자 후금에 맞서 정봉수와 이립이 용골산성에서 의병을 이끌며 항전했다 (1627).

03 ③ 04 ③ 05 ⑤ 06 ③

07 (가), (나)를 쓴 인물의 공통점으로 옳은 것은?
[2점]

> (가) 실옹이 웃으며 말하기를, "…… 대저 땅덩이는 하루 동안에 한 바퀴를 도는데, 땅 둘레는 9만리이고 하루는 12시이다. 9만리 넓은 둘레를 12시간에 도니 번개나 포탄보다도 더 빠른 셈이다"라고 했다.
>
> (나) 허생이 말하기를, "우리 조선은 배가 외국과 통하지 못하고, 수레가 국내에 두루 다니지 못하는 까닭에 온갖 물건이 나라 안에서 생산돼 소비되곤 하잖나. …… 어떤 물건 하나를 슬그머니 독점한다면 그 물건은 한 곳에 갇혀서 유통되지 못하니 이는 백성을 못살게 하는 방법이야"라고 했다.

① 갑술환국으로 정계에서 축출됐다.
② 양명학을 연구해 강화학파를 형성했다.
③ 서얼 출신으로 규장각 검서관에 기용됐다.
④ 연행사의 일원으로 청에 다녀와 『연행록』을 남겼다.
⑤ 농민생활 안정을 위해 화폐사용을 반대했다.

08 밑줄 그은 '개혁'에 해당하는 내용으로 옳은 것은?
[2점]

[삽화로 보는 한국사]

[해설]
이 그림은 프랑스 일간지에 실린 삽화로 파리 만국박람회장에 설치된 한국관의 모습을 담고 있습니다. 경복궁 근정전을 재현한 한국관은 당시 언론의 관심을 끌었습니다. 황제로 즉위한 뒤 개혁을 추진하던 고종은 만국박람회 참가를 통해 대한제국을 세계에 소개하고, 서구의 산업과 기술을 받아들이고자 했습니다.

① 건양이라는 연호를 사용했다.
② 신식군대인 별기군을 창설했다.
③ 관립의학교와 광제원을 설립했다.
④ 박문국을 설치해 한성순보를 발간했다.
⑤ 한일관계 사료집을 편찬하고 독립공채를 발행했다.

기출태그 #연행사 #연행록 #홍대용 #박지원
#의산문답 #허생전 #을병연행록 #열하일기

해설
(가) 홍대용의 『의산문답』: 조선 후기 홍대용은 『의산문답』을 통해 지전설과 무한우주론을 주장하며 중국 중심의 성리학적 세계관을 비판했다.
(나) 박지원의 『허생전』: 조선 후기 박지원은 한문 단편소설인 『허생전』을 지어 당시 양반의 허례와 무능을 풍자하고 비판했다.
④ 조선이 청에 보낸 사절단인 연행사는 기행일기인 『연행록』을 남겼는데 홍대용(『을병연행록』), 박지원(『열하일기』)이 저술한 것이 대표적이다.

기출태그 #광제원 #광무개혁 #대한제국 선포
#구본신참 #파리 만국박람회

해설
③ 대한제국 선포 직후 고종은 '옛 법을 근본으로 삼고 새로운 것을 첨가한다'는 의미의 구본신참을 기본정신으로 하는 광무개혁을 실시했다(1897). 이에 따라 관립의학교와 국립병원인 광제원이 설립됐다.

09 밑줄 그은 '이곳'에 해당하는 지역을 지도에서 옳게 고른 것은? [1점]

박용만은 1905년 국외로 떠난 이후 네브라스카주에서 대학을 다니며 독립군 양성기관인 한인소년병학교를 창설하고, 국민개병설을 집필했습니다. 그후 이곳으로 건너와 대조선 국민군단을 조직해 독립전쟁을 준비했습니다.

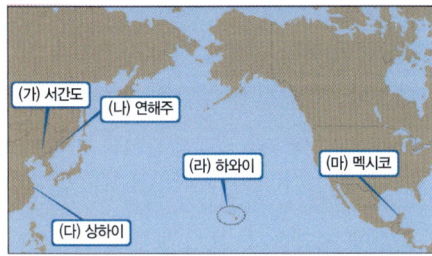

(가) 서간도 (나) 연해주 (다) 상하이 (라) 하와이 (마) 멕시코

① (가)
② (나)
③ (다)
④ (라)
⑤ (마)

10 밑줄 그은 '개헌안'이 발표된 이후의 사실로 옳은 것은? [3점]

이번에 여야 합의로 내각책임제 개헌안이 통과됐군.

이 개헌안에 따라 허정 과도 정부가 총선을 실시하면 정국에 많은 변화가 있을 것 같네.

① 반민족행위처벌법이 제정됐다.
② 제2차 미소공동위원회가 결렬됐다.
③ 국회가 민의원과 참의원의 양원제로 운영됐다.
④ 평화통일론을 주장한 진보당의 조봉암이 구속됐다.
⑤ 유상매수, 유상분배 원칙의 농지개혁법이 제정됐다.

기출 태그 #박용만 #한인소년병학교 #신한민보 #대조선 국민군단 #국민개병설 #군인수지

해설
④ 박용만은 1909년 네브라스카에서 독립운동과 인재양성을 목적으로 한인소년병학교를 설립했다. 1911년에는 미주에서 설립된 대한인국민회의 기관지인 『신한민보(新韓民報)』의 주필로 활동했으며, 『국민개병설』, 『군인수지』 등의 책을 집필하기도 했다. 1912년에는 하와이로 건너가 대조선 국민군단을 조직(1914)해 독립군 사관양성을 바탕으로 한 무장투쟁을 준비했다.

기출 태그 #제3차 개헌 #내각책임제 #양원제 #참의원 #민의원 #장면내각 #허정 과도정부

해설
③ 4·19혁명 이후 허정을 중심으로 수립된 과도정부는 의원내각제를 기본으로 민의원과 참의원의 양원제 국회를 구성하는 제3차 개헌을 단행했다(1960.6). 이를 통해 내각책임제와 양원제가 적용된 장면내각이 출범했다.

 07 ④ 08 ③ 09 ④ 10 ③

발췌 ▶ 2022 한국사능력검정시험 기출이 답이다 심화(1·2·3급)·기본(4·5·6급)

이슈&시사상식
답변의 기술

NCS 면접키워드
자기개발능력 이슈 4!

자기개발능력은 직업인으로서 자신의 능력과 적성, 특성 등을 이해하고 목표성취를 위해 스스로 관리하며 개발해나가는 능력을 말합니다. 직업인이라면 조직구성원으로서 자신의 장단점, 흥미, 적성 등을 알고, 자신의 가치를 드러낼 수 있어야 합니다. 이를 위해서는 직업인으로서 자신의 역할과 목표를 정립하고, 이를 위해 행동과 업무수행을 관리하고 통제할 수 있어야 합니다.

NCS 직업기초능력 중 하나인 자기개발능력은 조직구성원이 갖추어야 할 덕목으로서 몇 가지를 구체적으로 정리하면 아래와 같습니다. 자아인식능력 측면과 자기관리능력 측면에 대해 알아보고 관련 질문들을 살펴보겠습니다.

> **1. 자아인식 측면에서의 대표적인 항목들**
> – 직업인 측면에서 장점·단점(보완점)에 대한 인식은?
> – 직업인 측면에서 직업적 흥미도에 대한 인식은?
>
> **2. 자기관리 측면에서 대표적인 항목들**
> – 업무수행 측면에서 자기생산성을 높이기 위해서는?
> – 업무수행 측면에서 대인관계능력 향상을 위해서는?

1. 이슈 1-1 : 장점·단점에 대한 인식

원하는 직업을 갖고 그 일을 효과적으로 수행하기 위해서는 장기간에 걸친 치밀한 준비와 노력이 필요합니다. 그리고 이를 위해 선행돼야 하는 것이 바로 자신을 분명하게 아는 것입니다.

> **Q. 귀하의 직업인으로서의 강점은 무엇이며, 그 강점을 업무에 어떻게 활용할 것입니까? 또 업무상 어려운 문제에 직면했을 때 본인의 어떤 강점이 문제해결에 도움이 될까요?**

지원자가 자신의 강점을 얼마나 객관적으로 이해하고 있으며, 이를 실제 업무와 연결해 문제해결에 활용할 수 있는 역량을 갖추었는지를 종합적으로 평가하는 질문입니다. 추상적인 나열보다는 자신이 얼마나 직무에 적합한지, 위기에 대응하는 능력이 뛰어난지 구체적으로 드러내야 합니다.

> **지원자A**
>
> 저는 처음부터 문제가 발생하지 않도록 미리 준비하고 예방하는 데 집중하는 편입니다. 그래서인지 저는 운이 좋게도 지금까지 큰 문제를 겪은 적이 없습니다. 그래서 지금까지 업무를 하면서 크고 작은 사고나 실패가 없었을 정도로 운이 좋다는 것이 저의 자랑입니다. 이렇듯 특별히 어려운 상황은 겪어보지 않았지만, 혹시라도 어려운 상황에 직면하면 저는 당연히 상사분이나 선배분에게 적극적으로 도움을 요청할 것입니다.

지원자A는 '운이 좋다'는 것을 자신의 장점으로 내세웠습니다. 이는 대책 없이 낙관적이란 느낌을 갖게 합니다. 노력이나 능력이 아닌 '운'에 의존했다는 의미로 비칠 수 있습니다. 또한 신입사원의 입장에서 상사의 도움이 필요할 수는 있지만, 문제를 '상사나 선배에게 도움'으로 해결하겠다는 태도를 보임으로써 수동적이라는 인상을 줬습니다.

지원자B

업무상 저의 강점은 작은 디테일을 놓치지 않으려고 노력한다는 점입니다. 업무문서 작성도 마찬가지여서 꼼꼼한 문서작성으로 이전 직장의 팀장님께 칭찬을 여러 번 받았습니다. 이런 꼼꼼함으로 업무진행에 있어서 발생할 수 있는 여러 잠재적인 문제를 미리 예측하고 그 문제에 대한 리스크를 미리 대비할 수 있으리라 생각합니다.

지원자B는 꼼꼼함을 실수 없는 업무처리능력을 넘어 "잠재적인 문제와 리스크를 미리 파악하고 대비하는" 문제해결역량으로 확장했습니다. '꼼꼼함'이 문제 예방과 해결의 중요한 도구라는 점을 강조한 것입니다. 여기에 이전 상사의 객관적인 피드백을 제시해 답변에 신뢰성을 더했습니다. 이는 지원자의 강점이 단순히 개인적인 생각이 아니라 실제 업무성과로 이어진다는 객관적인 예측으로 인식하게 합니다.

2. 이슈 1-2 : 직업적 흥미 및 적성

직업인에게 있어서 흥미(또는 적성)는 선천적으로 부여되는 것이기도 하지만 후천적으로 노력해야 하는 측면도 분명히 있습니다. 흥미나 적성이 당장에는 낮다고 하더라도 꾸준히 노력하면 어느 정도 발휘가 가능합니다.

> **Q. 귀하께서는 학창시절이나 이전 경험에서 가장 몰입했던 프로젝트나 활동은 무엇이었나요? 그리고 그 당시 가장 힘들었던 점은 무엇이며, 그럼에도 불구하고 그 일에 대해 흥미를 잃지 않고 끝까지 해낼 수 있었던 이유는 무엇인가요?**

지원자의 직업적 흥미와 열정, 문제해결역량을 종합적으로 파악하는 질문입니다. 면접위원은 단순히 어려움이 무엇이었는지 확인하고 싶은 것이 아니라 지원자가 난관에 부딪혔을 때 어떻게 대처했는지를 구체적으로 파악하고자 합니다. 따라서 과거의 경험을 열거할 것이 아니라 경험을 통해 어떤 것을 배우고 성장했는지, 그리고 어떤 가치를 중요하게 여기게 됐는지를 설명해야 합니다.

지원자C

저는 학창시절 팀 과제를 좋아했습니다. 주어진 과제를 수행하는 것이 즐거웠고, 항상 긍정적인 마음으로 성실하게 수행했습니다. 힘들어한 적도 없습니다. 그리고 딱히 무언가 정해서 의도적으로 집중하고 몰입하는 편은 아니지만, 매사 즐거운 마음으로 정직하고 성의 있게 수행해야 한다고 생각합니다.

'모든 일을 즐겁고, 힘들어한 적 없다'는 것은 얼핏 들으면 긍정적일 수 있지만, 현실적이지 않습니다. 모든 일에는 분명히 힘든 점이 있기 때문입니다. 때문에 자기 객관화가 부족하거나, 솔직하지 못하다는 인상을 줄 수 있습니다. '의도적으로 집중·몰입하는 편은 아니다'라는 답변 역시 자기주도성이 부족한 것처럼 비칠 수 있습니다.

지원자D

제가 가장 몰입했던 경험은 학교에서 주최하는 교내 세미나를 기획했던 것입니다. 물론 세미나의 처음부터 끝까지 모든 과정을 단계마다 잘 진행하는 것이 쉽지만은 않았습니다. 하지만 계획대로 잘 진행되었을 때 큰 희열을 느꼈습니다. 특히 세미나에 참석했던 사람들이 대부분 만족하는 반응을 보였을 때 큰 보람을 느꼈습니다. 이런 과정을 통해 저는 자신감을 얻었고, 저를 이끌어가는 원동력이 됐습니다. 또한 일을 하는 데 있어서 흥미를 유지하는 이유가 됐습니다.

지원자D는 단순히 '열심히 했다'가 아니라 경험을 통해 얻은 깨달음과 역량을 명확하게 드러냈습니다. 예를 들어 '세미나의 처음부터 끝까지 모든 과정을 단계마다 잘 진행하는 것'이라는 표현으로 업무에 대한 총체적인 책임감과 주도적인 태도를 보여줬고, 지원자의 분석적 사고능력을 효과적으로 드러냅니다. 과정중심의 사고능력은 기업에서 매우 좋게 평가하는 능력 중 하나입니다.

3. 이슈 2-1 : 자기생산성

직업인은 조직의 비전이나 미션에 따라 과제를 찾고, 계획을 세우며, 목표를 이뤄나갑니다. 그리고 이 과정에 자기생산성을 높이기 위한 지속적 자기관리가 필요합니다.

> **Q. 귀하에게 여러 업무가 동시다발적으로 주어진다면 귀하는 그에 대한 우선순위는 어떻게 정하고 관리합니까? 이러한 관점에서 귀하가 생각하는 효율적인 시간관리계획은 무엇이라 생각하나요?**

복잡한 상황을 체계적으로 해결하는 능력과 자기주도성을 갖추었는지 평가하는 질문입니다. 지원자의 계획성, 책임감, 그리고 위기관리 역량을 종합적으로 파악하겠다는 것입니다. 또한 시간을 낭비하는 비효율적인 업무방식에 대해 어떻게 인식하고, 개선의 의지가 있는지를 묻고 있습니다.

지원자E

저는 주어진 일에 열심히 임해야 한다는 성실한 자세야말로 신입사원이 가져야 할 최고의 시간관리라고 생각합니다. 그리고 저는 여러 가지 일을 동시에 수행하는 것을 매우 즐겁게 생각합니다. 따라서 상사께서 지시하시는 일이라면 설사 여러 일을 한꺼번에 지시하셔도 언제나 즐겁게 할 수 있는 준비가 돼 있습니다. 저는 신입사원이기 때문에 다소 미흡하리라 생각합니다. 그럴 때마다 상사에게 도움을 요청하겠습니다. 그리고 상사가 지시하시는 것은 무슨 일이든지 최우선 순위로 따르도록 하겠습니다.

신입사원에게 성실함은 중요하지만, 지원자E는 그 이상의 자주적이고 능동적인 주도성을 보여주지 못했습니다. 기업은 스스로 업무의 우선순위를 판단하고 계획을 세울 수 있는 인재를 선호합니다. 단순히 '여러 가지 일을 동시에 수행하는 것', 즉 '멀티태스킹'을 항상 효율적인 것으로 보지도 않습니다. 무엇보다 '열심히', '즐겁게'와 같은 추상적인 표현보다는 구체적인 행동방안을 드러내는 것이 바람직합니다.

지원자F

제가 생각하는 효율적인 시간관리계획은 무엇보다 팀원들과 협업을 고려해 우선순위를 세우는 것이라고 생각합니다. 특히 하나의 목표를 위해 여러 가지 일이 동시다발적으로 진행이 되는 경우 전체 업무의 순서를 고려해 다른 팀원의 업무진행을 방해하는 것을 미리 방지해야 한다고 생각합니다. 이것은 개인 업무뿐만 아니라 전체 업무의 효율을 높이는 것이기 때문입니다. 그래서 저는 (평소) To-Do 리스트를 작성하고 업무별로 체크리스트를 만들어 관리합니다. 그 이유는 복잡한 업무도 세부항목으로 나누면 훨씬 체계적으로 접근할 수 있기 때문입니다.

지원자F는 개인업무의 관점을 넘어서 팀 전체의 효율성까지 고려하는 시야와 사고방식을 보여주고 있습니다. 다른 사람과의 협업을 통해 시너지를 내고 싶다는 의지를 보임으로써 긍정적 관계형성과 협업을 통해 시너지를 창출할 수 있는 사람이라는 것을 잘 어필했습니다. 그리고 'To-Do 리스트'나 '체크리스트'처럼 업무를 어떻게 관리하는지에 대한 구체적인 실행능력으로서의 방법 및 도구를 제시했습니다. 업무수행에 있어 협업을 중시하는 대인관계적 특성과 구체적인 실행능력을 모두 잘 드러내는 답변입니다.

4. 이슈 2-2 : 대인관계능력

기업이 강조하는 것 중에 하나가 소통능력이고 대인관계능력입니다. 직장에서 개인은 동료, 부하직원,

상사, 외부고객 등 많은 관계를 맺고, 업무는 전체의 목표에 유기적으로 연결되기 때문입니다.

> **Q. 귀하는 직장 내에서 효과적인 업무소통에 가장 중요한 요건이 무엇이라 생각합니까? 만약 업무를 하는 과정에서 오해나 갈등이 발생했을 때 어떤 방식으로 풀어가겠습니까?**

이 질문에는 오해나 갈등 발생상황에서 지원자에게 회복탄력성과 문제해결능력이 있는지를 파악하겠다는 의도가 담겨 있습니다. 회피하는지, 감정적으로 대처하는지, 이성적이고 건설적인 방법으로 해결하는지를 파악하겠다는 것입니다. 즉, 지원자가 긍정적인 팀 문화를 만드는 데 기여할 수 있는 자질이 있는지를 판단하는 질문이라 할 수 있습니다.

지원자G

> 저는 평소 지론이 하나 있습니다. 내가 상대방에게 착하게 하면 상대방도 저를 착하게 대우한다는 것입니다. 그리고 제가 상대방을 열정적으로 대하면 상대방도 똑같이 대응한다는 것입니다. 물론 주변 사람과 의도하지 않았던 오해가 생길 때도 있습니다만, 그런 경우라 하더라도 더욱 침착하고 성실한 모습을 보여준다면 모든 문제는 저절로 해결될 것이라 믿고 있습니다. 저는 어떠한 갈등이 생기더라도 누구와도 대화로 잘 해결할 수 있는 자신이 있습니다.

지원자G는 '모든 문제는 저절로 해결된다'는 태도를 보입니다. 현실에서 갈등해결에는 적극적인 노력과 기술이 필요한 경우가 많습니다. 그래서 막연한 주장 대신 실제 갈등을 겪고 해결했던 구체적인 경험을 제시하는 것이 효과적입니다. 또 근거 없는 자신감은 오만으로 비칠 수 있고, 타협이 어려운 사람으로 느끼게 합니다. 과도하고 근거가 부족한 자신감보다는 겸손한 태도로 향후에 발전 가능성이 있다는 것을 보여주는 것이 바람직합니다.

지원자H

> 저는 효과적인 소통을 위해서는 '약속과 책임'을 지키는 것이 가장 중요하다고 생각합니다. 약속한 것은 반드시 실행에 옮기도록 노력한다는 의미입니다. 물론 오해나 갈등이 생기는 경우도 있지만, 저는 그럴 때마다 한 번 더 확인하고 소통하려고 노력해왔습니다. 특히 직장에서 업무상 소통의 가장 중요한 전제는 '명확한 목적의식의 공유'라고 생각합니다. 때문에 오해나 갈등이 발생하면 정보의 누락이나 서로에게 잘못된 해석이 있지 않은지 세심히 파악하고, 그것을 재정리해 공유함으로써 해결할 수 있도록 최선을 다하겠습니다.

지원자H는 '신뢰'라는 추상적인 가치를 미리 약속한 것은 반드시 실행에 옮긴다는 구체적인 행동으로 설명했습니다. 이는 말만 앞세우지 않고 행동으로 보여주는 인재라는 인상을 줍니다. 그리고 소통의 전제로 '명확한 목적의 공유'를 꼽은 것은 팀 전체의 목표를 이해하고 그에 맞춰 소통하려는 의지를 나타냅니다. 이는 팀워크를 중요하게 생각하는 사람으로 평가받을 수 있는 답변입니다.

면접에서 답변을 구성할 때 가장 중요하게 염두에 둬야 할 것은 지원하는 직무, 그리고 자신에 대한 능력의 객관화, 구체화를 미리 시뮬레이션하는 것입니다. 이를 바탕으로 면접위원의 의도에 부합이 되는 답변을 연습하시기 당부드립니다.

필자 소개

안성수, 경영학 박사(Ph.D.)
리더십/인사컨설팅 및 채용 관련 콘텐츠 개발
NCS 채용컨설팅/NCS 퍼실리테이터/전문평가위원
공무원/공공기관 외부면접위원
인사/채용 관련 자유기고가
저서 〈NCS와 창의적 사고기법〉, 〈NCS직무가이드〉 외 다수

이슈&시사상식 직무분석

상품흐름의 숨은 지휘자
SCM

SCM 직군 소개

SCM이란?
'공급망 관리'를 뜻하는 'Supply Chain Management'의 약자로 상품 또는 서비스를 고객에게 전달하는 전 과정을 통합적으로 관리하는 기법을 뜻한다.

SCM 직무 종류

직무	주요업무
물류	수송, 하역, 보관, 포장, 정보 등 5대 요소를 포함해 물자, 서비스, 정보 등을 공급자로부터 수요자에게 이동
SCM 운영	생산, 물류 및 재고 최적화를 위한 선적계획 수립, 의사결정 프로세스 지원 및 변화 관리활동 수행

부서별 SCM 평가 지표
회사 내 각 부서에서는 업무수행 시 SCM 관점에서 다음과 같은 지표를 주요 관리항목으로 삼고 있다.

부서	평가 지표
영업	수요예측, 정확도
개발	적기 개발, 목표원가
생산 관리	• 가동률 : 실제 공장의 설비나 책정된 생산능력(Capacity) 대비 생산이 가동되는 비중 • 적기 공급
구매	• TCO(Total Cost of Ownership) : 제품이나 서비스를 도입해서 폐기할 때까지 발생하는 모든 비용인 총소유비용 • QCD : 품질(Quality), 비용(Cost), 배송(Delivery)
생산	양산율 : 불량 없이 생산되는 비중
품질	수율
물류	적기 공급

1. SCM 직군에 어울리는 사람은?

SCM 직군에 지원 가능한 전공은 거의 상경계와 이공계에 국한된다. 그중에서도 상경계는 물류학과 경영학, 이공계에서는 산업공학이 직무에 가장 적합한 전공이다. 그렇다고 타 전공자들의 지원이 불가능한 것은 아니다. 실제로 컨설팅을 받아 물류분야 대기업에 물류운영 포지션으로 입사한 취업준비생 중에는 행정학 전공자도 있고, 화학업종 대기업에 기계공학도가 물류 직무로 합격한 사례도 있다.

SCM 직군 내 직무들은 프로세스 혁신이 매우 중요하다. 특히 물류 직무와 구매 직무는 회사에서 SCM 측면에서 기업의 비용을 줄여 수익에 기여한다. 즉, 프로세스 혁신을 통해 비용과 시간을 절감하는 것이 중요한 직무들이다. 물류나 구매, 그리고 SCM 관련 직무를 희망하는 지원자들은 관련 혁신사례들에 대한 자료 수집 및 이해를 소홀히 해서는 안 된다.

2. 물류 직무에 대한 이해

물류란 '물적유통(Physical Distribution)'의 약자다. 수송, 하역, 보관, 포장, 정보 등의 5대 요소로 물자, 서비스, 정보 등을 공급자로부터 수요자에게 이동시키는 것을 의미한다. 물류 프로세스는 공급물류와 판매물류로 나눌 수 있다. 물류 직무 종사자는 공급물류와 판매물류의 역량을 통합관리하고 적시·정량 지표를 달성하기 위해 재고관리, 운송계획 수립, 물류비 최적화, 협력업체 조정 등의 업무를 수행한

다. 즉, 고객이 원하는 시점에 원하는 만큼의 제품을 공급할 수 있도록 전체 공급망을 효율적으로 운영하는 역할을 맡는다.

기업물류는 점차 전문 물류기업에 위탁운영하는 방향으로 발전하고 있다. 물류위탁은 자체적으로 물류시설을 보유하지 않아도 되므로 고정비 부담이 적고, 전문 물류기업의 운영 노하우를 활용할 수 있다는 장점이 있다. 또한 화주기업은 번거롭고 다양한 변수가 발생하는 물류부문을 위탁해 기업의 핵심사업에 경영자원을 집중할 수 있다. 이러한 이유로 많은 기업들이 직접 물류 프로세스를 운영하는 대신 전문 물류기업과 협력하는 방식을 택하고 있다. 그렇다면 물류기업의 주요업무는 무엇인지 함께 살펴보자.

주요 업무

❶ 3PL – CL(Contract Logistics, 계약물류) 운영
고객사의 물류운영을 대행해 총괄관리하는 업무. 보관장소, 운송수단 등 물류에 필요한 제반 시설·장비를 구축하고 모든 물류를 수행

❷ 3PL 영업 – 물류컨설팅
- 고객사의 현 물류수준 진단
- 주요이슈에 대한 개선과제 도출
- 단계별 물류 최적화방안 수립 및 제안
- 고객사가 속해 있는 산업군의 시장환경과 생애주기 등을 분석, 고객특성을 고려한 맞춤전략과 최적화방안 연계 제시

❸ 포워딩(Forwarding)
국제물류에서 고객사의 물자를 원하는 곳까지 운송하거나 부대수행 관련으로 운송을 주선하는 역할. 기반시설 및 장비 없이도 단위 부문별 업무를 수행하거나 계약 전 구간 업무를 수행

❹ 포워딩 영업
- 해상·항공 포워딩 : 수출입 물류, 국제특송, 3자 물류 등 종합 물류서비스를 각 고객사별 맞춤형 서비스로 제시
- 프로젝트 포워딩 : 대형 건설·엔지니어링 등의 공장, 건설장비 운송 및 고객사의 프로젝트 카고(대형·고가·특수 목적의 화물을 프로젝트 단위로 운송·설치하는 맞춤형 물류서비스) 특성에 맞춰 도착국가의 통관, 법규 및 관행 등을 고려한 최적의 운송루트와 운송방안을 수립해 제안

❺ 택배운영
- 간선·도급 운영
  - 택배 네트워크에 따른 간선운영계획 수립, 노선 최적화 운영효율 분석을 통해 개선방안 수립 및 실행
  - Hub·Sub 터미널 인력투입계획 수립 및 인력 효율화 추진
- 현장관리
  - 물류현장 설비 및 시설물 유지·보수
  - 물량증감에 따른 물류기기의 적정 소요량 분석 및 대응

❻ 택배영업
- 경쟁사와 차별화된 신규상품 개발 및 영업지원 툴 제공
- 상호 Win-Win을 위한 '토탈 아웃소싱'의 강점 제안
- 홈쇼핑, 소셜커머스, 오픈마켓 등 온라인 고객사 제휴 아이디어 제공 및 확보
- 관공서·공공기관 입찰 참여
- 우편사업, 설치서비스, 이케아 등 신규사업 추진
- 전문성 있는 VMI(Vendor Managed Inventory, 공급자 재고관리)의 효율성 제시

3. 필요 역량과 자질 및 핵심 키워드

물류는 공급망 전체의 흐름을 관리하는 복합적인 업무다. 한정된 시간과 비용 안에서 재고를 효율적으로 운영하고, 돌발상황에도 안정적으로 대응하는 능

력이 필수적이다. 따라서 물류 직무 종사자에게는 전문지식뿐 아니라 협업, 분석력, 문제 해결력 같은 종합적인 역량이 요구된다.

필요 역량과 자질
- 물류사업에 대한 기본적인 이해 및 현장용어 숙지
- 능숙한 데이터 활용 능력
- 빠른 상황대처 능력
- 정확한 정보의 전달 능력 및 설득력 등 전략적 협상 능력
- 혁신적인 사고
- 어학 능력

물류 직무 지원자 핵심 키워드
- 통찰력
- 프로세스 혁신
- 차별화 발굴 및 제안
- Right Quantity
- On Time
- 데이터 분석 및 활용 역량
- 시간 및 비용 절감

4. 물류 직무에 지원하기 위한 사전 준비항목

물류 직무에 지원하고자 할 때 준비해야 할 항목은 다음과 같다. 어떤 부분을 점검해야 하는지 확인하고, 자신의 강점을 보여줄 수 있는 구체적인 경험과 사례를 함께 정리해보자.

사전 준비항목
- 전문 사이트를 통한 학습(물류신문, 카고뉴스 등)
- 물류용어 사전 숙지
- 과거 물류혁신 사례 검색
- DART(금융감독원 전자공시시스템)를 통한 물류회사 연구개발 실적 참고
- 본인 경험 중 기존 프로세스를 개선하고자 노력해본 사례
- 협상과 설득 사례 발굴(영업 직무)
- 물류관리사 취득 준비(매년 7월경 접수 및 시험)

5. SCM 운영 직무에 대한 이해

기업은 전반적인 공급사슬이 원활하게 돌아가야 고객사에게 물량과 납기를 지킬 수 있고, 불필요하게 발생할 수 있는 비용 및 시간 같은 손해를 줄여야만 수익까지 제대로 챙길 수 있는 기업으로 성장할 수 있다.

SCM 운영 직무는 영업에서 예측한 고객별·제품별 수요에 따라 생산부문에서 수립한 공급계획이 동기화돼 생산, 물류, 재고를 최적화할 수 있도록 주 단위 선적계획을 수립하고 의사결정 프로세스를 지원하는 일을 한다. 또한 공급사슬 최적화를 위한 SCM 유관 부서의 프로세스 및 시스템의 최적 운영과 혁신을 주도하고, SCM 관리를 통해 다양한 변화관리 활동을 수행한다. SCM 운영 직무는 크게 수요관리 측면과 공급관리 측면으로 나눠볼 수 있다.

1 수요관리 측면에서 SCM(해외영업)

국내영업보다 해외영업에서 수요관리가 중요한 이유는 공급 리드타임(Lead Time) 때문이다. 당장 오늘 오더를 받은 물량이 최소 6~8주, 즉 1~2개월 후에 현지에서 판매되기 때문에 본사에 있는 해외영업 담당자는 1~2개월 후 현지에서 팔릴 물량을 예측할 필요가 있다. 그리고 그 기간 동안에 수주를 받은 물량의 변동이 갑자기 발생되지 않도록 주의해야 한다.

2 공급관리 측면에서 SCM

기업 내 SCM 운영 부서가 있으면 SCM 공급관리 담당자가, 만일 별도의 SCM 운영 부서가 없다면 생산관리 담당자가 공급단과 수요단을 조율하는 SCM 담당 역할을 맡게 된다. 시장과 영업의 수요에 맞춰 생산가용량을 4M(Man, Material, Machine, Method)을 통해 점검하고, 생산계획을 수립해 100% 계획대로 생산될 수 있도록 한다.

6. 필요 역량과 자질 및 핵심 키워드

SCM 운영 직무는 복잡한 데이터를 기반으로 의사결정을 내려야 하므로 분석력과 체계적인 사고가 필수적이다. 따라서 문제해결 의지가 강하고 설득력 있게 의견을 제시할 수 있는 사람에게 잘 맞는 직무라고 할 수 있다.

필요 역량과 자질
- 공급사슬 및 수요예측, 생산공정에 대한 지식을 보유한 산업공학 및 경영학 출신 선호(CPIM 자격 보유자 우대)
- 데이터 가공 및 분석 능력(엑셀 및 시스템 활용 능력)
- 개선의지가 강한 사람(문제해결 능력)
- 외국어 구사 능력
- 설득력 및 논리력

물류 직무 지원자 핵심 키워드
- 프로세스 개선
- 다각적 분석 능력
- 집요한 실행력
- PSI(Production, Sales, Inventory) 물동데이터와 트렌드 기반 예측 능력

7. SCM 운영 직무에 지원하기 위한 사전 준비항목

SCM 운영 직무에 도전하려면 지식과 경험을 미리 체계적으로 준비하는 과정이 필요하다. 교과서적 이해에 머무르기보다 실제 프로세스를 개선해본 경험, 데이터를 다뤄본 능력, 글로벌 환경에서 요구되는 어학역량 등을 쌓아둬야 한다. 경쟁력을 높여 줄 사전 준비항목들을 꼼꼼히 살펴보자.

사전 준비항목
- 시중 서점에서 SCM 및 PI(Process Innovation) 관련 서적 정독
- 원가·비용·손실(Loss) 절감 등에 대한 용어 및 지식 습득
- 학창시절 작은 프로세스라도 개선시키고자 노력했던 사례
- 엑셀의 피벗테이블과 함수활용 능력 배양
- 업무 프로세스 개선을 위해 체계화하고자 하는 아이디어 제시
- 어학 능력 배양(중국 내 현지 사업장이 많은 기업의 경우 중국어 우대)

구글도 모르는 직무분석집

취업준비 왕초보부터 오버스펙 광탈자까지! 취업 성공사례로 알아보는 인문상경계 및 이공계 직무에 대한 모든 것을 총망라했다.

저자 류정석
CDC취업캠퍼스 대표로서 15년간 대기업 인사팀 외 다양한 부서에서 근무한 경험을 바탕으로 직무 중심의 취업전략을 제공한다.

심층 취업컨설팅 문의 ceo@cdcjob.co.kr

끝까지 끝 아니다
보고서 검토 및 수정

조직생활을 하는 사람이라면 누구나 보고서를 씁니다. 보고서 작성능력은 업무평가와 직결되기도 하기에 보고서를 못 쓰면 자존심에 상처 날 일이 종종 생깁니다. 야근할 일도 많아지죠. 그래서 한방에 통과되는 보고서는 대다수 직장인의 로망이자 목표이기도 합니다. 하지만 불행히도 한방에 통과되는 신입사원의 보고서는 세상에 몇 없습니다. 나와 생각이 다르고 입장이 다른 상대방을 설득하는 일이 보기보다 쉽지 않기 때문입니다. 보고서는 '보고' 또 봐도 '보고' 있어야 하는 숙명을 가지고 있기에 보고서라는 말도 있습니다. 결국 여러 번의 수정을 통해 완성도를 높이는 방법이 최선입니다. 관련해서 유명한 소설가는 이런 말을 한 적이 있습니다.

모든 초고는 쓰레기다.
- 어니스트 헤밍웨이 -

하수는 100%를 목표로 해서 보고서를 쓰고 80%의 결과를 만들어냅니다. 반면 고수는 처음에 50%를 목표로 해서 쓴 뒤 계속해서 고치는 작업을 통해 120%, 150%의 결과물을 만들어냅니다. 글이든 보고서든 고치면 고칠수록 좋아집니다. 글의 흐름이 명확해지고, 내용도 쉽고 간결해집니다. 치명적인 결함을 제거할 수도 있습니다. 물론 아무 기준 없이 보고서를 검토해서는 의미가 없습니다. 최소한 세 가지 자세만큼은 갖추고 검토해야 합니다.

첫째, 철저하게 객관적으로 접근해야 합니다.

내 보고서와 사랑에 빠져서 좋은 쪽으로만 봐서는 안 됩니다. '이렇게 이야기하면 되겠지?'가 아니라 '이게 말이 돼? 근거 있나? 기적의 논리는 아니겠지?' 등으로 철저하게 비판적으로 검토해야 합니다.

둘째, 상대적이어야 합니다.

내가 아닌 상대방 입장에서 생각해야 합니다. '내가 할 말은 다 했나?'가 아니라 '상대방은 어떻게 생각할까? 궁금해하는 것은 없을까? 알고 싶은 것이 빠진 것은 없는가?' 등의 방식으로 접근해야 합니다.

마지막, 보수적이어야 합니다.

'이 정도면 되겠지?'가 아니라 끝까지 집요하게 파고들어서 '더 추가할 것, 뺄 것은? 수치 및 단어표현은 맞는 거야?' 등으로 보수적으로 접근해서 보고서의 완성도를 높여 나가야 합니다.

보고서를 검토할 때 활용할 수 있는 네 가지 방법도 아래와 같이 추천해드립니다.

첫째, 프린터로 출력해서 보는 것을 추천합니다.

이는 과학적으로도 검증된 사실인데, 같은 보고서라도 출력해서 종이형태로 검토하는 것이 전체적인 흐름이나 맥락을 파악하는 데 유리하다고 합니다.

둘째, 보고서를 쓴 직후가 아니라 얼마 정도의 시간을 두고 다시 볼 것을 추천합니다.

시간간격을 두고 다시 봐야 보다 객관적으로 보고서를 볼 수 있습니다.

마지막, 최종 수요자가 아닌 동료나 선배에게 설명을 해보는 것입니다.

이는 가장 효과적인 방법으로서 상대방에게 설명하는 과정에서 논리적인 허점이 드러나는 것은 물론, 완벽하게 이해하지 못한 부분에서 탁탁 걸리게 됩니다. 그 지점을 다시 수정하는 작업을 통해 보고서의 완성도를 몇 단계 더 높일 수 있죠.

보고서는 잘 쓰는 것보다 잘 고치는 것이 중요합니다. 초고가 끝나는 순간이 곧 수정이 다시 시작되는 순간임을 잊지 말고, 보고 또 보는 수고를 아끼지 말아야겠습니다.

셋째, 소리 내서 읽어볼 것을 추천합니다.

눈으로만 읽으면 우리 뇌는 읽고 싶은 대로 읽기 때문에 오류를 찾아내지 못합니다. '문장의 배치순서는 중하요지 않고'를 '문장의 배치순서는 중요하지 않고'로 읽어버리는 것이죠. 소리 내서 읽어야 비로소 어색한 문구, 오탈자가 더 잘 보입니다.

신입사원 비법서

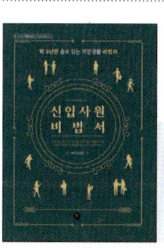

입사 후 모든 게 낯선 신입사원들을 위해! 첫 직장생활 3년간 활용하면 좋은 내용으로 알차게 구성한 신입사원 기본 입문서

저자 임영균
한국능률협회와 캐논 코리아 등에서 약 15년간 기획 업무를 담당했으며, 현재는 대기업에서 기획서 관련 컨설팅과 강의활동을 하고 있다.

최신자격정보

반려동물행동지도사
자격정보 소개!

반려동물행동지도사란?
반려동물에 대한 행동분석 및 평가, 훈련 및 소유자 등에 대한 교육을 수행할 수 있는 전문가입니다. 반려동물행동지도사는 동물보건사에 이은 국내 두 번째 반려동물 관련 국가자격입니다. 현재 동물보건사·반려동물행동지도사 이외의 반려동물 관련 자격은 모두 민간자격증으로 운영되고 있습니다.

 **응시자격과 시험과목은?**

반려동물행동지도사는 1급과 2급으로 구분해 시험을 실시하고 있습니다. 2급은 만 18세 이상이면 누구나 응시할 수 있으나, 1급은 만 18세 이상이면서 아래의 자격요건을 충족해야 합니다.

❶ 2급 반려동물행동지도사 자격을 취득한 후 반려동물 관련 분야 3년 이상 실무경력이 있는 사람
❷ 반려동물 관련 분야 10년 이상 실무경력이 있는 사람

여기서 '관련 분야'란 「동물보호법」 및 「수의사법」에서 정한 영업장 또는 동물병원에서 근무, 봉사동물 동반 활동경력을 포함합니다. 이외 상세규정은 '반려동물행동지도사 자격정보시스템'에서 확인할 수 있습니다.

〈필기시험〉

등급	시험과목	시험시간
1·2급	• 반려동물 행동학 • 반려동물 관리학 • 반려동물 훈련학 • 직업윤리 및 법률 • 보호자 교육 및 상담	120분 (각 과목 20문항)

〈실기시험〉

등급	시험과목	시험시간
1급	반려동물 전문 지도능력 (13개 항목)	30분
2급	반려동물 기본 지도능력 (10개 항목)	15분

 ## 반려동물행동지도사 자격이 등장하게 된 이유는?

반려동물을 키우는 가정이 급격히 늘어나면서 짖음, 배변, 공격성 등으로 인한 사회적 갈등과 안전사고도 함께 증가했습니다. 또한 2023년 기준 141개의 반려동물 행동지도 관련 민간자격증이 제각각 운영되면서 체계적인 제도운영의 필요성이 꾸준히 제기됐습니다. 이러한 사회적 요구에 맞춰 농림축산식품부는 2024년부터 반려동물행동지도사 국가자격시험을 시행하고 있습니다.

 ## 반려동물행동지도사 자격 전망은?

KB금융그룹에 따르면 2024년 말 기준 국내 반려가구는 591만 가구로 전체 가구의 26.7%를 차지합니다. 반려동물을 기르는 가정이 늘면서 관련 산업 역시 빠르게 성장하고 있습니다. 한국농촌경제연구원은 2017년 2조 3,332억원 규모였던 반려동물 연관산업이 2027년에는 6조 55억원에 이를 것이라 예측했습니다. 또한 반려동물을 가족의 일원으로 여기는 인식이 확산되면서 사람과 동물이 함께 살아가기 위한 행동교육의 필요성도 커지고 있습니다. 이에 따라 반려동물의 행동을 분석하고 교육을 담당하는 반려동물행동지도사의 수요가 꾸준히 증가할 것으로 보입니다.

2025년 반려동물행동지도사 시험일정

회차	시험 구분	접수기간	시험일자	합격자발표
2025년도 제1회 1급	1차(필기) 시험	07.01.(화) ~ 07.10.(목)	08.23.(토)	12월 말 예정
	2차(실기) 시험	09.08.(월) ~ 09.15.(월)	9~11월	
2025년도 제2회 2급	1차(필기) 시험	07.01.(화) ~ 07.10.(목)	08.23.(토)	
	2차(실기) 시험	09.08.(월) ~ 09.15.(월)	9~11월	

※ 1·2급 실기 시험일자는 시험장소별로 상이. 시험접수 시 확인 가능

반려동물행동지도사 한권으로 끝내기

반려동물교육 월드마스터 이웅종 교수만의 노하우로 출제기준을 철저히 분석해 시험에 출제될 핵심이론을 수록했습니다. '실전예상문제'와 '모의고사'를 통해 실력을 파악하고 완벽한 학습 마무리를 할 수 있습니다. 또 '더 알아보기'를 통한 보충설명, 상세한 참고이미지 등 다양한 학습장치를 통해 보다 빠르게 이해하고 암기할 수 있습니다.

상식 더하기 +

생활정보 톡톡!	**154**
초보자를 위한 말랑한 경제	**156**
유쾌한 세계사 상식	**158**
세상을 바꾼 세기의 발명	**160**
지금, 바로 이 기술	**162**
잊혀진 영웅들	**164**
발칙한 상상, 재밌는 상식	**166**
일상을 바꾸는 홈 스타일링	**168**
문화가 산책	**170**
3분 고전	**172**
독자참여마당	**174**

WHY?

나는 얼마나 예민할까?
HSP 테스트 주목!

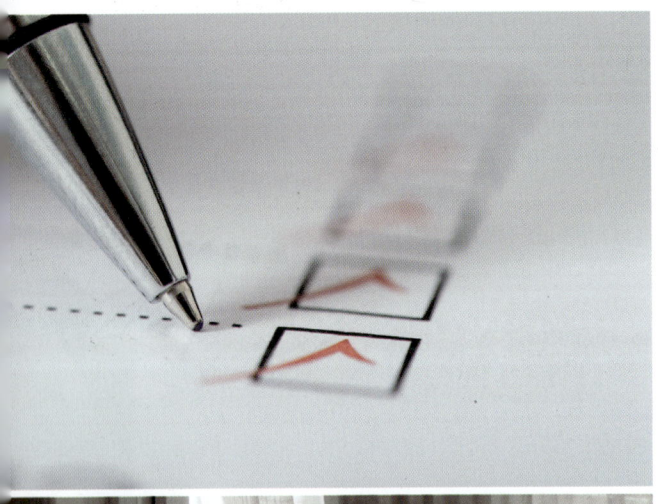

예민한 정도 알아보는 HSP 테스트 인기

MBTI에 이어 새로운 성격테스트가 주목받고 있습니다. MZ세대 사이에서 '예민한 사람 테스트'로 불리는 'HSP 테스트'가 요즘 인기를 끌고 있다는데요. HSP는 'Highly Sensitive Person', 즉 '매우 민감한 사람'을 뜻합니다. 1990년대 중반 미국의 심리학자 일레인 아론 박사가 처음 제안한 개념입니다.

연구에 따르면 어느 나라든 전체인구의 15~20% 정도는 매우 민감한 사람, 즉 HSP 성향을 갖고 있다고 합니다. HSP 성향을 가진 사람은 보통 감각적, 정서적 자극에 더 민감하게 반응하는 특징이 있는데요. 작은 소리나 빛에도 예민하게 반응하고, 타인의 감정을 잘 알아채는 경향도 있죠. 또 자기주관이 강하고 기준이 분명해서 미적감각에도 확고한 취향을 가진 것으로 분석됩니다.

예민한 성향을 장점·단점으로 규정할 수 없어

최근 이 테스트가 주목받는 이유는 MBTI처럼 자신의 성향을 이해하는 도구로 활용할 수 있기 때문인데요. 감정적으로 매우 예민한 사람들이 자신을 이해하고 관리하는 방법으로 HSP를 활용하면서 젊은 세대를 중심으로 관심을 받는 거죠.

손옥선 대구가톨릭대학교 심리학과 교수는 "HSP 테스트가 보여주는 민감한 성향을 가졌다는 것은 약점이나 강점이 아니라 잘 조절해서 사용해야 하는 일종의 능력"이라고 설명했습니다. 허규형 연세가산숲 정신건강의학과 의원 원장은 "사람이 가진 성격이나 기질에는 각각의 장단점이 있기 때문에 예민한 성향을 단순히 부정적이라고 말할 수는 없다"고 강조했습니다.

예민함 때문에 스트레스를 받는다면 …

하지만 너무 예민한 성향 때문에 스트레스를 많이 받는다면 긴장을 풀고 편안함을 느낄 수 있는 자신만의 방법이 필요할 수 있다고 하는데요. 허 원장은 "조용한 곳에서 아무것도 하지 않고 혼자 휴식을 취하는 시간이 필요할 수 있다"면서 "글을 쓰거나 그림을 그리는 것도 에너지를 많이 얻을 수 있는 좋은 방법"이라고 조언했습니다.

손 교수는 "HSP는 정신건강의학과의 정식 진단결과가 아니고 타고난 신경계가 예민한 사람들을 지칭하는 용어일 뿐"이라고 말했습니다. 그러면서 "자신을 향해 '내가 다른 사람과 똑같아야 할 이유는 없다', '예민한 성향은 나만의 고유한 특성이다'라는 이야기를 스스로에게 해주는 게 스트레스를 해소하는 데 도움이 될 수 있다"고 말했습니다.

성격유형검사 전성시대 … 선입견은 위험해요!

2019년 말 무렵부터 MBTI가 인기를 끌면서 이름도 희한한 각종 성격테스트가 꼬리에 꼬리를 물고 SNS를 통해 소개되고 있습니다. 최근 반향을 일으킨 TCI검사는 선천적인 기질과 후천적인 성격을 파악하는 심리검사입니다. 기질에는 자극추구·위험회피·사회적 민감성·인내력이, 성격에는 자율성·연대감·자기초월의 요소가 존재합니다. 그러나 TCI는 임상전문가만 실시할 수 있는 검사이며, 개인이 이해하기 어려운 부분도 많아 잘못 해석하는 경우 도리어 독이 될 수 있다는 지적도 있죠.

또 최근에는 '테토', '에겐' 등 성호르몬 특징에 바탕을 둔 성격유형 테스트도 인기를 끌었는데요. 가령 '테토녀'는 화려하고 대담한 패션을 선호하며 도전적이고 리더십이 강한 여성을 가리키고, '에겐남'은 섬세하고 패션·예술 등에 깊은 관심을 가진 남성으로 정의하는 식입니다. 그러나 학계에서도 공신력을 인정받는 TCI나 빅(Big)5 성격검사 외에 대부분 성격테스트는 비과학적입니다.

김수안 서울대 심리학과 교수는 MBTI를 예로 들며 "MBTI의 외향·내향 특성의 경우 내향적 성격을 상대적으로 더 많이 가지고 있다고 외향적 성향을 가지지 않은 것은 아니"라며 "타인을 이해하고 파악하는 도구를 넘어 상대를 평가하고 규정짓는 선입견으로 활용하는 것은 사고를 단순화할 위험이 있다"고 짚었습니다.

> 이슈&시사상식
> 말랑한 경제

사지 않고 빌린다!
구독경제

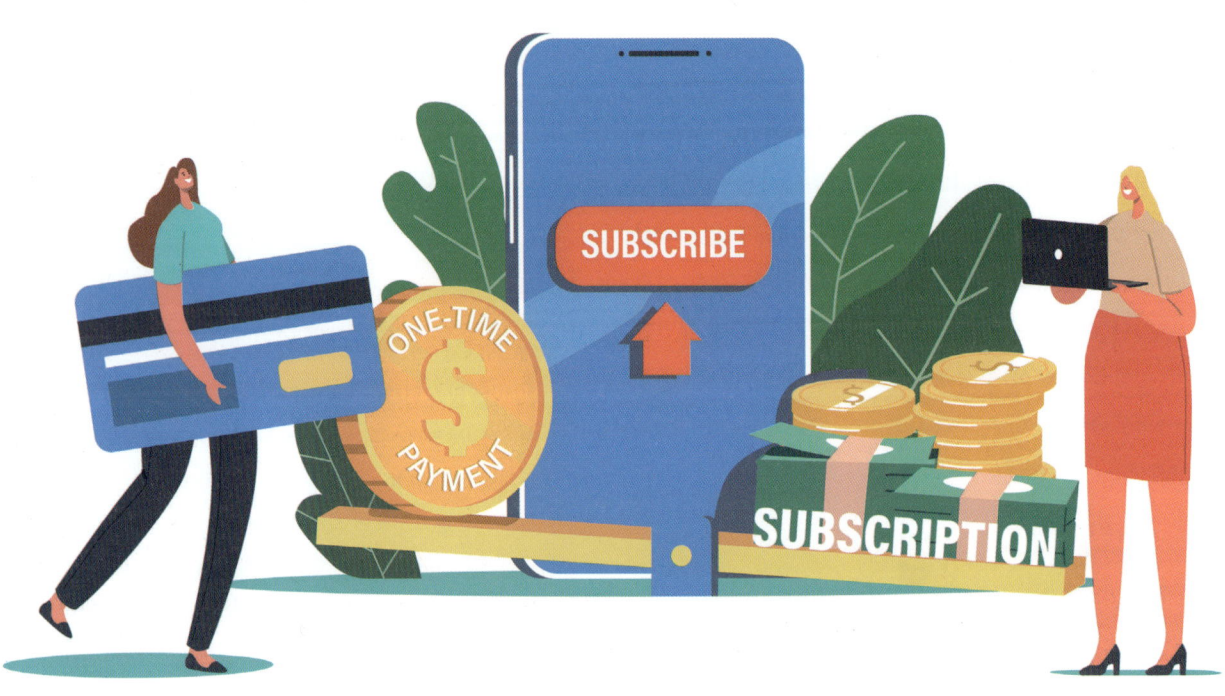

지난 8월 카카오모빌리티가 월 4,900원의 택시·주차 멤버십을 출시하자 우버도 동일한 가격의 멤버십 '우버 원(Uber One)'을 내놓으며 경쟁에 나섰습니다. 매달 일정한 금액을 내고 다양한 혜택을 누리는 구독방식이 이제 음악·영상 플랫폼을 넘어 생활 전반으로 확산하고 있는 것이죠. 편리함 속에 숨어 있는 질문도 뒤따릅니다. 과연 이러한 지출은 합리적 선택일까요, 아니면 새로운 고정비 부담일까요?

원래 '구독'은 신문이나 잡지를 정기적으로 받아본다는 뜻의 평범한 단어였습니다. 1990년대 이후 인터넷 기반의 음악·영화 서비스가 등장하며 개념이 조금씩 확장됐고, 본격적으로 판도를 바꾼 것은 넷플릭스가 선보인 스트리밍 모델이었습니다. 사람들은 소유하지 않고도 원하는 콘텐츠를 자유롭게 즐길 수 있는 새로운 경험을 누리게 된 것이죠. 이 흐름은 가전·패션 등 생활 전반으로 빠르게 퍼져 산업의 운영구조 자체를 바꾸고 있습니다. 더 나아가 최근에는 기업들이 구독경제를 하나의 거대 인프라로 구축하려는 움직임도 두드러집니다. 배달의민족이 '배민클럽'과 '유튜브 프리미엄'을 결합한 제휴상품을 내놓은 사례나 네이버가 컬리·우버 등과 협력해 온라인 쇼핑부터 신선식품, 모빌리티, OTT까지 아우르는 '플러스 멤버십'으로 확대하며 '라이프스타일 유니버스'를 그리는 전략이 대표적입니다.

구독과 렌탈은 어떤 점이 다른가요?

구독은 일정금액을 내고 일정기간 동안 상품이나 서비스를 지속적으로 제공받는 방식입니다. 렌탈과 비슷해 보이지만 가장 큰 차이는 해지의 자유로움에 있습니다. 일반적으로 구독은 언제든 중단하거나 다른 서비스로 전환할 수 있는 반면, 렌탈은 해지 시 위약금이나 잔여대금을 부담해야 합니다. 또한 구독은 단순히 '빌려 쓰기'에 그치지 않고, 정기적으로 새로운 혜택이나 콘텐츠가 추가된다는 점이 특징입니다. 렌탈의 핵심은 '비용부담 완화', 구독의 핵심은 '경험과 편리함 극대화'라 할 수 있습니다.

구독경제는 누구에게 이득이 되나요?

해외뿐 아니라 국내 구독경제 시장도 가파르게 성장하고 있습니다. 2016년 25조 9,000억원 수준이던 시장은 2020년 40조 1,000억원으로 약 55% 성장했습니다.

연도	구독경제 시장규모
2016년	25조 9,000억원
2020년	40조 1,000억원
2025년	100조원(예상)

자료 / KT경제경영연구소

이러한 성장은 '소유보다 경험'을 중시하는 새로운 소비트렌드에서 비롯됩니다. 사람들은 필요한 순간에 원하는 서비스를 선택하고, 라이프스타일에 맞춰 다양한 조합을 즐기려 합니다. 이런 욕구를 충족시키는 방식이 구독입니다. 소비자가 소유의 부담 없이 경험을 확장할 수 있게 해주죠. 기업 입장에서도 구독은 예측 가능한 매출과 안정적인 고객관계를 만들어 장기적인 성장을 뒷받침합니다. 더 나아가 인공지능 기반의 데이터 분석을 통해 서비스는 점점 정교해지고 있으며, 이는 구독경제 확산에 또 다른 동력이 되고 있습니다. 그러나 사후관리 미비나 쉽게 이탈하기 어려운 록인(Lock-in)효과 같은 구조적 한계도 존재합니다. 따라서 소비자는 장기적으로 내가 지불하는 비용과 얻는 가치가 균형을 이루는지도 함께 생각해볼 필요가 있습니다. 편리함이 곧 소비자의 자율성을 제약할 수 있다는 점에서 구독경제는 성장의 빛과 그림자를 함께 안고 있다고 볼 수 있습니다.

구독경제란?
다양한 유무형의 상품을 정기적으로 일정한 금액을 지불하고 지속적으로 이용하는 경제 모델

구독경제의 유형

❶ 무제한 이용 모델
: 넷플릭스나 스포티파이처럼 일정금액을 지불하고 콘텐츠를 무제한 이용할 수 있는 모델. 콘텐츠 소유권이 이용자에게 이전되지는 않음

❷ 정기배송 모델
: 면도기처럼 반복적인 소비가 필요한 상품을 정기적으로 제공하는 모델. 상품을 구매한 소비자가 소유권을 가짐

❸ 대여 모델
: 자동차나 가구처럼 구매 시 초기 구입 비용 부담이 높은 물품을 원하는 기간만큼 빌려 쓰는 모델

록인효과(Lock-in Effect)

❶ 개념
: 새롭거나 보다 뛰어난 조건의 제품이나 서비스가 출시돼도 사용자가 다른 제품 및 서비스로 옮기지 않는 경향

❷ 발생 원인
- 전환비용 : 다른 서비스로 옮길 때 발생하는 금전적·시간적 손실을 피하고자 함
- 데이터 누적 : 기존에 저장한 음악, 동영상, 포인트, 구독 내역 등 때문에 다른 플랫폼으로 쉽게 옮겨가지 못함
- 생태계 통합 : 한 번 가입하면 쇼핑·배송 등 다양한 생활서비스가 연결돼 있어 벗어나기 어려움

이슈&시사상식 세계사

미국 내 또 하나의 나라 텍사스

너희는 지옥에 가라.
나는 텍사스로 간다.

- 데이비드 크로켓(David crockett)

우리나라 대기업이 미국에 진출할 때 주로 텍사스에 공장을 짓는다. 텍사스주가 세금감면 등 기업으로서는 혹할 수밖에 없는 혜택이 많기 때문이다. 영국 '파이낸셜타임스'가 '미국에서 사업하기 좋은 도시' 1위로 선정한 휴스턴을 비롯해 댈러스, 피닉스 등 대도시도 많고, 테슬라, 델, HP 등 글로벌기업과 금융허브, 교통 네트워크 등 각종 인프라가 발달한 것도 텍사스가 선호되는 이유다. 최근에는 텍사스주 하나의 경제규모가 세계 8위권이라는 소식도 들린다.

텍사스주는 다른 주와 전력망이 단절돼 있는 단일 전력시스템을 구축하고 있다는 특징도 있다. 1935년 루스벨트 대통령이 미국 전역의 전력시스템을 재편할 때 정부의 편제 안에 들어가는 것을 거부했기 때문이다.

거부의 이유는 여러 가지가 있지만 가장 큰 이유는 텍사스주가 미국연방이 아닌 텍사스공화국이라는 별개의 독립국이었다는 데 있다. 그러다 보니 다른 주들과 달리 미연방과 거리를 두려는 의식이 매우 높았다는 것이다.

이민정책을 파고들어 멕시코 땅을 빼앗다

텍사스는 1521년 코르테스 원정대가 아즈텍제국을 멸망시킨 이래 300년 동안 스페인제국의 식민지 '누에바 에스파냐'의 일부였다. 누에바 에스파냐는 새로운 스페인(New Spain)이라는 의미의 스페인어로 지금의 멕시코, 미국 남서부, 플로리다, 쿠바, 과테말라, 푸에르토리코는 물론 태평양의 괌과 필리핀까지를 아우르는 거대 통치구역이었다.

이후 과도한 세금정책에 대한 반발로 시작된 독립전쟁을 거쳐 마침내 1821년 멕시코로 독립했다. 그리고 턱없이 부족한 인구를 채우기 위해 독립 2년 만에 미국인 이민을 유치하기로 결정했다. 유럽에서 미국으로 이주해왔으나 정착할 곳을 찾아 서부로 또 다시 이동하는 미국인이 많았기 때문에 자국민을 늘리는 데 효과적일 것으로 여긴 것이다.

하지만 순박한 멕시코 농민과 달리 미국에서 온 이주민들은 총으로 무장하고 있었고, 가난한 농민들이 아닌 부유한 미국 남부 농장주들이 몰려와 흑인 노예를 동원한 대규모 농장을 건설했다. 또 애초에 허가한 지역을 넘어 야금야금 밀고 내려왔다. 그러더니 10년도 안 된 시점에 이주 미국인들은 애초 이주의 조건이었던 가톨릭으로의 개종과 스페인어 사용을 거부했다. 심지어 이미 멕시코에서는 폐지된 노예제도를 무시하고 노예를 보란 듯이 들여왔고, 멕시코정부에 대응한다며 자체 무장수비대 '게리슨(Garrison)'을 조직해 무력항쟁을 벌였다.

결국 1836년 3월, 미국 이주민 지도자 49명이 '텍사스공화국' 독립을 선언하고, 미국 정치계의 거물이었던 샘 휴스턴을 독립군 사령관으로 선출하면서 멕시코로부터의 독립전쟁을 본격화했다. 멕시코로서는 땅을 칠 일이었다. 헐값에 땅을 내줬더니 13년 만에 총을 들이댔으니 말이다. 게다가 미국정부가 "이렇게 된 마당에 텍사스를 100만달러에 미국에 팔라"고 제안해오기까지 했다. 결국 멕시코 대통령은 이주민퇴거명령과 함께 직접 6,000명의 군대를 이끌고 진격, 알라모 요새를 함락시켰다.

노예제 안 돼, 전쟁도 싫어

하지만 한 달 후 멕시코 대통령은 생포돼 텍사스 분리승인서에 도장을 찍고서야 풀려나는 수모를 겪었다. 이로써 텍사스는 멕시코와 분리됐다. 그러나 미국 북부 주들은 텍사스가 노예제를 유지한다는 이유로, 남부 주들은 텍사스 연방가입 시 멕시코와 전쟁을 벌여야 한다는 이유로 반대해 텍사스의 연방가입은 9년이나 미뤄졌다. 그러다 1845년 2월 미국 연방의회를 통과한 텍사스 연방 가입법안에 따라 국민투표를 거친 후 텍사스는 비로소 아메리카 합중국에 편입됐다. 이렇듯 텍사스는 멕시코 영토로 슬금슬금 파고 들어온 미국인들의 전략적인 영토약탈전쟁의 결과물이자 전리품이었다. 또 10여 년 동안 독립국으로서의 지위도 누렸다. 그러다 보니 지금도 연방정부가 못마땅할 때면 텍사스공화국을 재건하자는 목소리(텍시트)가 커지곤 한다. 시대

알아두면 쓸데 있는 유쾌한 상식사전 -사라진 세계사편-

내가 알고 있는 상식은 과연 진짜일까?
단순한 호기심에서 출발할 수 있는 많은 의문들을 수많은 책과 연구 자료를 바탕으로 파헤친다!

저자 조홍석
아폴로 11호가 달에 도착하던 해에 태어났다.
유쾌한 지식 큐레이터로서
'한국의 빌 브라이슨'이라 불리길 원하고 있다.

이슈&시사상식 / 세기의 발명

도시의 수직혁명
엘리베이터

**여러분,
엘리베이터는 절대 위험한 것이 아닙니다.
제가 직접 보여드리겠습니다.**

1854년 뉴욕 만국산업박람회장 수정궁, 인산인해를 이룬 관람객들 앞에서 오티스는 개방형 엘리베이터를 설치한 다음 자신이 직접 타고 높이 올라갔다. 일정 높이에 이르자 오티스는 직원들에게 자신이 탄 엘리베이터의 케이블을 자르도록 지시했다. 케이블이 잘리는 순간 사람들은 비명을 지르며 눈을 감아 버렸다. 그러나 사람들이 상상했던 참사는 일어나지 않았다. 케이블이 끊어지는 것과 동시에 튀어나온 안전장치가 양옆의 가이드레일에 있는 톱니에 걸리면서 추락을 방지한 것이다.

엘리베이터는 이전에도 있었다. 18세기 프랑스 왕궁에는 의자에 앉아 계단을 오르내릴 수 있는 장치가 있었고, 고대로마와 중세유럽에서도 동물의 힘이나 회전식 휠 장치를 이용해 화물이나 동물을 위아래로 운반하는 승강기가 있었다. 그리고 이 모든 것들의 원형은 도르래를 이용해 물건을 들어 옮겼던 고대그리스 아르키메데스로 거슬러 올라간다.

원시적 형태의 엘리베이터는 고대에는 피라미드 같은 대형건축물을 탄생시켰고, 근대에는 지하의 무거운 광석을 지상으로 끌어올렸다. 그러나 1854년 그날 이전의 엘리베이터는 주로 화물이나 동물들을 옮기는 것이었지 사람을 위한 것은 아니었다. 안전에 대한 믿음이 없었기 때문이다.

오티스의 엘리베이터 시연장면

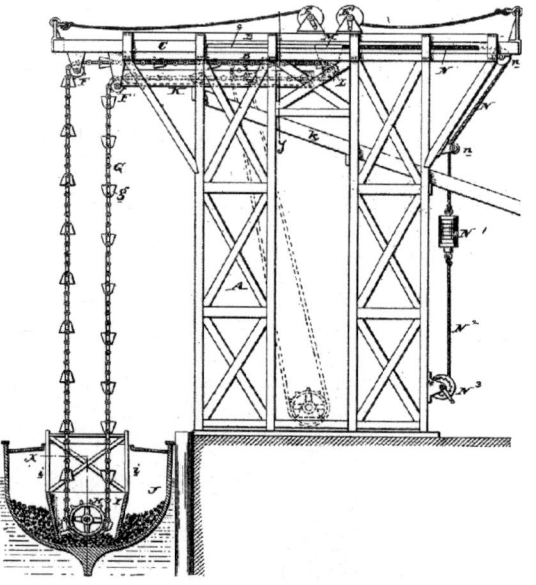
로마의 비트루비우스가 소개한 아르키메데스의 엘리베이터

오티스 이전 엘리베이터는 바퀴에 줄을 걸어 작은 힘으로 물건을 움직일 수 있는 도르래의 원리로 움직였다. 그래서 엘리베이터에 달린 밧줄이 끊어지면 추락하곤 했다. 오티스는 이 문제를 해결하기 위해 엘리베이터가 이동하는 벽면을 톱니 모양으로 만들었다. 그리고 엘리베이터 천장에는 밧줄과 연결된 지지대를 설치했는데, 이 지지대가 밧줄이 팽팽할 때는 반으로 접혀 있다가 밧줄이 끊어지거나 느슨해지면 펼쳐지면서 벽면의 톱니에 걸렸다. 제동장치를 고안해낸 것이다.

뉴욕박람회를 발칵 뒤집었던 오티스의 엘리베이터는 1857년 3월 E.V.호우트 빌딩에 세계 최초로 설치됐다. 당시 해당 건물은 5층에 불과해서 엘리베이터가 필요하지 않았지만, 빌딩 측은 새로운 것에 열광하는 사람들의 방문이 매출증가로 이어질 것으로 기대했다. 하지만 느려도 너무 느렸다. 속도가 초당 20cm에 불과했고, 그러다 보니 고작 5층을 올라가는 데 2분이나 소요됐다. 결국 설치 3년 만에 철거되고 말았다.

하지만 유압시스템에 이어 오티스의 아들들에 의해 수압시스템이 적용되며 속도가 개선됐고, 1889년 파리박람회의 상징물인 에펠탑에 설치되면서 일상에 한층 더 다가갔다.

엘리베이터의 발명은 고층빌딩의 시대를 열었다는 점에서 도시건축에 혁명을 불러온 사건이었다. 하늘을 찌를 듯한 고층빌딩이 가능해진 것도, 현대의 도시풍경이 빌딩숲으로 완전히 바뀐 것도 엘리베이터가 있었기에 가능한 일이었다. 특히 놀라운 것은 뉴욕박람회 이후 170년이 훌쩍 지났지만, 발전을 거듭한 외관이나 크기, 속도와 달리 오티스의 제동방식은 여전히 적용되고 있다는 것이다.

에펠탑에 설치된 오티스의 엘리베이터

20세기 초 벨기에 광산에서 사용된 광부용 엘리베이터

이슈&시사상식
지금, 이기술

가짜 기지국 세워 맘대로 소액결제?
펨토셀 해킹

초유의 개인정보 유출을 일으킨 SK텔레콤 해킹 사태의 충격이 채 가시기도 전인 지난 8월 말경 수도권 특정지역의 KT 이용자들이 해킹으로 추정되는 범죄로 인해 휴대전화 소액결제 피해를 본 사실이 드러났다. KT는 처음에 해킹 정황은 없다는 입장을 내놨지만, 피해신고가 이어지자 조사에 착수했다. 그러자 피해가 많은 특정지역에서 해커들이 가짜 초소형 기지국을 세워 이용자의 통신신호를 탈취했을 가능성이 거론됐다.

전체 이용자 2,300만여 명의 개인정보가 유출된 SK텔레콤 해킹 사태에 이어 '불법 초소형 기지국 사용'이라는 초유의 수법이 사용된 것으로 추정되는 KT 무단 소액결제 피해가 발생하면서 이동통신 3사가 '해킹 공포'에 휩싸였다. 과학기술정보통신부는 KT 무단 소액결제가 소규모 셀 또는 '펨토셀(Femtocell)'이라고 불리는 초소형 기지국을 통해 이뤄진 것으로 추정했다.

통신사의 기지국(Base Station)은 이동통신의 핵심적인 인프라로 통신기기와 통신사의 네트워크를 이어주는 역할을 한다. 기기가 전파를 송수신할 수 있도록 무선채널을 열어주는데, 기지국은 셀(Cell)이라고 불리는 전파 도달범위를 설정해 이 범위 안에 있는 기기가 해당 기지국에 접속하도록 한다. 일반적인 기지국은 수킬로미터의 넓은 범위를 커버하지만, 이번 사태에서 활용된 펨토셀은 가정이나 소규모 사무실 정도의 좁은 범위를 설정한다. 불과 수십미터 정도에 불과하다.

펨토셀은 기지국의 통신신호가 잘 닿지 않는 가정이나 사무실 등의 실내공간에서 통신환경에 원활히 접속하기 위해서 탄생했다. 2000년대 중반부터 본격적으로 상용화되기 시작한 펨토셀은 스스로 하나의 초소형 기지국 역할을 수행한다. 통신기기는 펨토셀을 정식 기지국으로 인식하고 펨토셀은 기기의 신호를 직접 수용한다. 펨토셀은 이 신호를 일반 증폭기(리피터)처럼 단순히 증폭하지 않고, 디지털 신호로 바꿔 가정·사무실에 연결된 통신사의 통신망에 보낸다. 다시 말해 펨토셀은 전화교환기처럼 우리가 쓰는 휴대폰의 신호를 인터넷선을 통해 통신사 교환실에 연결해주는 장치인 셈이다. 펨토셀은 통신사의 통신망에 직접 연결하기 때문에 일반 중계기·증폭기에 비해 통화 끊김을 방지할 수 있으며 암호를 설정하고 데이터의 트래픽을 관리하는 등 정식적인 네트워크 기능을 수행해 안정적이다.

펨토셀로 5,000여 명 IMSI 또 털려

현재 우리나라 통신 3사는 모두 펨토셀을 운영하고 있는데, 이번에 KT 해킹에 사용된 펨토셀은 범인이 불법으로 운용한 것으로 추정된다. 다만 KT 측에서는 해당 펨토셀이 이전에 KT의 통신망에 접속한 적이 있는 것으로 파악했다. KT가 운용하던 펨토셀 중 몇몇이 모종의 이유로 반출돼 외부 해커에 의해 불법 사용됐을 수도 있다는 말이다. KT는 피해자들의 통화패턴을 분석한 결과 실제 통신망에 등록되지 않은 펨토셀 ID를 발견해 차단했다고 설명했다.

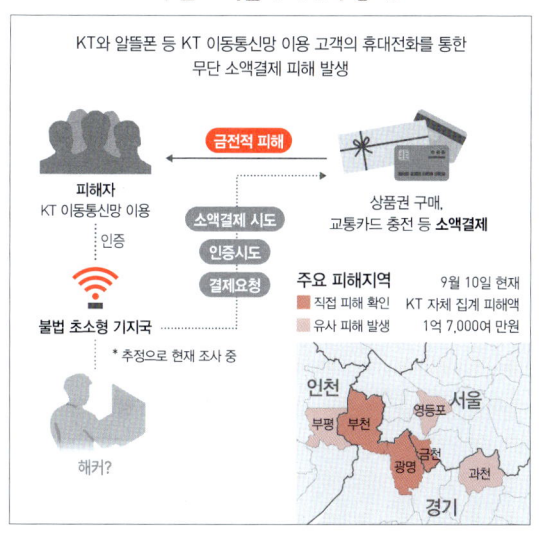

범인은 불법 펨토셀에 연결된 통신기기 이용자들을 범행대상으로 삼은 것으로 보인다. KT는 이번 사태로 이용자 5,561명의 '가입자 식별번호(IMSI)' 등 개인정보 유출 가능성을 확인하고 개인정보보호위원회에 신고했다. 이어 KT는 9월 11일 관련 기자회견을 열었는데, 유출된 IMSI가 불법 펨토셀을 거친 것은 맞으나 아직 확실히 밝혀진 것은 없다고 말했다. IMSI는 단말기 '사용자'를 식별할 수 있는 고유의 키로 범인이 이 키를 이용해 이용자의 통신기기 인증을 뚫고 무단 소액결제를 시도한 것으로 추정된다.

펨토셀 불법운영 방식은 아직 오리무중

범인이 불법 펨토셀을 이용해 IMSI를 탈취한 것이 사실이라고 하더라도 아직 설명되지 않은 의문점은 많다. 먼저 피해자들의 거주지역을 분석해보면 모두 경기 광명과 서울 금천구 등 근거리에 거주하고 있다. 심지어 같은 아파트에 사는 경우도 있었는데, 주로 새벽시간대에 소액결제 피해를 입었다. 경찰은 처음에 피해자들이 개통한 대리점을 의심했으나, 피해자들이 이용한 대리점은 각기 달랐고, 대리점을 기억하지 못하는 경우도 있었다. 그래서 어떤 경로로 해당 펨토셀에 연결됐는지는 여전히 오리무중이다.

범행이 인접지역에서 집중되면서 일각에서는 범인이 차량에 펨토셀을 싣고 다니며 네트워크를 가로채는 이른바 '워 드라이빙' 수법을 활용했을 가능성이 있다고 주장한다. 워 드라이빙은 본래 차량에 무선 장비를 싣고 이동하면서 취약한 와이파이 네트워크 등을 탐색·침투하는 행위를 뜻한다. 기동성과 은밀성이 높아 불특정 다수 네트워크가 침해될 위험이 큰 것으로 평가된다.

반면 이에 대해 윤주범 세종대 정보보호학과 교수는 "워 드라이빙도 가능성은 있지만, 이동할 수 있었다면 유동인구가 많은 강남 등지에서 활동했을 것"이라며 "광명과 금천에 피해가 집중된 것은 취약지역에 펨토셀을 고정 설치해 가입자 신호를 잡았을 가능성이 크다"고 말하기도 했다.

민족을 위해서라면 무엇이든
이관술 지사

정부수립 후 우리나라 최초의 대한민국 1호 훈장, 무궁화대훈장 수여자는 초대대통령 이승만이다. 본인이 본인에게 최고훈장을 수여한 것이다. 독립운동가들을 고문한 악질 일제경찰 출신 친일반민족행위자 노덕술도 3번이나 훈장을 받았다. 반면 이승만정권 12년 동안 단 한 명의 독립운동가도 서훈받지 못했다. 일제의 폭압이 극에 달했던 1930~1940년대 국내 독립운동을 이끈 지도자 이관술 지사도 마찬가지였다.

1933년 1월 29일 종로경찰서 고등계 형사들은 '조선(경성)반제동맹' 관련자들을 체포했다. 조선반제동맹은 제국주의와 식민지배에 반대하는 반제국주의 운동이자 일본제국주의의 식민통치에 저항하며 조선의 독립을 목표로 국내에서 전개된 항일운동이었다. 형사들은 주모자에게 지독한 고문을 가했다. 고문은 서대문형무소에 넘어가서도 계속됐다.

강점기에 일제는 정식재판에 회부되기 전에 무한정 시간을 두고 조사를 계속할 수 있는 예심제도를 두고 검찰과 경찰이 제한 없이 재조사를 하게 했다. 그래서 사회안전법 관련자들, 즉 독립운동가들의 예심 기간은 1~2년이나 늘어졌고, 그동안 재조사를 빙자한 악랄한 고문이 자행됐다. 특히 이들에 대한 재수사와 고문은 서대문형무소로 이감되고서도 형무소 지하 보안과에서 행해졌다.

조선반제동맹 사건으로 체포된 이들에게는 고문대에 눕혀서 묶고 입에 수건으로 재갈을 물린 뒤 물을 붓는 방식의 물고문, 전화기의 전선을 젖은 몸에 감고 하는 전기고문, 불에 달군 인두로 몸을 지지는 단근질이 행해졌다. 관이나 상자에 집어넣고 몸을 전혀 움직이지 못하는 상태로 수일간 방치하거나 손톱 밑에 바늘을 끼워 넣기도 했다. 이때 고문을 주도한 자는 악명 높은 노덕술이었다. 그런데 친일 고문 기술자의 악질적 고문은 되레 어느 한 독립운동가의 병보석 가석방의 이유가 됐다. 구속된 지 16개월 만이었다.

하지만 그 기간 동안 받은 물고문으로 인해 얻은 폐병으로 죽는 순간까지도 고통스러워해야 했다. 그는 교육인이자 노동운동가로서 해방 직후 잡지 '선구'의 최초 정치여론조사(1945.12)에서 여운형, 이승만, 김구, 박헌영에 이어 '가장 양심적이고 역량 있는 정치지도자' 5위에 선정될 만큼 중요 인물이었다. 이관술 지사다.

이관술 지사
(1900.4.26~1950.7.3)

이관술 지사는 부농의 맏이로 태어나 경성 중동고등보통학교와 동경제대보다 더 들어가기 어렵다는 동경고등사범학교를 졸업(1929)했고, 곧바로 동덕여자고등보통학교에서 지리와 역사를 가르쳤다. 이 당시 강압적인 군국주

동덕여자고등보통학교에서 수업을 하는 이관술 지사

동덕여자고등보통학교 교무실에서(왼쪽에서 세 번째)

의 교육방식에 익숙한 여느 교사들과는 달리 체벌도 하시 않는 진보적 교육관을 보여 학생들에게 인기가 높았다. 그러다 교사가 된 첫해 있었던 광주학생운동과 이듬해 1월 있었던 '경성 시내 여학생 연합시위'를 계기로 학교 독서회를 지도하면서 본격적으로 사회주의운동에 투신했다.

조선(경성)반제동맹 사건 이후에는 '전설적 혁명가'로 불린 이재유와 함께하며 농민, 장돌뱅이, 구두닦이, 솥땜장이, 넝마주이 등으로 위장한 채 경성콤그룹을 결성하고 기관지 '적기'를 발행하며 조선공산당 재건을 위해 애썼다. 광복의 그날에도 그는 넝마주이로 전국을 떠돌고 있었다.

이관술 지사는 곧바로 경성콤그룹의 재건을 위한 준비위원회를 결성하고 박헌영을 지도자로 추대했다. 아울러 중앙검열위원이자 재정부장 겸 총무부장을 맡아 조선공산당 출범에 함께했다. 국민 지지도 높았다. 국내 민족주의자 대부분이 일제 말기에 항일운동을 포기하거나 친일로 돌아선 것과는 달리 사회주의자들의 항일운동은 꾸준히 전개됐기 때문이다.

그러나 봄은 길지 않았다. 신탁통치를 둘러싼 논의에서 반탁에 나선 우익의 공격으로 궁지에 몰린 데다가 '정판사 위조지폐 사건'으로 치명상을 입었다.

경찰은 조선공산당이 거액의 위조지폐를 찍어서 당의 자금으로 사용했다며 재정부장 이관술 지사를 지명수배했다. 이 사건으로 이 지사는 또다시 미군정에 의해 복직된 노덕술에게 고문을 받았고, 재판 끝에 무기징역을 선고받고 대전형무소에 복역하던 중 6·25전쟁을 맞았다. 그리고 며칠 뒤인 7월 3일 이 지사는 대전 골령골 뒷산 계곡에서 2,000여 명 좌익사범과 함께 집단학살됐다(골령골 집단학살 사건). 향년 48세였다.

이후 '이관술'의 이름 석 자는 금기가 됐다. 그에게는 빨갱이라는 낙인만 남았다. 2005년 '진실·화해를 위한 과거사 정리 위원회'가 출범하자 이관술 지사의 후손은 '정판사 위조지폐 사건'의 진상조사를 신청했다. 냉전의 시대, 좌익분열 및 조선공산당 고립화 정책을 펴면서 좌익탄압을 가중하던 시기의 미군정이 반목하던 조선공산당을 제거하기 위해 조작한 사건이라는 데도 힘이 실렸다. 증거능력이 있는 증거물이 단 한 개도 없고, 경찰이 60일간 장기 불법구금을 한 상태에서 구타, 물고문 등을 통해 허위자백을 강요했다는 것도 사실로 드러났다.

그러나 2010년 위원회가 활동을 종료할 때까지 사건은 조사되지 않았다. 후손의 서훈 신청마저 '광복 이후의 행적'을 이유로 거절됐다.

이슈&시사상식
재밌는 상식

거위냐 칠면조냐
추수감사절의 주인공

추수를 도와준 인디언들과 음식을 나눠 먹었던 개척시대

매년 11월 넷째 주 수요일 미국 백악관에서는 특별한 행사가 열린다. 만찬을 위해 사육한 칠면조 중 한두 마리를 대통령이 직접 골라내 살려 보내는 소위 '칠면조 사면식(Turkey Pardon)'이다. 링컨 재임 시절 링컨의 아들이 백악관에서 사육하던 칠면조를 아낀 탓에 차마 도축하지 못하고 백악관 뜰에 풀어준 일에서 유래했단다. 이때 사면을 받은 칠면조는 남은 여생을 버지니아공대에 있는 사육장에서 안락하게 보낸다. 물론 선택받지 못한 칠면조들은 모두 만찬식탁 위에 올라간다. 추수감사절 메인요리로.

울리세 알드로반디의 칠면조 세밀화(15세기)

추수감사절(Thanksgiving Day)은 미국의 가장 큰 명절이다. 11월 넷째 주 목요일, 이날 온 가족이 모여 한 해를 잘 보낸 것에 감사하며 구운 칠면조를 먹는다. 이날 하루 소비되는 칠면조가 4,500만마리에 달한다고 한다. 미국 인구가 3억 3,000만명 정도이니 보통 7명에 한 마리꼴로 먹어치우는 셈이고, 한 마리가 7.3kg인 것을 생각하면 한 명이 한 끼에 1kg 정도를 먹는 셈이다. 우리나라 치킨 한 마리가 적게는 650g에서 많이 나가봐야 900g인 것을 생각하면 1인 1닭을 하더라도 그 양을 훌쩍 초과한다.

말 그대로 추수가 잘 끝난 것에 감사하는 이 날은 성경에서 기원을 찾을 수 있다. 카인과 아벨이 추수 후 지낸 제사가 그것이다. 이는 시대에 따라 이름과 내용을 달리하며 각 민족의 고유풍습으로 이어졌다. 그러다 기독교와 결합하고 종교행사로 틀을 갖추게 된 것은 17세기 신앙의 자유를 위해 영국에서 미국으로 건너간 청교도들에 의해서였다. 청교도들은 메이플라워호를 타고 65일간의 고된 항해 끝에 미국에 도착했으나, 도착 첫해 추위와 굶주림으로 102명 가운데 44명이 죽었다. 그런 그들에게 인디언들이 곡물을 나눠주고 농사짓는 방법도 가르쳐줬다. 그 덕에 정착 이듬해인 1621년 풍성한 가을걷이를 할 수 있었고, 청교도들은 도와준 인디언들을 초대해 추수한 곡식과 칠면조 고기 등을 함께 먹으며 신대륙에서의 첫 추수감사절을 보냈다. 이후 1623년 매사추세츠주는 추수감사절을 공식적인 절기로 선포했고, 1789년에는 초대 대통령 조지 워싱턴이 국가의 절기로 선포했다. 이후 잠시 폐지됐다가 1863년 링컨이 재선포하면서 오늘에 이르고 있다.

그럼 왜 칠면조일까? 원래 17세기 이전 유럽에도 추수를 축하하는 절기가 있었다. 이때 귀족들은 백조나 왜가리를, 서민들은 거위를 잡아 요리했다. 하지만 이민 초창기 청교도들에게는 거위마저 그림의 떡이었다. 그런 때에 눈에 든 것이 바로 당시 미대륙에 흔했던 칠면조였다. 게다가 가을이면 살이 통통하게 오르는 데다 기름층이 형성돼 맛도 좋았으니 추수감사절 요리재료로 그야말로 딱이었다.

결국 칠면조는 굶주린 청교도들에게 우수한 단백질 공급원이 돼주었다. 칠면조의 퍽퍽하고 다소 떨어지는 식감을 이유로 당시의 척박한 환경을 되새기자는 의미에서 칠면조가 추수감사절 메인요리가 됐다는 이야기도 있으나, 설사 그런 의미가 있다 하더라도 가난한 이들에게 최고의 요리재료였다는 것은 부인할 수 없을 듯싶다.

이슈&시사상식 - 홈 스타일링

목표가 실현되는 공간
작업실

재택근무 및 다양한 취미·부업 활동이 일상에 자리 잡으면서 집에 별도의 작업공간을 마련하는 사람들이 늘고 있다. 하지만 이러한 작업실은 생활공간과 작업공간의 경계가 쉽게 흐려져 금세 어수선해지기 마련이다. 몰입을 돕는 환경을 만들기 위한 정리방법을 함께 살펴보자.

시선이 편안해지는 작업실 책상 정리

작업실에서 오랜 시간을 보내다 보면 책상 위에 잡동사니를 늘어놓기 쉽다. 책상이 산만하면 집중하기 힘들고 사용할 수 있는 영역이 좁아져서 불편하므로 평소에 정리하는 습관을 들이는 것이 좋다. 책상에서 자주 사용하는 물건은 앉은 자리에서 손만 뻗어도 넣고 꺼내기 쉬운 자리에 둔다. 서랍이 있는 책상이라면 서랍에 필기구, 연습장 등 작은 문구류를 넣어 두자. 서랍 내부는 칸막이 트레이를 활용해서 물건이 뒤섞이거나 굴러다니지 않게 정리해야 필요할 때 찾기 쉽다. 서랍이 없는 책상이라면 책상 위에 미니서랍, 책상정리함을 올려 두거나 책상 상판 하부나 책장 등 가구에 히든서랍을 부착해 작은 문구류를 정리할 수 있다.

모니터는 평균적으로 23~27인치(inch)를 많이 사용하는데, 높이가 낮으면 고개를 숙이고 봐야 해서 바른 자세를 유지하기 어렵다. 반대로 높이가 너무 높으면 눈이 쉽게 피로해진다. 이럴 때 모니터 받침대나 모니터암을 활용하면 적절한 눈높이를 맞출 수 있다. 작은 서랍이 있거나 핸드폰 무선충전이 되는

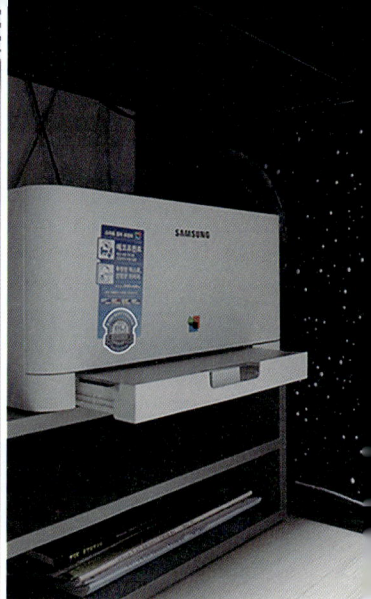

모니터 받침대를 활용하면 모니터 주변을 깔끔하게 정리할 수 있다. 모니터암을 활용하면 모니터 위치 조절이 쉽고 책상 위를 더 넓게 사용할 수 있는 장점이 있다.

책을 정리할 때는 주제에 따라 분류한 다음 높이와 색상이 비슷한 책끼리 배치하면 규칙적이고 깔끔해 보인다. 두껍고 큰 책은 책장 하단에 정리하는 것이 좋다. 높이가 높은 것부터 낮은 순으로 줄 세우는 것보다 양쪽 가장자리에 높은 책을 꽂고 중앙으로 갈수록 낮아지는 V자 형태가 안정감 있다. 깊이가 다른 책들은 앞 라인을 맞추면 더 깔끔하다. 깊이가 깊은 책장은 읽었던 책이나 자주 들여다보지 않는 책을 안쪽에 두고, 자주 읽는 책을 바깥쪽에 둔다. 팸플릿, 브로슈어, A4용지와 같은 지류는 클리어파일이나 L홀더에 모아서 꽂아두면 깔끔하다. 측면이 개방된 책장은 북엔드나 무거운 장식품으로 책이 넘어지지 않게 고정하면 된다.

쓰임새 있게 데스크 가전 배치하기

책상서랍을 구매할 경우 책상과 같은 디자인의 제품으로 통일할 수도 있지만 좀 더 저렴한 트롤리나 철제 서랍, 플라스틱 서랍도 충분하다. 책상처럼 큰 가구를 배치하고 남은 여백에 폭이 좁은 선반을 추가하면 좁은 공간을 알차게 활용할 수 있다. 더 많은 수납이 필요할 때 책상 밑에 낮은 책장이나 선반을 추가해서 사용빈도가 낮은 책이나 서류, 둘 자리가 마땅하지 않던 프린터, 파쇄기 등 데스크 가전을 둘 수 있다.

책상 주변에 전자기기 전원선이 많아 복잡하다면 사용할 기기들의 위치를 정하고 선들이 서로 엉키지 않게 종류별로 정리해 묶는다. 멀티탭에 꽂아둔 플러그는 사용할 때 헤매지 않도록 이름표를 붙이면 좋다. 멀티탭은 바닥에 두는 경우가 많은데, 책상에 여유가 있다면 멀티탭 보관함에 담아 책상 위에 두면 사용하기 편하다. 특히 바닥까지 선들이 내려오지 않아서 바닥청소도 편해지고, 무엇보다 더 깔끔해 보인다.

셀프 홈 스타일링

누구나 손쉽게 해볼 수 있는 인테리어 가이드북! 변화를 시도하고 싶지만 저마다의 이유로 망설이는 사람들에게 맞춤형 솔루션을 제공한다.

저자 심지혜
실내디자인 전공 후 인테리어 회사에서 공간기획 및 브랜딩 일을 한다. 유튜브 채널 '심지썸띵'을 통해 시작한 홈 스타일링 활동을 병행하고 있다.

영화와 책으로 보는 따끈따끈한
문화가 소식

2025 빈 필하모닉 내한공연

180년이 넘는 역사를 지닌 빈 필하모닉이 2025년 내한공연을 한다. 빈 필하모닉은 상임지휘자나 음악감독 없이 고유한 음악을 구성하는 방식으로 유럽 클래식음악의 정통성을 지키고 있다. 11월 19일 공연에는 슈만의 '라인' 교향곡 제3번을 시작으로 브람스의 교향곡 제4번을 연주하고, 20일에는 브루크너의 교향곡 제5번을 선보인다. 지휘를 맡은 크리스티안 틸레만은 19세에 카라얀의 보조를 맡은 것을 시작으로 경력을 쌓았고, 현재는 독일음악의 전통을 가장 설득력 있게 구현하는 지휘자로 손꼽힌다.

장소 예술의전당 콘서트홀
출연 크리스티안 틸레만, 빈 필하모닉
날짜 2025.11.19~11.20

웨폰

부산국제영화제 초청작이자 북미를 비롯해 유럽, 호주 등에서 박스오피스 1위를 한 미스터리 공포 영화 〈웨폰〉이 국내 개봉한다. 〈웨폰〉은 한 초등학교에서 단 한 명을 제외한 같은 반 아이들이 새벽에 갑자기 사라지며 벌어지는 이야기를 담았다. 잭 크레거가 감독과 극본을 맡았으며, 〈판타스틱 4〉에서 '실버 서퍼'를 맡은 줄리아 가너, 〈어벤저스〉 시리즈에 출연한 조쉬 브롤린 등 화려한 캐스팅을 자랑한다. 〈웨폰〉은 해외에서 호평이 이어진 작품인 만큼 공포장르가 다소 익숙하지 않더라도 관람할 만한 영화로 기대를 받고 있다.

장르 공포, 미스터리 **감독** 잭 크레거
주요 출연진 조쉬 브롤린, 줄리아 가너 등
개봉일 2025.10.15

서울카페쇼 2025

서울카페쇼는 전시, 체험, 컨퍼런스를 통합한 글로벌 커피 플랫폼으로서 아시아 최대 규모의 커피&식음료 전문 전시회다. 대한민국 대표 커피 경연대회인 '코리아커피리그', 2026 WBC에 참가할 '국가대표 바리스타 선발전', 전 세계 커피 및 F&B산업의 리더들이 모여 인사이트를 나누는 '월드 커피 리더스 포럼'을 비롯한 다양한 행사가 마련돼 있다. 현장에서는 스페셜티 커피를 시작으로 하이엔드 장비, 공간연출, 테이블웨어까지 커피와 관련된 모든 것이 펼쳐질 예정이다. 카페창업을 준비하고 있거나 이미 카페를 운영 중이라면 사업성장과 혁신을 도모하는 장이 될 것이다.

장소 코엑스 전관　　**날짜** 2025.11.19~11.22

다양성, 형평성, 포용성의 시대가 온다

최근 전 세계 주요기업이 DEI(다양성, 형평성, 포용성)를 성장전략이자 혁신의 전제조건으로 언급하고 있어 DEI의 가치가 주목받고 있다. SK그룹 부사장으로서 CSR, ESG를 담당했던 저자는 'DEI는 차이를 자산으로 만드는 시스템이며 지속가능한 성장을 위한 근본적 관점의 전환'임을 주장한다. 이 책은 역사, 정치, 경영 등 다양한 이론과 사례를 발췌해 DEI와 연관 짓는 독창적인 통찰력을 제시하며, 우리사회에 만연한 불평등과 불통을 8가지로 분류해 날카롭게 지적한다. 저자는 DEI가 기업경영은 물론 사회의 번영까지 이끄는 해법이 될 것임을 전망한다.

저자 정현천　　**출판사** 트로이목마

미술관에 스파이가 있다

문화 저널리스트로 활동 중인 저자가 대중들이 쉽게 다가가기 어려운 현대미술계와 예술가들의 독특함을 소개한다. 순수예술이 무엇인지, 왜 어떤 작품은 아름답고 다른 작품은 추하다고 하는지, 예술이 왜 중요한지 등의 질문을 품은 저자가 현대미술의 세계에 뛰어들어 '고급예술'을 탐험하는 과정에서 돈과 권력이 얽힌 미술계의 뒷모습부터 치열한 예술가의 삶, 작품을 앞에 두고 울음을 터뜨리는 관객까지 예술이 가진 생명력을 목격한다. 예술작품을 통해 단순한 이론을 넘어 내면의 아름다움과 자신만의 미학을 찾아가는 자기성찰을 경험하게 된다.

저자 비앙카 보스커　　**출판사** 알에이치코리아

이슈&시사상식
3분 고전

내 인생을 바꾸는 모멘텀

박재희 교수의 마음을 다스리는 고전이야기

군자는 그릇이 돼서는 안 된다
군자불기(君子不器) - 〈논어(論語)〉

요즘 시대에는 한 가지 전문적 지식만 있어서는 창조적인 역량을 만들어내지 못한다고 합니다. 과학과 인문학이 만나고, 동양과 서양이 만나며, 철학과 IT가 만나야 더 큰 창조적 힘을 발휘하는 시대라는 것입니다. 공자(孔子)는 이런 통합형 인간을 정의하면서 '군자불기(君子不器)'라는 말을 사용했습니다. 이는 '군자는 그릇이 아니다'라는 것입니다.

君子不器 學則不固
군자불기 학즉불고

군자는 한정된 그릇이 아니고
학문은 편협하지 않다

공자는 가장 이상적인 인간형으로 '군자(君子)'를 제시했습니다. 그리고 군자는 한 가지에만 정통하고 한 가지만 용납하는 자가 아닌 다양함을 받아들이고 다양한 분야에 식견을 갖춘 사람이라고 했습니다.

그런데 그릇은 용도에 합당한 것만을 담을 뿐 다른 것을 용납하지 않습니다. 국그릇은 국만 담고, 밥그릇은 밥만 담듯이 말입니다. 따라서 군자가 그릇이 아니라는 것은 군자라면 본래의 용도에 매달리는 그릇이 돼서는 안 된다는 말이기도 합니다.

내 밥그릇을 과감히 깨고 다른 모습으로 넘나들 수 있는 유연성이 필요한 시대입니다. 다양한 것을 수용하고 통섭할 수 있는 인재가 돼야 합니다. 아울러 내 주장뿐 아니라 다른 사람의 처지와 주장을 받아들일 수 있는 마음이 열린, 그리고 공동체적인 인재가 돼야 하겠습니다. 그가 바로 이 시대가 요구하는 군자의 모습일 것입니다.

내가 가진 그릇을
과감하게 깰 수 있는 용기가 아쉽습니다.

君 子 不 器
임금 군 아들 자 아니 불 그릇 기

이야기로 읽는 고사성어

출전 / 《당서(唐書)》

마부위침(磨斧爲針)

> 술에만 정신 팔려 날 지는 것 몰랐더니
> 떨어진 꽃잎들이 옷자락을 덮었네
> 달빛 비치는 물을 따라
> 술에 취한 채 걷다 보니
> 새들은 둥지로 들고 오가는 이들도 드물어라

당나라 때의 시인 이태백(李太白, 본명 이백)의 '나를 달래다[自遣]'라는 시의 몇 구절입니다. 술 좋아하는 은자의 풍류가 느껴지는 듯도 하고 세상과 타협하지 못하는 답답함이나 외로움이 느껴지는 듯도 합니다.

중국 역사상 가장 위대한 시인으로 꼽히는 이태백은 주로 세상을 벗어나 술과 벗하며 자연을 노래하고, 친구와의 헤어짐을 아쉬워하며, 간간이 찾아오는 외로움을 즐기면서 만년을 보냈습니다. 다른 사람들처럼 관직에 나가 출세하는 것이나 장사를 해 부자가 되는 것에는 관심이 없었습니다. 이런 태도는 어렸을 때도 마찬가지였습니다.

상인의 아들로 태어난 이태백은 본래 공부나 시와는 담을 쌓은 어린 시절을 보냈습니다. 그보다는 노는 데 더 마음을 두고 자랐습니다. 때문에 이를 보다 못한 그의 아버지가 공부를 시키기 위해 산으로 보내버렸습니다. 이른바 '산중 과외선생'을 붙여준 것입니다. 하지만 얼마 되지 않아 싫증이 났고, 결국 공부를 포기해버렸습니다.

그는 옷이며 책이며 가지고 갔던 짐을 바리바리 싸 들고 산을 내려갔습니다. 그런데 도중에 한 노파가 물가에서 쭈그리고 앉아 도끼를 갈고 있는 것을 보게 됐습니다. 심심하던 차에 한참을 그 모습을 바라보고 있던 이태백은 얼마 후 고개를 갸웃했습니다. 한참이 지나도록 노파가 도끼의 날만이 아니라 이리저리 돌려가며 사방을 갈고 있었기 때문이었습니다.

"도끼날을 세우려면 날 쪽만 갈아야지, 왜 이렇게 전부를 가는 겁니까?"

그러자 노파가 답했습니다.

"이렇게 골고루 갈아야 바늘을 만들지."

"도끼로 바늘을 만든다고요?"

"그렇다니까."

이태백은 어이가 없어 허허 웃고 말았습니다.

"바늘 만들 것이 없어 도끼로 만든답니까?"

하지만 노파는 평온한 얼굴로 대답했습니다.

"이리 갈다 보면 도끼도 언젠가는 바늘이 되겠지. 시간이 걸려도 포기하지만 않는다면 말이네."

순간 노파의 말이 이태백의 가슴에 꽂혔습니다. 공부가 지겨워 포기하고 산에서 내려온 자신에 대한 질책으로 느껴진 것이었습니다. 그날 그는 발걸음을 돌려 다시 산에 들어가 배움에 정진했다고 합니다.

'타고난 천재'는 많습니다. 하지만 그들 중 성공하는 사람은 의외로 많지 않다고 합니다. 성공한 사람들의 99%는 남달리 노력한 사람이라는 말도 있습니다. 처음에 앞서가다 '노력하는 자'에게 밀린 천재들이 많다는 의미로도 들립니다.

'안 된다'고 하면 100% 가까이 안 되고, '된다'고 하면 절반 정도는 되는 법입니다. 세상을 살아가는 건 결코 쉽지도 않고 그 길이 평탄하기만 한 것도 아닙니다. 하지만 주저앉고 싶을 때마다 포기하면 저 끝에 있는 희망을 놓치고 말 것입니다. 그러니 주저앉고 싶을 때마다 자신에게 이렇게 물어봅시다.

"좋아! 그래서 너는 끝까지 해봤니?"

磨	斧	爲	針
갈 마	도끼 부	할 위	바늘 침

이슈&시사상식 독자참여마당

완전 재미있는 낱말퀴즈

가로

① 음력 5월 5일로 창포에 머리 감는 날
③ 헌법체계 아래에서 세습되거나 선임된 군주를 인정하는 정부형태
⑤ 태어난 생년월일시를 바탕으로 운명 등을 분석하고 미래흐름을 예측하는 학문
⑦ 1951년 아치볼드 데니스 리(Archibald Denis Leigh)에 의해 처음으로 알려진 유전성 신경대사장애
⑨ 빗대어 말해 그 뜻이나 이름을 알아맞히는 놀이

세로

② 강릉시에 있는 신사임당과 율곡 이이의 생가
④ 사회활동 시 본명을 밝히고 참여하도록 하는 제도
⑥ 무리 지은 닭 중에 한 마리 학
⑧ 현존하는 육상동물 중 가장 몸집이 큰 포유류
⑩ 검찰청의 중대범죄 수사기능을 승계받아 수행하게 될 중대범죄수사청의 줄임말

참여방법
문제를 보고 가로세로 낱말퀴즈를 풀어보세요. 낱말퀴즈의 빈칸을 채운 사진과 함께 <이슈&시사상식> 210호에 대한 감상평을 이메일(issue@sdedu.co.kr)로 보내주세요. 선물이 팡팡 쏟아집니다!
❖ 아래 당첨선물 중 받고 싶으신 도서와 이름, 주소, 전화번호를 함께 남겨주세요.

<이슈&시사상식> 209호 정답

¹특	별	²검	사		
		정		⁴언	
		³고	진	감	래
¹⁰신		시		생	
문			⁵심	전	⁶도
⁹기	관	⁸사			라
자		⁷인	터	체	인	지

당첨선물
정답을 맞힌 독자분들 중 가장 인상적인 감상평을 남기신 분께는 <날마다 도시락 DAY>, <가볍게 읽는 부동산 왕초보 상식>, <냥꽃의 사계정원>, <미국에서 기죽지 않는 쓸만한 영어 : 일상생활 필수 생존회화> 등 푸짐한 선물을 드립니다!
❖ 참여하실 때는 반드시 희망 도서를 하나 골라 기입해주세요.

참여해주신 모든 분들께 감사드립니다. 당첨되신 분께는 개별적으로 연락드립니다.

상식 있는 사람이 되는 법

 장*영(대전광역시)

매일 수많은 뉴스가 쏟아진다. 어제 읽은 뉴스는 오늘 벌써 낡은 뉴스가 된다. 그래서 빠르게 변화하는 상황을 종합적으로 바라보기 어려울 때가 많다. 그런 의미에서 〈이슈&시사상식〉은 두 달 동안의 핫이슈를 한꺼번에 정리하고 싶은 사람에게 큰 도움이 된다. 최근 사건과 연관된 과거 기사까지 잘 정리해주고 있어 사건을 전체적으로 이해할 수 있게 만든다. 기출문제도 같이 수록돼 있어 취준생은 읽기만 해도 시험준비를 할 수 있다. 게다가 시사뿐만 아니라 교양과 관련한 상식도 정리해줘서 재미있게 읽을 수 있다. 그야말로 상식이 채워지는 느낌이다.

실용에서 정서까지 책임

 박*현(부산광역시)

잡지는 많다. 상식책도 많다. 신문도 많다. 포털은 하루에도 수만건씩 뉴스를 쏟아낸다. 볼 것도 많고, 할 것도 많고, 일도 많은데 이런 것들을 하나하나 챙겨보는 건 불가능하다. 그렇다고 나 몰라라 무시하고 살피지 않고 살다 보면 세상에 뒤처지고 무식해지는 것만 같아서 불안하다. 그런 의미에서 〈이슈&시사상식〉은 뉴스와 상식에서 취업정보 및 취업 관련 기출문제까지 한번에 챙길 수 있다. 무엇보다 잘 알려지지 않은 독립운동가를 소개하는 '잊혀진 영웅' 코너는 내가 살고 있는 이 나라에 대한 의미를 되새길 수 있어 감사한 마음으로 읽고 있다.

자기관리를 위한 손쉬운 방법

 남*호(경기도 구리시)

'급할수록 돌아가라'는 말이 있다. 취업도 마찬가지다. 급하다고 전전긍긍 있는 대로 닥치는 대로 주워삼켜서는 안 된다. 그런 의미에서 〈이슈&시사상식〉은 차분하게, 그러면서도 손쉽게 자기관리하게 해준다. 이 책은 취준생과 직장인 모두에게 취약한 부문의 상식을 보완해주고, 사회 변화의 트렌드를 읽는 안목과 정보의 바다에서 핵심을 꿰뚫어보는 능력을 길러준다. 또한 상식을 이론적으로 '학습'하게 돕고, 채용시장의 최신동향을 알려주기에 독학으로 준비하는 이들에게 '필수' 교재라 할 만하다.

새 직장 도전에 큰 도움이

 천*협(대구광역시)

나는 취준생 아닌 취준생이다. 직장을 다니고 있지만, 더 나은 곳으로의 이직을 꿈꾸며 여전히 매일 공부하고 있기 때문이다. 하지만 직장에 다니면서 취업공부를 하는 건 말처럼 쉽지만은 않다. 평소 꾸준히 한다고는 하지만 뉴스와 신문의 헤드라인만 겨우 보는 것만으로는 세상의 이슈를 따라갈 수도 없다. 그런 나에게 〈이슈&시사상식〉은 맞춤격 도서였다. 국내외 30대 뉴스를 간략히 소개해주는 것만으로도 이슈를 따라갈 수 있다. 또 취업 관련 기출문제나 시사상식은 큰 도움이 되고 있다.

독자 여러분 함께해요!

〈이슈&시사상식〉은 독자 여러분의 리뷰를 기다리고 있습니다. 분야·주제 모두 묻지도 따지지도 않습니다. 채택된 리뷰는 다음 호에 수록됩니다.

참여방법 ▶ 이메일 issue@sdedu.co.kr
당첨선물 ▶ 가장 인상적인 리뷰를 남기신 분께는 〈날마다 도시락 DAY〉, 〈가볍게 읽는 부동산 왕초보 상식〉, 〈냥꽃의 사계정원〉, 〈미국에서 기죽지 않는 쓸만한 영어 : 일상생활 필수 생존회화〉 등 푸짐한 선물을 드립니다!

❖ 참여하실 때는 반드시 희망 도서를 하나 골라 기입해주세요.

나눔시대

함께 배우고 성장하는 배움터! (주)시대고시기획 시대교육(주) 입니다.
앞으로도 희망을 나누는 기업으로서 더 큰 나눔을 실천하겠습니다.
나눔은 행복입니다.

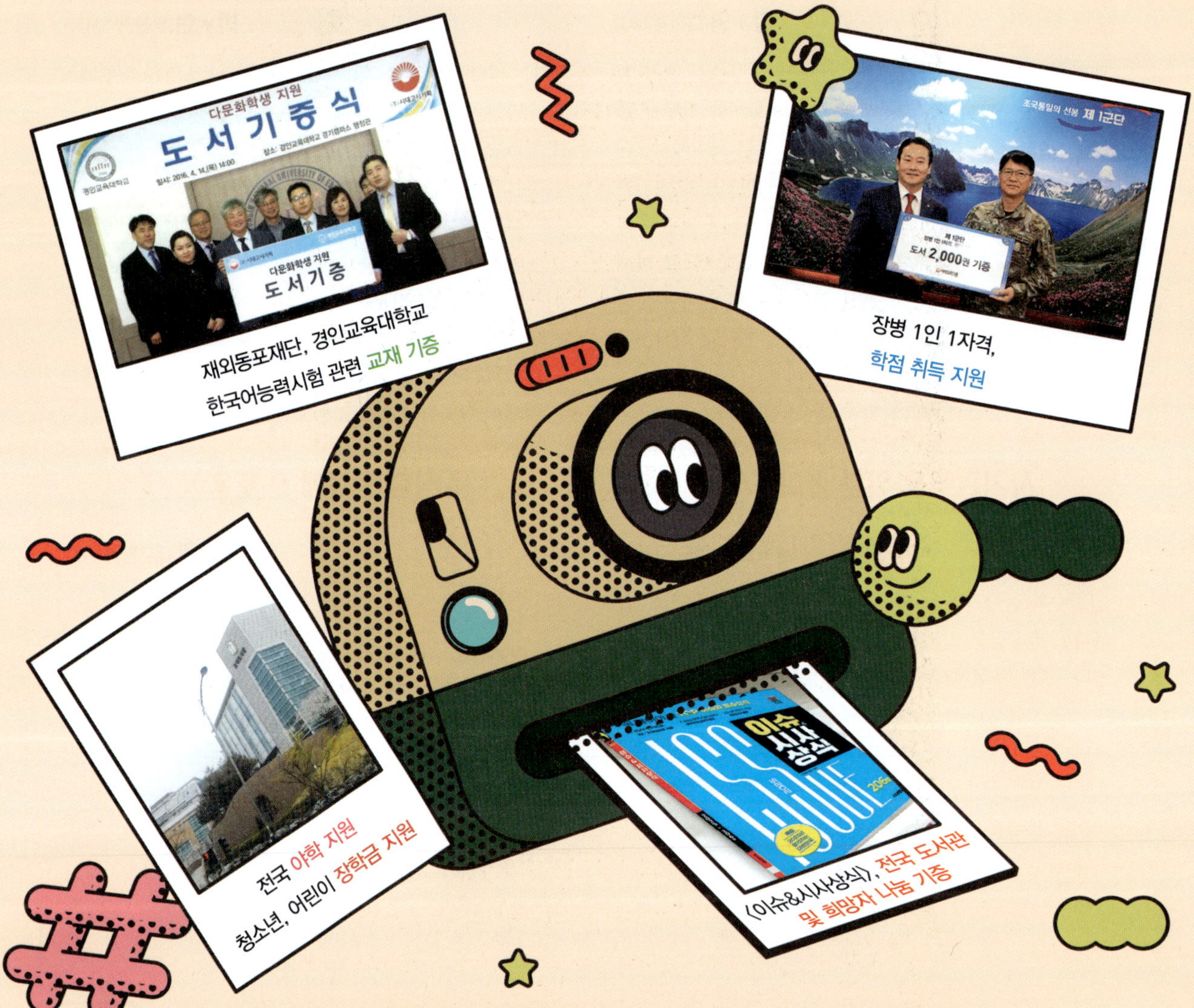

다문화학생 지원
도서기증식
도서기증
재외동포재단, 경인교육대학교
한국어능력시험 관련 교재 기증
조국통일의 선봉 제1군단
도서 2,000권 기증
장병 1인 1자격,
학점 취득 지원
전국 야학 지원
청소년, 어린이 장학금 지원
이슈 시사상식
〈이슈&시사상식〉, 전국 도서관
및 희망자 나눔 기증

"〈이슈&시사상식〉을 함께 나누세요!"

대학 후배들이 하루의 대부분을 보내고 있을 동아리 사무실에
〈이슈&시사상식〉을 선물하고 싶다는 선배의 사연에서
마을 도서관에 〈이슈&시사상식〉이 비치된다면 그동안 아이들과 주부들이 주로 찾던 도서관을
온 가족이 함께 이용하게 될 것 같다는 바람까지…

시대에듀

양서가 주는 감동은 나눌수록 더욱 커집니다. 저희 〈이슈&시사상식〉도 힘을 보태겠습니다.
기증 신청 및 추천 사연을 보내주세요. 사연 심사 후 희망 기증처로 선정된 곳에 1년간 〈이슈&시사상식〉을 무료로 보내드립니다.

★ 보내주실 곳 : 이메일(issue@sdedu.co.kr)
★ 희망 기증처 최종 선정은 2025 나눔시대 선정위원이 맡게 됩니다. 선정 여부는 개별적으로 알려드립니다.

나는 이렇게 합격했다

당신의 합격 스토리를 들려주세요
추첨을 통해 선물을 드립니다

베스트 리뷰
갤럭시탭/ 버즈 2

상/하반기 추천 리뷰
상품권/ 스벅커피

인터뷰 참여
백화점 상품권

이벤트 참여방법

합격수기
시대에듀와 함께한 도서 or 강의 **선택** ▶ 나만의 합격 노하우 정성껏 **작성** ▶ 상반기/하반기 추첨을 통해 **선물 증정**

인터뷰
시대에듀와 함께한 강의 **선택** ▶ 합격증명서 or 자격증 사본 **첨부**, 간단한 소개 **작성** ▶ 인터뷰 완료 후 백화점 상품권 증정

이벤트 참여방법
다음 합격의 주인공은 바로 여러분입니다!

QR코드 스캔하고 ▶▶▶
이벤트 참여하여 푸짐한 경품받자!

합격의 공식

각종 자격증, 공무원, 취업, 학습, IT, 상식부터 외국어까지!

이 시대의 모든 **합격**을 책임지는 **시대에듀**

 보장! 각종 '자격증' 취득 대비 도서

각 분야의 전문가들과 집필! 각종 기능사·기사·산업기사 및 국가자격·기술자격, 경제·금융·회계 분야 자격증 등 각종 자격증 '취득'을 보장하는 도서!

직업상담사 2급

사회조사분석사 2급

스포츠지도사 2급

사회복지사 1급

영양사

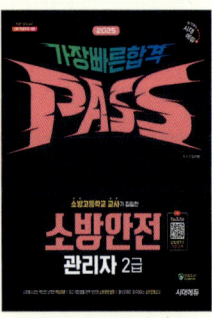
소방안전관리자 2급

화학분석기능사

전기기능사

드론 무인비행장치

운전면허

유통관리사 2급

텔레마케팅관리사

"100만명 이상 수험생의 선택!"
독자의 선택으로 검증된 시대에듀의 명품 도서를 소개합니다.

 보장! 각종 '시험' 합격 대비 도서

각 분야의 1등 강사진과 집필! 공무원 시험부터 NCS 및 각종 기업체 취업시험, 중졸·고졸 검정고시와 같은 학습 관련 시험 및 매경테스트, 그리고 IT 관련 시험 및 TOPIK, G-TELP, ITT 등의 어학시험 등 각종 시험에서의 '합격'을 보장하는 도서!

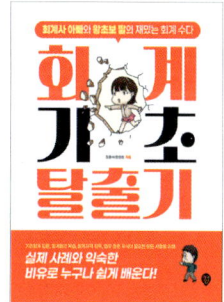			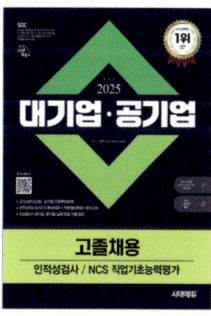
회계기초 탈출기	NCS 기출문제	SOC 공기업	대기업·공기업 고졸채용

ROTC 학사장교	육군 부사관	한국사능력검정시험	영재성 검사

일본어 한자	토픽(TOPIK)	영어회화	엑셀

격월 발행

이슈&시사상식

다양한 분야의 최신이슈와 따끈한 취업소식을 모두 담았다!
이슈&시사상식으로 '상식의 맥'도 잡고 '취업'도 뽀개자!

12회 정기구독 신청 시
10% 할인
~~120,000원~~
108,000원

6회 정기구독 신청 시
10% 할인
~~60,000원~~
54,000원

정기구독 시 배송료(2,500원) 무료!

이슈&시사상식 무료동영상 제공

정기구독 신청 및 문의방법

❖ 고객센터 : 1600-3600
❖ 상담시간 : 평일 9:00~18:00(주말·공휴일 휴무)
❖ 시대에듀 홈페이지(www.sdedu.co.kr)에서도 신청 가능
❖ 주문 시 몇 호부터 받아보실 것인지 말씀해 주시기 바랍니다.
❖ 구독 중 주소지 변경 시에도 반드시 고객센터로 연락주시기 바랍니다.

이슈&시사상식

www.sdedu.co.kr

독자분들의 날카롭고 번뜩이는 아이디어를 공모합니다.
시대에듀 홈페이지 독자출간 아이디어를 클릭하세요. 좋은 아이디어를 선정하여 선물을 드립니다.

FOCUS ISSUE

취업데스크
챗GPT 쓰는 것도 능력?
AI로 보는 취업시장

이슈&토론
창고형 약국
설탕세

시험에 나오는 취업문제

최종합격 기출면접
한국철도공사
근로복지공단

기업별 최신기출문제
삼성그룹
효성그룹

콘텐츠 제휴 주요 언론사 ▶▶▶ 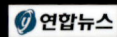연합뉴스

출제경향 파악하고 한 번에 합격하지!
자격증·공시 기출문제 무료 다운로드

부사관·독학사·검정고시·스피치까지
시대에듀 무료 강의 서비스

내일 상식시험이 있다면?
매일매일 업데이트 되는 '오늘의 시사상식'

정가 10,000원   격월 발행

ISBN 979-11-434-0018-5
ISSN 2765-2661

챕스랜드 서채빈 편저

2급

기출 6회분

▶ 챕스랜드

소방안전관리자

찐정리
득점을 위한

STICKER

2026 개정판

문제집

- ✓ 26년 최신 개정사항 반영
- ✓ 단원별 출제비중을 고려한 문제 구성
- ✓ 최신 합격자 데이터 기반의 출제 유형 반영
- ✓ 전 문항 꼼꼼 해설지 + 네이버 카페 플랫폼 운영
- ✓ 유튜브 <찐정리> 개념 강의까지 쉽고 재밌게!
- ✓ OMR 카드로 마킹시간까지 체크

설비 특훈편
무료 강의

네이버 카페 바로가기